迟福林◎著

ECONOMIC TRANSITION & STRUCTURAL REFORM

经济转型与结构性改革

改革大考

直面改革重大问题，
破解经济转型难题。

群言出版社
QUNYAN PRESS

图书在版编目（CIP）数据

改革大考：经济转型与结构性改革 / 迟福林著. --北京：群言出版社，2016.6

ISBN 978-7-5193-0124-8

Ⅰ. ①改… Ⅱ. ①迟… Ⅲ. ①中国经济—经济改革—研究 Ⅳ. ①F12

中国版本图书馆 CIP 数据核字（2016）第 115958 号

责任编辑：杨　青
封面设计：仙境设计

出版发行：群言出版社
社　　址：北京市东城区东厂胡同北巷 1 号（100006）
网　　址：www.qypublish.com
自营网店：https://qycbs.tmall.com（天猫旗舰店）
http://qycbs.shop.kongfz.com（孔夫子旧书网）
http://www.qypublish.com（群言出版社官网）
电子信箱：qunyancbs@126.com
联系电话：010-65267783　65263836
经　　销：全国新华书店
法律顾问：北京天驰君泰律师事务所

印　　刷：北京市宏泰印刷有限公司
版　　次：2016 年 8 月第 1 版　2016 年 8 月第 1 次印刷
开　　本：710mm × 1000mm　1/16
印　　张：28
字　　数：388 千字
书　　号：ISBN 978-7-5193-0124-8
定　　价：68.00 元

前 言

当前，我国转型发展的特点突出：一方面，经济下行压力明显加大，结构调整的风险与矛盾叠加；另一方面，经济转型升级蕴藏着巨大的发展潜力。在增长、转型、改革高度融合的特定背景下，需要加快推进以经济转型为主线的结构性改革，加大有效的制度供给，实现经济转型的实质性突破，释放转型发展的巨大红利。

前不久，群言出版社提出要把我近两年的相关论文汇集成册出版。按照出版社的要求，我以《改革大考》为主题，将2014～2016年4月间的相关文章汇集成书。全书由八章构成：第一章全面深化改革的历史大考；第二章"十三五"：经济转型大趋势；第三章形成以服务业为主导的产业结构；第四章以经济转型为主线的结构性改革；第五章全面激发企业活力的制度安排；第六章以服务贸易为重点的"二次开放"；第七章以监管变革为重点的政府改革；第八章全面深化改革仍需解放思想。

本书在编辑中只对原稿做了个别文字的修改。一些文章在内容上难免有重复之处，敬请读者谅解。

我的同事陈所华、张飞、李许卡、杨天英、陈薇等参与了本书的选编工作；中国民主同盟中央委员会主办的群言出版社对本书的出版给予了大力支持，在此一并表示感谢！

迟福林

2016年5月10日

目录

CONTENTS

“十三五”是我国现代化进程中的关键5年：调结构、转方式的关键在2020；决胜全面小康、跨越中等收入陷阱的关节点在2020；以结构性改革为重点全面深化改革的时间窗口期在2020。适应经济转型的大趋势，实现全面深化改革的重大突破，是面向2020年的历史大考。

第二章 “十三五”：经济转型大趋势

“十三五”，在我国转型发展的历史性特点十分突出的大背景下，抓住机遇、应对挑战，牢固树立创新、协调、绿色、开放、共享的发展理念，克服困难、闯过关口，释放转型发展的内需潜力。

第三章 形成以服务业为主导的产业结构

产业结构变革是“十三五”我国经济转型升级的核心。一方面，进入工业化后期，服务业加快发展是大势所趋；另一方面，由于长期以来优先发展工业的思路，产业结构不合理的矛盾越来越突出。“十三五”，由工业主导向服务业主导的产业结构转型，成为我国产业结构变革的战略选择。

第四章 以经济转型为主线的结构性改革

在我国经济转型时期，结构性改革有其特定的时代内涵：以结构性调整为重点任务，以提高全要素生产率为目标，以制度创新为重大举措，这不仅需要结构调整，更需要结构性改革；不仅需要需求侧结构性改革，更需要供给侧结构性改革。“十三五”，以经济转型为主线的结构性改革取得突破性进展，对未来10年、20年我国经济的公平、可持续发展具有决定性影响。

第五章 全面激发企业活力的制度安排

“十三五”，在经济转型的关键时期，重点是正确处理好市场、企业和政府的关系，更大程度地发挥市场在资源配置中的决定性作用，进一步激发企业活力，加大有效的制度供给，以实现经济转型的实质性突破。

第六章 以服务贸易为重点的“二次开放”

“十三五”，我国扩大对外开放与新一轮全球自由贸易进程形成历史性交汇。以服务贸易为重点全面实施自由贸易战略，加快服务业市场的双向开放，在开放中创造有利于经济转型升级的外部条件，在开放中推进全球自由贸易进程，在开放中提升我国参与全球治理的制度性话语权，成为“二次开放”的历史使命，不仅直接影响我国经济转型全局，还将决定我国在全球经济格局和治理格局中的作用与角色。

第七章 以监管变革为重点的政府改革

当前，监管转型滞后是推动简政放权纵深发展的“最大短板”。无论是简政放权向纵深推进，还是消费结构升级、释放内需潜力，都直接依赖于市场监管的有效性。“十三五”，在强化政府监管职能的同时，需要加快形成政府与社会协调的市场治理体系。这是一场深刻的政府“自我革命”，牵动影响政府改革全局。

第八章 全面深化改革仍需解放思想

"市场决定"牵动影响改革全局，并将伴随着一场更深刻的思想解放：它意味着政府主导型经济增长方式非改不可，这对于市场主导下加快政府职能转变、更好地发挥政府作用有重大影响；它意味着权力配置资源导致机会不平等、权利不平等的问题非改不可，这对于形成公平竞争的市场环境有重大影响；它意味着官本位、权力寻租、经济特权的问题非改不可，这对于抑制消极腐败、突破利益固化的藩篱有重大影响。

第一章

全面深化改革的历史大考

“十三五”是我国现代化进程中的关键5年：调结构、转方式的关键在2020；决胜全面小康、跨越中等收入陷阱的关节点在2020；以结构性改革为重点全面深化改革的时间窗口期在2020。适应经济转型的大趋势，实现全面深化改革的重大突破，是面向2020年的历史大考。

全面深化改革的历史大考 *

当前，我国经济社会发展正处于一个重大的历史转折时期，改革正处于深水区和攻坚阶段。与以往相比，改革的深刻性、复杂性、艰巨性前所未有。转型与改革交织融合，经济转型、社会转型、治理转型都直接依赖于重大改革的突破；利益失衡的矛盾日益突出，改革需要在调整重大利益关系上取得进展；转型倒逼改革，改革的时间和空间约束全面增强。

中共十八届三中全会《中共中央关于全面深化改革若干重大问题的决定》(以下简称《决定》)，适应历史转折时期的大趋势，以重大问题为导向，就全面深化改革进行部署，是一个重大的战略抉择，是面向2020年的改革大考：

第一，“推进国家治理体系和治理能力现代化”是新的改革大考。考得好，我国就将走上公平可持续的发展之路，就将迈进现代国家行列。

第二，发挥市场的决定性作用，这是历史性重要突破。改革大考重在以发挥市场的决定性作用为重点，实现全面改革的实质性突破。

第三，突破利益固化的藩篱，这是改革历史担当面对的重大难题。在利益结构固化的情况下，改革大考就是要敢于以壮士断腕的勇气推

* 本文载于《市场决定》，中国经济出版社，2014 年 2 月。

进改革。

一、历史大考——推进国家治理体系和治理能力现代化

《决定》明确提出，全面深化改革的总目标是完善和发展中国特色社会主义制度，推进国家治理体系和治理能力现代化。这是顺应历史发展大趋势做出的历史性选择。

我们党执政以来经历了两次大考。1949 年的中共七届二中全会后毛泽东同志提出的“进京赶考”，中国共产党七届二中全会（1949 年 3 月 5—13 日在中国河北平山县西柏坡举行）闭幕不久，3 月 23 日，中共中央离开西柏坡向北平进发，临行前，毛泽东向周恩来、刘少奇、朱德、任弼时等领导同志说：“今天是进京的日子，进京赶考去”，“我们绝不当李自成，我们一定要考个好成绩”，是第一次历史大考；1978 年的中共十一届三中全会确定“以经济建设为中心”、开启改革开放的历史进程，是第二次历史大考。当前正面临第三次大考，即这次《决定》提出推进国家治理体系和治理能力现代化的改革总目标，并由此建设现代化国家。

进入改革发展的历史新阶段，国家治理转型到了关键点。面对日益增大的社会矛盾和社会风险，面对比较突出的腐败现象，面对权力运行缺乏严格有效约束的现实，我们已经难以继续用行政控制、行政管理、稳定压倒一切的思路求得社会长期稳定。国家能否长治久安，社会能否和谐稳定，取决于能否民主化、法治化、制度化、程序化、规范化地治理国家；取决于能否有效约束权力，给市场和社会更大的发展空间；取决于能否下定决心根治腐败，还社会一片净土。适应社会发展的大趋势，我们需要的是实现长治久安的治国方略；需要的是走向法治化的治国之路；需要的是把权力关进制度笼子里的根本之策。

正是在这个特定历史背景下，《决定》把“完善和发展中国特色社会主义制度，推进国家治理体系和治理能力现代化”作为新时期全面深化

改革的总目标，这远远超出了 35 年前开启的经济体制改革的范畴、广度和深度。

1. 国家治理体系和治理能力现代化的基本内涵

习近平总书记对“推进国家治理体系和治理能力现代化”的基本内涵有一个高度概括：“就是要适应时代变化，既改革不适应实践发展要求的体制机制、法律法规，又不断构建新的体制机制、法律法规，使各方面制度更加科学、更加完善，实现党、国家、社会各项事务治理制度化、规范化、程序化。要更加注重治理能力建设，增强按制度办事、依法办事意识，善于运用制度和法律治理国家，把各方面制度优势转化为管理国家的效能，提高党科学执政、民主执政、依法执政水平。”[1]

国家治理体系和治理能力现代化，是建设现代国家的基本要求，是衡量国家现代化的基本标准。

（1）它要求政府治理、市场治理和社会治理有完善的制度安排和规范的公共秩序。

（2）它要求公共治理和制度安排都必须保障主权在民或人民当家做主。

（3）它要求宪法和法律成为公共治理的最高权威，在法律面前人人平等，不允许任何组织和个人有超越法律的权利。

（4）它要求有效维护社会稳定和社会秩序。

（5）它要求从中央到地方、从政府治理到社会治理，作为一个统一的整体相互协调。[2]

2. 国家治理体系和治理能力现代化的改革总目标

（1）国家治理体系和治理能力现代化是建设现代国家的主要标志。如果说 35 年前邓小平同志领导我们搞改革开放、做大经济总量、改变

1　习近平 . 切实把思想统一到党的十八届三中全会精神上来 [N]. 人民日报，2014-01-01.

2　俞可平 . 衡量国家治理体系现代化的基本标准 [N]. 北京日报，2013-12-09.

贫穷落后局面的第一步目标总体实现了，那么今天，适应历史发展的新趋势，改革的第二步目标就是建设现代国家。现代国家不仅需要强大的经济，更需要国家治理体系现代化、治理能力现代化，走向民主、法治、文明、和谐的现代国家。

（2）国家治理体系和治理能力现代化是实现国家长治久安的根本之路。一个国家的长治久安不能依靠行政控制、社会管制，必须依靠制度文明。更进一步说，必须依靠建立起符合人类发展、世界发展和中国国情的现代制度文明。在现代制度文明中把大乱化解于小乱之中，避免社会出现局部性甚至全局性动乱，以形成国家长治久安、社会和谐的制度基础和制度保障。

（3）国家治理体系和治理能力现代化是历史经验的科学总结。改革开放 35 年来，一直有两种声音：一种声音是主张中国社会要搞“精英政治”。实际上，对于中国这样一个大国，在一定时期、一定阶段，为推进改革开放，强调权威、强调适度的集权都是必要的。但是，历史发展阶段发生变化后，我们之所以需要“精英”，根本上是需要“精英”强力推进改革，在改革中建立现代制度，推进国家民主化、法治化进程。这比主张“精英政治”更符合中国的国情。

还有一种“稳定压倒一切”的主张。“稳定压倒一切”在特定的阶段有客观需要，但绝不是长久之计。面对社会发展的大趋势，现在已经到了需要终结“稳定压倒一切”的时候了，我们应该尽快建立一个在党的领导下、社会各方面广泛参与、建立在民主法治基础上的国家治理体系，以走出一条更长久的社会和谐稳定发展之路。

3. 推进国家治理体系和治理能力现代化的重大任务

推进国家治理体系建设，需要推进包括经济、政治、文化、社会、生态文明和党的建设等各领域的改革。

（1）推进法治中国建设。

——法治中国建设的首要任务是维护宪法法律权威。建立健全全社会忠于、遵守、维护、运用宪法法律的制度，坚持法律面前人人平等，任何组织或者个人都不得有超越宪法法律的特权，一切违反宪法法律的行为都必须予以追究。

——依法独立公正行使审判权和检察权。这是实现公平正义的重要条件，更是建设法治中国的关键所在。

——实现司法公开。司法过程向全社会公开，并受全社会监督。全社会监督司法的过程，是保证司法公正的重要条件。

——司法运行去行政化，建立专业化的司法队伍。

——司法运行去地方化，探索建立中央地方双重法院体制。建议由中央层面的法院体系，专门负责土地、税收、金融、破产、涉外和知识产权等领域的经济案件审理，以克服经济领域司法的地方保护主义；一般民商事案件与治安刑事案件、家庭婚姻继承案件、青少年犯罪案件仍由地方法院受理。

（2）实行有效的政府治理。《决定》提出，“必须切实转变政府职能，深化行政体制改革，创新行政管理方式，增强政府公信力和执行力，建设法治政府和服务型政府”。实现这个目标，关键是推进以公共服务型政府建设为重点的政府治理。这就要求围绕“放权”、“分权”、“限权”，推进以公共服务建设为中心的政府转型，形成有效的政府治理结构。

——“放权”。包括向企业放权、向社会放权、向地方放权。目前向企业放权已经比较成熟，企业已经成为市场的主体；向社会放权亟待加强，一方面社会组织的行政化色彩太浓，另一方面民间行业组织发展严重不足；向地方放权有待中央地方事权、财权关系理顺以后进一步规范。当前，以放权为重点破题政府职能转变、加快行政审批制度改革，已成为本届政府加快政府职能转变的重点。

——“分权”。就是形成行政范围内决策权、执行权、监督权既相互制约又相互协调的行政运行机制。这几年来，大部门制改革做了一些积极探索。但从实践看，仅仅是形式上走了一步，实质上尚未在三权分设的前提下实现部门间职能的协调。如何“分权”，还有待在深化行政体制和政治体制改革中进一步破题。

——“限权”。实行政务公开，让权力在阳光下运行，这是把权力关进笼子里的根本之策。就是说，要把以权力制约权力和社会监督权力相结合起来。从近年来的实践看，只有把以权力制约权力和社会广泛地监督权力结合起来，才能找到“限权”的有效路子。

（3）创新社会治理。《决定》把“解放和增强社会活力”与“解放思想、解放和发展社会生产力”并列提出，反映出解放和增强社会活力、创新社会治理体制建设的重要性。《决定》指出，“创新社会治理，必须着眼于维护最广大人民根本利益，最大限度增加和谐因素，增强社会发展活力，提高社会治理水平”。从现实看，社会转型到了能否有效化解利益冲突的临界点。20 年来，群体性事件增加了 10 倍，其中因土地征用、房屋拆迁、环境污染等利益冲突引发的群体性事件占 80% 以上。这种因利益矛盾引发的群体冲突，如果协调不好，有可能激化其他社会矛盾，并使社会冲突有所升级，甚至成为局部性、全局性危机的导火索。在这个特定背景下，创新社会治理，需要改进社会治理方式，激发社会组织的活力和自组织能力，有效预防和化解社会矛盾。

——加快发展公益性社会组织。建议 1 ～ 2 年内，全面推行社会公益组织备案制，鼓励支持社会公益组织的加快发展；加快农村合作组织发展；尽快形成社会组织的税收优惠等制度，大幅提高公益捐赠扣除比例。

——推进官办社会组织转型。建议分三步走：第一步，加大官办社会组织的公开透明度，包括善款筹集与使用、内部运行公开；第二步，利用社会需求和社会压力，促进官办社会组织加强专业化，改革内部治理，提高运行效率；第三步，逐步推进“去行政化”，最终实现社会组织“领导人自选、活动自主、经费自筹”。

——鼓励社会组织参与公共事务。加快社区自治进程，扩大社区决策的民主参与范围，形成社区建设合力；提高社会自治程度，把政府从繁杂的社会事务中解放出来。

二、历史突破——使市场在资源配置中起决定性作用

政府与市场关系是多年来困扰经济体制改革的一大难题。《决定》十分明确地指出，“紧紧围绕使市场在资源配置中起决定性作用深化经济体制改革”。这是《决定》的最大亮点，更是改革理论与实践的历史性突破。它不仅将直接推动经济体制改革的重大突破，也将倒逼政治体制改革、社会体制改革；不仅是改革理论的重大突破，更是改革走向不归路的重要标志。“市场决定论”其深刻性、其意义不亚于22年前提出的市场经济与社会主义的“兼容论”。

1. 市场决定增长

当前，经济矛盾和风险日益凸显，经济转型到了关节点。例如，以投资消费失衡为主要特征的结构性矛盾凸显，内生增长动力远未形成；产业结构转型升级缓慢，服务业比重长期徘徊在40%左右；资源环境约束全面加大，环境危机因素增多；创新能力严重不足。在这种情况下，未来5～7年的增长，既要看资源要素和技术层面等因素，更要看中国转型改革进程及其相关的制度安排。必须在全面激发市场活力、实现市场化改革突破中闯出一条经济可持续发展之路。

（1）增长有潜力。13亿人的消费大市场是我国最大的增长优势。初步的估算是，到2020年，我国潜在的消费需求将达到45万亿～50万亿元，考虑到由此引致的投资需求，整个内需总规模将达到上百万亿元。这个内需规模将为7%左右的中速增长奠定重要支撑。

（2）关键在市场。有增长潜力并不表示一定会有现实的增长。要使这个增长潜力释放出来，关键是通过市场化改革激发经济活力。

——尽快释放市场机制的活力。解开套在市场机制上的绳索，让市场决定价格，让市场在资源配置中说了算。为此，未来2～3年要提速资源产品的市场化改革进程，加快推进利率、汇率的市场化改革。

——尽快释放社会资本的活力。建议未来2～3年，要以积极发展

混合所有制经济为重点，实现非公有制经济参与国企改革的重大突破。由此使民营资本真正成为市场主体，成为增长的主力军。

——尽快释放创新创业的活力。要使想创业的人都有创业的空间，有创新想法的人都有创新的平台。有了市场机制的活力、社会资本的活力和创新创业的活力，增长的活力就有保障。

（3）重点要突破。在市场化改革中释放增长潜力，以下几个方面的改革需要在 2 ～ 3 年内尽快突破：

——1 ～ 2 年内争取资源要素的市场化改革有实质性进展。

——2 ～ 3 年内争取垄断行业改革有重大突破，基本打破行政性垄断，为社会资本创造更大的市场空间。

——1～2年内争取在金融、石油、电力、铁路、电信、资源开发、公用事业等领域向社会资本推出一批项目。

2. 市场决定没有例外

我们说市场决定没有例外，主要是指在经济生活领域。如国有资本配置、农村土地资源，以及文化产业资源等能否由市场决定。

（1）市场决定下国有资本何去何从？与民营企业相比，国有企业在资源占有、土地、贷款、公司上市、利润分配等方面都享有某些政策优势，使得国有企业与民营企业间的竞争不公平。“发挥市场的决定性作用”就是要让各类市场主体平等使用生产要素、公开公平公正参与市场竞争、受到法律同等保护。在这个背景下，国有资本的作用到底何在？进入发展型新阶段，随着公共产品短缺成为全社会的突出矛盾，国有资本的特殊性除了保障国家经济安全之外，重点要在解决公共产品短缺中发挥重大的作用。这就需要一部分国有资本从竞争性领域退出，重点投向公益性领域。与此同时，国有资产管理要从管企业向管资本转型。这就意味着未来的各级国有资产管理部门，应从管直属企业转到管资本，并且建立与资本管理相适应的投资管理工具。

（2）农村土地资源配置能否由市场决定？农村土地资源配置虽然具有一定的特殊性，但建立城乡统一的土地市场，目的就是让市场在农村土地资源配置中发挥决定性作用。因此，在严格规划管制和用途管制的前提下，市场在农村土地资源配置方面仍然要起决定性作用。从实际情况看，农村土地资源配置中的某些突出问题，政府规划与用途管制缺乏刚性约束是主要原因。

进一步说，“市场的决定性作用”与深化农村改革直接相关。《决定》提出“赋予农民更多财产权利”、“赋予农民对集体资产股份占有、收益、有偿退出及抵押、担保、继承权”、“保障农户宅基地用益物权”。2014年中央一号文件也明确提出，“在落实农村土地集体所有权的基础上，稳定农户承包权、放活土地经营权，允许承包土地的经营权向金融机构抵押融资”。这些重大改革可以使农民带着土地财产权进城，可以使一部分农民有条件成为中等收入群体。当然，具体实施很复杂，可能会面临这样那样的问题和挑战，需要选择有条件的地方试点并逐步推开。但不应当以“复杂”为由或以担心农民的“短期行为”为由，而不去积极主动推进甚至阻挠这一进程，关键是要相信农民。建议2014年在一号文件的基础上，尽快出台并加快实施赋予农民更多财产权利和建设城乡统一建设用地市场的具体实施方案；按照《决定》要求尽快修改《物权法》，将农村土地使用权明确界定为可抵押财产权。

（3）在文化产业资源配置中市场能否起决定性作用？在政府承担公共文化建设主体，并发挥主导作用的前提下，文化产业资源配置也要由市场起决定性作用。由此，才能加快建立健全现代文化市场体系，才能充分利用市场机制实现文化资源优化配置，才能尽快形成放活文化市场、做大做强文化产业的大环境。

3. 市场决定的有为政府

市场决定不是不要发挥政府作用，而是如何更好地发挥政府作用。第一，有效的市场离不开有为的政府。第二，脱离市场作用下的政府有为不可持续。第三，市场有效前提下的政府有为才是正能量的有为。

（1）建立公平竞争导向的宏观调控。宏观调控本来是短期工具，不能常态化，如果常态化就会造成宏观政策取代市场，不仅解决不了问题，还会导致资源配置的严重扭曲。这就需要把营造公平竞争的市场环境作为健全宏观调控体系的基本目标。

——宏观调控与行政审批职能严格分开，建立以货币和财政政策为主的宏观调控体系。

——货币政策与金融市场化改革有机结合，突出利率市场化和汇率市场化改革，以金融改革带动实体经济的发展和转型。

——财政政策与财税体制改革有机结合，突出财税体制在调节收入分配、引导资源配置、拉动消费中的重大作用。

（2）从事前审批转为事后监管。市场决定资源配置离不开微观经济的规制和管理。问题在于，前置性审批过多、过滥与市场监管的失效并存，既抑制了市场活力，又难以形成公平竞争的市场秩序。

——以事后监管为主克服微观领域的“市场失灵”，形成微观规制的基本框架。

——统筹考虑审批与监管体制改革，重点强化政府市场监管的权威性、统一性和有效性。

——调整市场监管权力结构，实质性改变多头监管与监管失灵。

——把政府的市场监管与行业自律相结合，以加快发展各类民间行业组织为重点，激活市场中的社会力量，有效发挥社会力量在规范市场行为中的重要作用。

（3）界定负面清单与权力清单。负面清单管理是现代市场经济的重要特征，多年来政府与市场的关系“剪不断、理还乱”，根源在于政府对自己“非禁即准”，对企业和社会“非准即禁”。打造有为政府，关键在于改变这种错位管理格局。

——明确政府禁止企业做事情的负面清单，“非禁即准”。

——以负面清单管理倒逼行政审批制度改革，为企业明确市场预期创造环境。

——中央政府要带头，尽快制定和公布权力清单。

——鼓励支持地方政府尽快制定、公布权力清单，推进依法行政和标准化行政。

（4）地方政府的公共服务角色回归。当前，竞争性地方政府成为加大产能过剩、房地产泡沫、地方债务风险的突出矛盾。未来 3 ～ 5 年，如果竞争性地方政府没有实质性改观，不仅经济转型难以实现，还会导致更大的危机与风险。

——把地方政府由市场竞争主体转向公共服务主体作为新阶段行政体制改革的重大任务。

——以建立公共服务导向的中央地方财税关系为目标，尽快形成新一轮财税体制改革的行动方案。

——以规范地方债务、改变政绩考核体系为重点，尽快形成地方政府经济行为的制度约束。

4. 市场决定性作用牵动改革全局

（1）市场决定与政治体制改革。市场在资源配置中起决定性作用将倒逼政治体制改革。例如，市场决定资源配置的有效性需要建立在法治市场经济的基础上，由此倒逼法制改革。再如，公共资源配置的市场化更有赖于政府行为的透明化，更有赖于让权力在阳光下运行，由此倒逼政治体制改革。

（2）市场决定与社会体制改革。市场在资源配置中起决定性作用将为公平正义的社会体制改革创造有利条件。例如，行政配置资源是贫富差距拉大和社会不平等普遍存在的根源之一，这很难通过社会体制本身的改革来解决，需要通过公平竞争市场秩序的建立得到根本的解决。市场在资源配置中起决定性作用能提供广泛的就业、创业空间，将为我国到 2020 年初步形成“橄榄型”社会新格局奠定坚实的市场基础。

（3）市场决定与文化体制改革。市场在资源配置中起决定性作用将有力地牵动、影响文化体制改革。我国文化发展之所以与发达国家还有比较大的距离，一个重要原因是我国文化资源在相当大的程度上仍由行政配置，行政管制现象还比较普遍。在政府作为公共文化主体并发挥主导作用的前提下，文化产业资源交由市场配置，可以释放文化产业的潜力，也可以有效倒逼文化体制改革。

（4）市场决定与生态文明体制改革。加快建立生态文明制度更有赖于市场在资源配置中起决定性作用的相关制度建设。从改革实践看，在政府主导资源配置的体制框架下很难解决生态环境保护问题，建立生态文明制度的根本出路在于建立资源环境产权制度，推动资源要素市场化，充分利用市场手段形成生态环境保护的激励约束机制。

习近平总书记指出，“使市场在资源配置中起决定性作用”的定位，有利于在全党全社会树立关于政府和市场关系的正确观念，有利于转变经济发展方式，有利于转变政府职能，有利于抑制消极腐败现象。[1]发挥市场决定性作用的“四个有利于”，必将伴随一场深刻的思想解放。这是因为：“市场的决定性作用”，意味着资源配置的效率和公平，将对我国走向公平可持续增长的转型和改革具有决定性影响；意味着政府主导型经济增长方式的终结，对于市场主导下更好地发挥政府作用有决定性影响；意味着权力配置资源导致机会不平等、权利不平等的历史终结，对于形成公平竞争的市场环境具有决定性影响；意味着官本位、权力寻租、经济特权的历史终结，对于抑制消极腐败、突破利益固化的藩篱具有决定性影响。只有思想解放不断取得突破，才能产生自觉、坚定、务实、到位的改革行动。

三、历史担当——突破利益固化的藩篱

处理好改革与保障多数人利益的关系，形成合理的利益结构是我国改革开放的重要起点和重要经验。35 年前，正是由于改革打破了平均主义的藩篱，才使得改革赢得广泛的社会支持和形成社会合力。35 年后，改革开放走到今天，贫富差距扩大、特权现象凸显、利益结构失衡

1　习近平．关于《中共中央关于全面深化改革若干重大问题的决定》的说明 [N]. 人民日报，2013-11-16.

成为全社会关注的焦点问题。今天，能否突破利益固化的藩篱，缓解并缩小日益扩大的贫富差距，逐步形成合理的利益结构和社会结构，决定着全面改革的成败。正如《决定》指出的，“当前，我国发展进入新阶段，改革进入攻坚期和深水区。必须以强烈的历史使命感，最大限度集中全党全社会智慧，最大限度调动一切积极因素，敢于啃硬骨头，敢于涉险滩，以更大决心冲破思想观念的束缚，突破利益固化的藩篱，推动中国特色社会主义制度自我完善和发展”。习近平总书记在中央全面深化改革领导小组第一次会议上指出，“随着改革不断推进，对利益关系的触及将越来越深，对此也要有足够思想准备”。明确地提出要以更大的决心突破利益固化的藩篱，表明中央对推进全面改革的清醒判断，以及改革的勇气和魄力。

1. 深化全面改革面临利益结构失衡的突出矛盾

改革开放 35 年来，在普遍分享改革成果的同时也应当看到，固化的利益格局不仅总体上形成，而且已经成为全面深化改革的最大障碍，成为推进经济转型、社会转型、治理转型的最大阻力。在这个重要的历史关头，突破利益固化的藩篱，表现出新的中央领导集体坚定、自觉的历史担当精神。

（1）固化利益格局的形成。

——固化的利益格局基本形成。形象一点说，今天谁是穷人、谁是富人，界限比较分明了。这些年来出现的所谓“富二代”、“贫二代”等现象，是一个集中反映。总的趋势是，贫富差距代际传承的特征比较突出，中低阶层通过社会向上流动成为中上阶层，要比过去困难得多。

——贫富差距仍呈现扩大趋势。从 2003 年到 2013 年，我国基尼系数始终保持在 0.47 以上，2012 年为 0.474，2013 年为 0.473。尽管某些方面有所缓和，如城乡居民人均收入差距，由 2009 年的 3.33:1 降到 2013 年的 3.03:1，但其收入的绝对差距仍在扩大，从 2009 年的 12021.5 元扩大到 2013 年的 18059 元。如果考虑到城乡基本公共服务水平的差距，城乡居民的实际收入差距会更大。

——利益失衡的焦点是灰色收入。由于分配不公、权力寻租、资源占有、垄断地位等产生的灰色收入，成为当前经济领域、社会领域中的重要问题，也成为全面深化改革的突出问题。

——特权现象呈现出机制化、长期化的特点。这些年来由于政治体制改革滞后等多方面原因，特权现象比较普遍，甚至在某些方面比较突出，呈现出机制化、长期化的特点。特权问题成为全面深化改革面临的“硬骨头”。改革攻坚，需要在解决这个问题上有更大的决心和魄力，有更务实的行动路线。

——尚未形成组织化的利益格局。既得利益是一个客观实际，利益固化也是一个现实问题。但总的来看，尚未形成集团化、组织化的状态。灰色收入就是一个典型的例子，灰色收入获得者自己也觉得收入不合理，觉得拿不上台面，从而通过各种方式将之偷偷隐藏起来，这就给解决利益结构失衡问题留下了巨大的改革空间。对此，我们应当有信心，通过改革，就能够打破利益固化的藩篱。

（2）利益失衡的深层次因素。

——收入分配改革不到位。应当说，这项改革一拖再拖，至今尚未有实质性破题。深化收入分配制度改革，将成为下一步改革的重头戏。

——市场化改革不到位。市场化改革不可避免导致利益分化、利益主体多元化，也会在一定程度上带来收入分配差距的拉大，但公平可持续的市场经济体制恰恰能够促进公平竞争，能够形成平等竞争的游戏规则，使更多的人能够凭借辛勤的劳动、技能的提高向上流动变成中等收入群体、变成富人。相反，不完善的市场经济体制反而容易形成利益固化和利益失衡。例如，公共资源配置的公开化、市场化不够，公共资源的不合理占有和收益分享会拉大贫富差距。

——政府改革不到位。例如，行政审批制度改革喊了很多年，但实质性突破不多，并由此为权力寻租留下空间。

2. 解决利益失衡的重大任务

《决定》提出，“以促进社会公平正义、增进人民福祉为出发点和落脚点”。就是说，打破固化的利益格局、解决利益失衡，要高举公平正义的旗帜，让改革发展成果更多、更公平地惠及全体人民。

（1）实现城乡居民收入倍增。解决利益失衡，首先应当解决城乡居民收入增长的问题，为中低收入群体的收入增长创造一个良好的预期。中共十八大报告提出，到2020年实现国内生产总值和城乡居民人均收入比2010年翻一番，全面建成小康社会。

当前，由于出现了经济下行，不少人怀疑城乡居民收入倍增能否实现。从我国发展前景看，如果相关改革到位，到2020年实现城乡居民收入倍增，仍有条件，是一个可以实现的目标。例如，2012年城乡居民实际收入开始跑赢GDP增速。2013年，城镇居民人均可支配收入实际增长7.0%，略低于7.7%的GDP增速；农村居民收入实际增长9.3%，明显高于GDP增速。从中长期看，转型改革政策措施的出台有利于居民收入占比的增加。

以民富优先破题收入分配改革，是国民收入倍增的重要条件。建议把城乡居民收入倍增的指标具体化：未来10年GDP年均增速在7%左右的条件下，城乡居民实际收入增长年均应不低于7.5%；劳动报酬占GDP的比重从40%提高到50%左右；城乡居民收入差距从3.03∶1下降到2.8∶1之内。应当说，实现这个目标是有可能的。当然，这取决于收入分配改革的实质性破题。

（2）实现中等收入群体倍增。城乡居民收入倍增不是所有社会群体同步的倍增，而主要是中低收入群体的倍增。就是说，城乡居民收入倍增更重要的是要反映到中等收入群体的倍增上。

目前，我国中等收入群体比例大约为25%左右，约为3亿人。未来5～10年，全面协调利益关系的重中之重，是形成中等收入群体为主体的橄榄型社会结构。为此，建议结合国民收入倍增计划，尽快出台《中等收入群体倍增国家规划》，明确提出中等收入群体倍增的目标，即每年占比提高2个百分点左右，争取到2020年达到40%；人口规模从3亿扩大到6亿左右。

形成6亿人的中等收入群体意义重大：支撑经济年均7%左右的中速增长，奠定“橄榄型”社会结构的重要基础，形成走向共同富裕的大趋势。

（3）让农民工成为历史。从我国的现实看，未来要增加3亿中等收入群体，需要推进农民工市民化，使部分农民工成为中等收入群体的来源。

出路何在？在于人口城镇化的转型与改革。2013年，我国城镇化率为53.37%，实际的人口城镇化率仅为35%左右，远低于2011年世界52%的平均水平。如果能够打破政策与体制掣肘，每年就有可能提高1.5～2个百分点，到2020年，人口城镇化率就有可能接近目前的世界平均水平。未来5年，只要以农民工市民化为重点的相关改革能够取得突破，我国城镇化率就有望以年均1～1.2个百分点的速度递增，人口城镇化率有望以年均1.3～1.5个百分点的速度递增，至2020年新增城镇人口将达4亿左右，成为新增中等收入群体的“后备军”。

——出台农民工市民化的国家规划。建议在国家城镇化规划中明确提出2020年总体实现农民工市民化的大目标；2～3年内，初步实现有条件的农民工市民化；3～5年内，基本解决存量农民工的市民化；到2020年总体实现农民工市民化。

——明确户籍制度改革的目标与时间表。建议1～2年内，剥离户籍的福利分配功能，在中小城镇全面取消户籍制度，建立人口登记制度；3～5年内，除了个别特大城市外，其他大中城市的户籍制度基本放开，全面实施人口登记制度；5～8年内，全面实行以身份证代码为唯一标识的人口登记制度。也就是说，到2020年，实行城乡二元户籍制度向一元户籍制度的并轨。

——尽快赋予农民物权化的土地使用权。这是破解农民工市民化难题的重点所在。

3. 打破利益固化藩篱的重大举措

面对固化的利益格局，改革需要有更大的勇气和魄力。首先，要进一步解放思想，冲破思想观念的障碍。正如习近平总书记指出的，“思想不解放，我们就很难看清各种利益固化的症结所在，很难找准突破的方向和着力点，很难拿出创造性的改革举措”。其次，要以更大的决心和勇气克服地方利益、部门利益、行业利益，以及官员利益对全面改革的掣肘。

（1）改革和调整利益格局。

——初次分配应当坚持民富优先，藏富于民。初次分配应当在调节国家、企业、居民大分配格局上有所作为。从国富优先转向民富优先，就需要调整国家和企业的关系，要对中小企业减税，把就业问题放在优先位置，并在发展的过程中不断调整劳资关系，创造收入上升的空间。

——在再分配领域，政府需要通过压缩行政开支，确保到2020年城乡基本公共服务均等化的总体实现。现在一提到基本公共服务，有人就说是搞“高福利”。但应当反思的是，政府的行政支出是高还是低？行政支出有无压缩空间？中共十八大以来中央出台了八项规定，是兴利除弊的重大举措。以此为契机，通过制度化的途径，将过高的“三公经费”降下来，压缩、减少行政成本。建议国家尽快制定行政成本削减计划，综合采取全面推进政务公开、财政预决算公开、公共资源配置公开等多种手段，切实降低“三公经费”，降低行政成本。

与此同时，加快调整财政支出结构，尽快形成公共财政的基本格局。争取到2015年，用于教育、医疗卫生、社保就业、保障性住房4项基本公共服务的支出占国家财政总支出的比重由2012年的35%提高到50%左右，占GDP的比重由8.48%提高到不低于12%。

——以公益性为重点调整、优化国有资本配置。国有资本不能等同于私人资本，哪里盈利就往哪里去，应当明确国有资本提高普遍福利的目标。进入发展新阶段，面对公共产品短缺的突出矛盾，国有资本公益性严重不足。建议1～2年内，出台新的国有资本布局调整、优化方案，推动国有资本从一般竞争性领域退出，重点配置到义务教育、基本公共医疗以及基本住房保障等公共产品领域；建议 3 年内划拨 20% ～ 30% 的上市公司国有股权到社保体系。

对短期内难以退出一般竞争性领域的国有资本，逐步提高收租分红比例。减少并逐步取消特殊优惠和特殊保护，建立常态化的国有企业收租分红机制，确保 2020 年不低于 30%。

——财税体制改革不能增大中等收入群体的负担。如房产税、遗产税的征收，不能拿中等收入群体“开刀”。改革成本的承担需要国家从改革转型的大局出发，着眼于未来 10 年的发展大趋势，统筹考虑财政支出结构、转移支付等问题。

（2）敢于对既得利益“动刀子”。

——行政审批制度改革有利于激发市场活力，有利于中小企业的发展，有利于扩大就业和增加城乡居民收入，但受制于部门利益。本届政府承诺将行政审批事项减少 1/3，但如果没有在突破部门利益上有大的进展，这个目标就很难实现。

——以公益性为重点调整、优化国有资本布局，有利于提高全民普遍福利。但如果不克服行业利益、垄断利益，改革同样无法进行下去。

——赋予农民物权化的土地使用权，有望使部分农民和农民工成为中等收入群体，但是这项改革受制于地方利益。土地作为地方“第二财政”的局面不改变，这项改革就缺乏重要条件。

（3）关键是政府自己改自己。从现实经济生活看，重要的是改变以行政主导资源配置的政府主导型经济增长方式。

——行政主导资源配置，导致财富向政府、国有企业集中，不可能不导致财富分配格局的失衡。

——行政主导资源配置，使得整个公共资源的配置向中心城市集中，由此导致大中小城镇资源配置严重失衡，进而导致人口城镇化严重滞后。

——行政主导资源配置，模糊了政商关系，造成权力寻租和体制性腐败。

（4）中央成立全面深化改革领导小组。习近平总书记指出，“中央成立全面深化改革领导小组，负责改革总体设计、统筹协调、整体推进、督促落实。这是为了更好发挥党总揽全局、协调各方的领导核心作用，保证改革顺利推进和各项改革任务落实”。面对利益固化藩篱成为全面深化改革的突出障碍，中央成立由总书记直接担任组长的全面深化改革小组，并且提出明确的目标要求，“到 2020 年，在重要领域和关键环节改革上取得决定性成果，完成本决定提出的改革任务，形成系统完备、科学规范、运行有效的制度体系，使各方面制度更加成熟更加定型”。应当说，这既是主动历史担当的重要体现，又是实现全面深化改革目标的重大举措。

2014 年 1 月 22 日召开的中央全面深化改革领导小组首次会议，不仅形成了全面深化改革的工作体制，并且对下一步如何全面深化改革做出具体的战略部署。习近平总书记在会议上的重要讲话中强调，全面深化改革要把握大局、审时度势、统筹兼顾、科学实施。这是从基本国情出发推进全面改革的总体要求，具有很强的指导性。中央全面深化改革领导小组首次会议传递出坚定而丰富的改革信息，将进一步提升全社会的改革信心，进一步调动各方面参与改革的积极性，进一步强化各地区、各部门的改革责任担当，以坚定不移地朝着全面深化改革的目标前进。

转型中国的历史性抉择 *

2020年是我国经济转型的最后“窗口期”。面对国际国内发展环境和条件的深刻变化，转型与改革的时间空间约束全面增强。准确研判经济转型升级大趋势，准确把握经济新常态，关键是谋划、把握好2020年在服务业主导的经济转型升级上取得决定性成果。

当前，我国的经济转型升级正处在重要历史拐点：一方面，经济下行压力增大，经济矛盾与风险因素明显增多；另一方面，经济转型升级的大趋势初步形成，经济发展方式转变到了关键时期。面对国际国内发展环境和条件的深刻变化，转型与改革的时间空间约束全面增强。能不能准确研判2015—2020年这6年我国经济转型升级的大趋势，能不能准确把握经济新常态的核心内涵，对未来10年、20年，甚至30年我国经济的可持续发展都有着决定性影响。在这个特定背景下，方方面面高度关注未来几年经济走势，高度关注“十三五”（2016—2020）国家经济社会发展规划，高度关注“十三五”经济转型与改革的抉择。如何谋划好、把握好2020，将成为“十三五”的重大历史性课题。

---

* 本文载于《转型抉择》，中国经济出版社，2015年2月。

一、2020：经济转型的最后“窗口期”

在我国经济发展的内外部环境都发生深刻复杂变化的特定背景下，留给经济转型的时间空间有限。2015—2020年这6年，是我国经济发展方式转变的历史关节点。

1.国内经济矛盾与风险增大倒逼经济转型

（1）经济运行的矛盾与风险明显增大。这不仅表现在部分行业产能严重过剩以及地方债和房地产泡沫可能引发的经济风险，而且也反映在结构调整滞后、生态环境危机因素增多、创新能力不足等结构性矛盾加大了经济运行的潜在风险。当前，一些行业实体经济的效益不断下滑，资金周转困难，整体负债水平高。实体经济风险直接导致财政金融风险，若不及时解决，有可能引发系统性经济风险。“十三五”能不能加快转方式、调结构，实现经济发展方式的实质性转变，不仅对缓解当前的经济下行压力非常关键，而且对化解中长期经济风险至关重要。

（2）低成本优势明显减弱。从总体上看，以往支撑经济快速增长的劳动力、土地、资源等传统要素供求关系日益趋紧。从劳动年龄人口变化趋势看，一方面，劳动力红利基本消失，劳动力成本近两年每年以10%～15%的速度上升；另一方面，传统比较优势不断减弱。人口老龄化加快，60岁以上人口比重已经超过15%，劳动年龄人口近两年开始出现下降，这就使劳动力成本持续上升、企业成本不断加大。“十三五”能不能推动科技创新不断取得新突破、培育出新的全球竞争优势至关重要。

（3）资源环境约束明显趋紧。传统经济增长方式积累的生态环境问题正在全面凸显：一是环境承载力达到或接近上限；二是人民群众对环境的承受能力接近极限。目前，全国70%的城市空气质量不达标，水污染的问题比较普遍。环境污染不仅威胁老百姓的健康，还成为引发社会矛盾的导火索。顺应全社会对“APEC 蓝”的期待，“十三五”能不能走出一条绿色低碳循环发展之路至关重要。

（4）社会矛盾和风险因素明显增多。贫富差距依然较大，利益主体多元化、利益格局固化引发的社会利益矛盾与社会冲突有所增加。此外，由于公共服务仍然短缺、社会保障水平较低、社会不公、社会信用缺失等，导致社会问题增多，老百姓抱怨增多，群体性事件也有所增加。过去经济高速增长“一俊遮百丑”的时代已成为历史，经济下行有可能使某些潜在的社会矛盾累积加大并日益凸显。“十三五”能不能缓解收入分配差距、走出一条包容性发展的新路至关重要。

2. 国际经济环境的复杂多变催促经济转型

（1）国际产业分工格局调整催促经济转型。国际产业分工格局调整对我国经济发展方式的转变形成很大压力。最近两年，欧美制造业回归和扩大出口，使我国与欧美的经济关系由原来的互补为主，逐步变为竞争与互补并存，互补性减弱，竞争因素逐步增多。

（2）新一轮科技革命、产业变革催促经济转型。我国高度重视正在发生的新一轮科技革命。这场科技革命使信息化与产业变革深度融合，使生产方式、商业模式、增长空间都正在或即将发生某些颠覆性的变化。麦肯锡公司在 2013 年的一份研究报告中预测，到 2025 年，互联网、新机器人等 12 项重大科技发明对全球经济的直接影响将达到 14 万亿～ 33 万亿美元，可以产生 16 万亿～ 40 万亿美元的新增经济价值。未来几年，这场科技革命带来的产业变革，既对我国经济转型升级带来重大机遇，同时也提出严峻挑战。如果“十三五”我国不能适应新一轮科技革命的大趋势，加快推进经济转型升级，就会进一步拉大与发达国家的发展差距。

（3）国际能源格局变化催促经济转型。国际能源格局变化给我国经济转型升级带来了巨大压力。美国能源的自给率从 2008 年的 76% 提高到 2013 年的 84%，对欧佩克的原油依赖度大幅下降至 38%，并提出到 2030 年风力发电占用电总量的比例不低于 20%。欧盟计划到 2030

年，可再生能源占能源总消费的比例达到 27% 以上。相比之下，我国的情况却令人担忧：由于我国仍以传统化石能源为主，温室气体排放总量已超过欧美的总和，人均排放量也高于世界平均水平。2015 年是“十二五”的收官之年，在“十二五”规划的所有约束性指标中完成程度最低的有可能是环保，估计“非化石能源占一次能源的消费比重”、“氮氧化物排放减少”两个环保指标的完成率很有可能均不会超过 50%。如果“十三五”我国不能在解决环境污染方面有大的突破，不仅将导致社会矛盾日益增多，还会面临较大的国际压力。

（4）世界及区域经济一体化进程催促经济转型。我国作为世界第二大经济体，在世界经济格局中的地位显著提升。当前，美国主导跨太平洋战略经济伙伴关系协定（TPP）和跨大西洋贸易与投资伙伴关系协定（TTIP）谈判，提出更高标准的自由贸易和投资规则，涉及我国一半以上的出口贸易产品。在这个背景下，我国只有加大经济发展方式转变力度，改变出口贸易结构，加快推进市场化改革，才能把握国际经贸的主动权，从而应对新一轮国际贸易规则变化带来的挑战。如果“十三五”我国不能抓住机遇形成国际竞争新优势，对外开放就会面临更大的压力和挑战。

3. 2020：经济转型升级的历史关节点

（1）跳出速度看结构。我国经济转型升级面临的突出矛盾和问题，既有增长周期的原因，更有发展方式的问题。客观地看，这些矛盾和问题大都与经济结构调整滞后直接相关，更与经济发展方式转变不到位密切相关。由此，不仅要着力缓解经济增速下行的压力，而且要加快转方式、调结构，并把转方式、调结构放到更加重要的位置，努力在“十三五”取得实质性进展。

当前，主动适应经济新常态，就是要高度重视经济结构调整。经济新常态，从短期看是速度问题，从中长期看是结构问题和发展方式问题。我国经济进入 6% ～ 7% 左右增长的新常态，这不仅是增长速度上的新常态，还包括经济结构上的新常态。要通过加快结构性改革，形成投资消费关系的新常态、服务业主导的产业结构新常态、以人口城镇化为主线的新型城镇化新常态、创新驱动新常态。不能因为短期内经济增长的扰动而放弃中长期转型改革的目标，尤其需要防止以增长速度取代结构调整的倾向。

（2）跳出政策看体制。以往依靠政府主导和全面政策刺激拉动 GDP 增长的边际效应明显递减，已难以为继。化解经济下行压力，主要不是靠政策刺激，关键在于处理好政府与市场的关系，充分发挥市场在资源配置中的决定性作用和更好发挥政府作用；关键在于啃下结构性改革这块“硬骨头”，打好以转型升级为主线的改革攻坚战。

（3）跳出短期看中长期。2015—2020 年这 6 年是跨越中等收入陷阱、全面建成小康社会的关节点，是经济转型升级的临界点，是全面深化改革的攻坚期，是全面推进依法治国的关键期。也就是说，化解短期压力的希望在 2020；走向经济新常态时代的历史新起点也在 2020。如果谋划好、把握好 2020 这个“中期”，加快以转型升级为主线、以理顺政府与市场关系为重点的经济转型与改革，不仅能有效化解短期的经济矛盾与风险，而且将为中长期的可持续增长奠定坚实基础。如果错失 2020“中期”这个重要历史机遇期，我国就会失去经济转型与改革的主动权。对此，我们应当有客观、清醒的估计。

二、2020：经济转型升级的大趋势

推进经济转型升级，首要的是准确判断经济发展大势，牢牢把握经济发展机遇，因势利导，顺势而为。“十三五”加快经济转型升级，是在内外发展环境深刻复杂变化背景下的现实性选择、战略性选择和历史性选择。经济转型升级是引领经济新常态的首要因素。主动适应经济新常态，自觉引领经济新常态，重在顺应经济转型升级的大趋势，在转方式、调结构上有新的突破、新的作为，努力形成“创新红利”、“转型红利”，并使之成为走向公平可持续发展的不竭动力。

1. 工业转型升级大趋势——从“中国制造”走向“中国智造”

作为13亿人的大国，实现“中国智造”，是工业转型升级的一个总目标。由制造业大国变成以智能化为重点的先进制造业大国、强国，我国工业正面临着转型升级的重大机遇与历史性挑战。

（1）“十三五”是我国从工业化中后期走向工业化后期的关键5年。如果我国仍是世界工厂，还是进行一般性的制造加工，即使做大了经济总量，也仅仅是一个大国，而不是强国，在多方面仍处在一个被动的局面。目前，各方面对我国工业化所处阶段有不同的判断。有人说到了工业化后期，有人说到了中后期，也有人说仍在中期。我们认为，就全国总体情况看，“十三五”是我国从工业化中后期走向工业化后期的关键5年。

——“十三五”实施创新驱动发展战略。创新驱动将成为国家的核心战略，成为“十三五”最重要的一个导向性战略。这就需要以全面实施创新驱动战略加快推动工业的转型升级。

——“十三五”以信息化牵引工业结构升级将有重大突破。大数据时代已经到来。大数据将加快信息社会发展进程，并且成为社会生产力提升的“加速器”。目前，在全球科技革命和工业变革的推动下，信息化与新技术的深度融合，正在引发影响深远的产业变革，推动工业转型升级实现新突破。

——“十三五”一批战略性新兴产业及装备制造业将较快发展。“十二五”我国在发展战略性新兴产业和先进制造业上取得重要进展，但工业整体上仍处于全球价值链低端的局面并未有根本性改变。“十三五”以高铁为代表的制造业可能会发展得更快，高铁“走出去”，将大大提升我国制造业全球布局的影响力。

（2）“十三五”工业转型升级的突出矛盾是现代服务业占比低，尤其是生产性服务业占服务业的比重太低。这是制约工业转型升级的关键因素。

——我国服务业在国民经济中的比重只有47%左右，而发达国家服务业比重大都是70%～80%。

——我国生产性服务业占 GDP 的比重只有 15%；德国作为先进制造业强国，其生产性服务业占服务业的比重在 70% 左右，同时，服务业在整个国民经济中的比重高达 75% 以上。

（3）“十三五”实现工业转型升级的关键是加快发展现代生产性服务业。

——“十三五”加快以研发为重点的生产性服务业的发展，努力把生产性服务业的比重从 15% 提高到 30% ～ 40%。工业与服务业的深度融合，将推动制造业的全球化、信息化、服务化。

——“十三五”将加快新一代信息技术开发，建设信息中国。

——“十三五”将形成以互联网、智能物流网、综合运输网、智能电网等为主的现代基础设施网络。

2. 城镇化转型升级大趋势——从规模城镇化走向人口城镇化

人的城镇化是人口城镇化的必然要求。人的城镇化是方向、是目标，如果没有形成人口城镇化的大格局，农民工没有实现市民化，就难以实现全面的人的城镇化。

（1）未来 5 ～ 10 年城镇化仍是我国发展的最大红利，主要是基于以下两点研判：

——“十三五”城镇化正处在转型升级的历史关节点。首先，我国从工业化中后期走向工业化后期，城镇化率至少要达到 60% 以上，但目前只有 53.73%，估计“十三五”城镇化率仍会以年均至少 1 个百分点的速度增长。其次，2013 年我国人口城镇化率仅为 36%，而 2012 年世界人口城镇化率已达到 52% 左右。其次，“十三五”我国应加大以户籍制度为重点的制度创新，使人口城镇化率以较快的速度提升。如果到 2020 年我国人口城镇化率仍达不到 2012 年世界人口城镇化率的平均水平，就难以证明城镇化转型升级是成功的。差距就是发展的空间。2015—2020 年这 6 年，我国的城镇化仍处在较快发展的阶段，“城镇化红利”仍是扩大内需的突出优势。

——“十三五”新型城镇化蕴藏着巨大的内需潜力。一是农民工市民化是扩大内需的重要载体；二是新型城镇化建设无论对投资，还是消费，都会带来巨大的市场空间；三是在城镇化进程中推动城乡一体化，无论是农村的消费，还是农村的基础设施建设，都蕴含着巨大内需潜力。我国已经将扩大内需、拉动消费作为发展的突出优势。从发展趋势看，我国新型城镇化将成为释放巨大消费需求和投资需求的重要载体，承担着扩大内需的重大历史使命。

（2）“十三五”形成人口城镇化的新格局。

——基本实现农民工市民化，让“农民工”退出历史。

——城乡全面实施居住证制度。到 2020 年，城乡二元户籍制度要成为历史。

——加大中小城镇的公共资源配置，初步实现公共资源配置均等化。为什么北京中关村的房子能卖到几万元，甚至 10 万元一平方米？核心问题是公共资源配置的差距造成居住条件、居住价值的反差。要增强中小城镇对农村转移人口的吸引力，关键是公共资源配置要有明显改善。

（3）探索改变城乡二元制度的历史性突破。从经济社会发展需求看，至少要实现“三个统一”。

——城乡统一的建设用地市场。规范推进城乡建设用地增减挂钩，探索完善农民承包地流转制度、宅基地有偿退出制度和集体经营性建设用地入市制度。

——城乡统一的社会保障制度。中共十八大提出，到 2020 年总体实现城乡基本公共服务均等化。实现这一目标，重在建立城乡统一的社会保障制度，就是制度统一、底线大致公平的社会保障制度。

——城乡统一的人口政策，就是在城乡全面放开“二孩”。到 2020 年，老龄化社会快速到来，城镇化较快发展，应当而且有条件在城乡统一实行放开“二孩”的人口政策。

3. 消费结构转型升级大趋势——从物质型消费走向服务型消费

（1）消费结构转型升级的阶段性特征。

——从生存型消费向发展型消费升级。生存型消费主要是吃饭穿衣的基本消费，发展型消费主要是教育、医疗、健康、文化、环境等服务消费。当前，城镇居民的消费需求正由耐用消费品为主向服务消费为主转变。例如，城镇居民人均医疗保健、交通通信、文教娱乐三大消费支出占人均消费的比重已从 1985 年的 12.8% 上升到 2013 年的 34.1%。预计到 2020 年服务消费支出占比可能提高到 40% ～ 45%，一些发达地区甚至可能达到 50% ～ 60%，服务型消费将成为城镇居民的主要消费。农村居民的消费需求正由生活必需品为主向耐用消费品为主转变，而且对服务型消费的需求正逐步增大。

——从传统消费向新型消费升级。随着温饱问题的解决，人们对绿色消费、信息消费、便捷消费等新型消费的需求进一步提高。例如，伴随着互联网的兴起和电子商务、物流快递等新型服务业的快速发展，新型消费增长很快。2012 年我国信息消费为 1.7 万亿元，同比增长 29%；2013 年，信息消费规模达到 2.2 万亿元，同比增长 28%；2014 年上半年，信息消费规模达到 1.34 万亿元，同比增长 20%。估计“十三五”新型消费年均增长仍将保持在 15% ～ 25% 的区间。

（2）消费结构升级带来巨大的消费市场。

——消费结构升级拉动消费的较快增长。扣除物价因素，近些年我国消费年均增速为 10% ～ 12%，保持两位数的增长。“十三五”随着消费供给创新和消费环境的改善，估计年均消费增长不会低于两位数。

——消费结构升级扩张消费需求总规模。首先，消费结构升级带来新的消费大市场。根据麦肯锡公司 2012 年公布的报告，2011 年我国医疗市场的规模是 3700 亿美元，估计到 2020 年将高达 1 万亿美元，结论是我国将是全世界医疗市场增长最快的市场之一。再如健康服务业。按照国家老龄委的估算，现在老年人的当期消费至少有 1 万亿元人民币的消费需求潜力。但是，由于产品供给短缺、服务水平上不来，年实际消费大概在 2000 亿元人民币左右。按照麦肯锡公司的估计，到 2020 年，随着我国人口老龄化的加快，健康服务业市场的总规模将超过医疗市场的总规模，高达 8 万亿元人民币左右。

其次，从消费总规模看，我国社会消费品零售总额2011年仅为18.4万亿元人民币，2014年达到26.2万亿元人民币，估计到2020年有可能达到45万亿～50万亿元人民币，我国仅用6年的时间就将实现消费规模的倍增。

再者，消费的阶段性特点突出。在消费结构升级的特定背景下，消费的特点也有所变化。2014年中央经济工作会议指出，“过去我国消费具有明显的模仿型排浪式特征，现在模仿型排浪式消费基本结束，个性化、多样化消费渐成主流”。生存型消费阶段“一批一批消费者”的时代开始成为历史，服务型消费阶段“一个一个消费者”的时代开始到来。

（3）以释放消费潜力扩大内需。适应消费结构升级大趋势，重在推动消费驱动的经济转型，重在创新消费供给，适应个性化、多样化的消费需求，重在形成安全消费的市场环境。

三、2020：形成服务业主导的产业结构

从工业转型升级、城镇化转型升级、消费结构转型升级的大趋势看，2020年我国基本形成服务业主导的产业结构的客观基础正在形成。实现这一转型，既可以在结构升级的基础上形成7%左右的经济增长新常态，又能够为跨越中等收入陷阱、进入高收入国家创造有利条件。为此，到2020年基本形成服务业主导的经济结构，应成为“十三五”经济转型升级的基本目标和历史性任务。

1. 走向服务业大国的趋势逐步形成

（1）比传统工业附加值更高的现代服务业快速增长。我国工业转型升级对现代服务业的依赖日益增强。工业化的一般规律是：在工业化初期阶段，由于工业附加值远高于农业，由此带动工业的快速发展；而在工业化中期之后，由于降低交易成本和创新的需要，经济分化出比传统工业附加值更高的现代服务业，如设计、研发、物流、销售等生产性服务业，从而带动工业经济向服务经济的转型。自20世纪六七十年代以

来，先行的工业化国家无一例外地经历了一场向服务经济转型的结构性变革，即服务业的产值和就业贡献在经济社会发展中占据主导地位。例如，1980—2004年，全球服务业增加值占GDP比重由56%升至68%，高收入国家达到72%，中等收入国家达到53%，低收入国家为49%。2004年，美国的这一比重为77%，法国为76%，英国为73%，日本、新加坡、韩国和印度分别为68%、65%、56%和52%。从服务业就业比重看，高收入国家为68.5%，上中等收入国家为56%，下中等收入国家为47.3%。纽约、东京、巴黎、新加坡和中国香港等大都市服务业增加值比重和服务业就业比重更是分别达到80%和60%以上。[1]

“十三五”创新驱动将成为国家的核心战略，将由此形成生产性服务业转型升级的大趋势。例如，以信息化牵引工业结构升级，加快新一代信息技术开发，建设信息中国，将形成以互联网、智能物联网、综合运输网、智能电网等为主的现代基础设施网络，从而加快现代生产性服务业的发展。

（2）人口城镇化需要服务业加快发展。进入发展型新阶段，人们对城镇的就业、安居、生活品质等需求全面快速增长，对城镇化的需求和期望发生历史性变化。从就业需求的变化看，以往人们能够忍受“候鸟式”、“两地分居式”就业，现在人们更多追求在城镇稳定的就业以及享受到完整的家庭生活；从居住需求的变化看，80后、90后的农民工已经成为农民工的主体，他们中的大多数不想回归农村，更希望在城镇安居乐业。“十三五”随着我国城镇化条件、需求、角色的深刻变化，新型城镇化主要不在于铺摊子、造新城，而重在适应人的发展需求提升城镇品质：一是从生产主导转向生活（消费）主导，促进生活（消费）型的城镇的兴起成为一个客观趋势。二是由工业主导转向服务业主导，工业吸纳的就业呈减少趋势，而服务业成为就业的主要渠道，这就要求服务业成为大部分城镇的主导产业。三是由城乡分割转向城乡融合，城镇空

1 陈宪，殷凤，程大中．中国服务经济报告2009[M]．上海：上海大学出版社，2010.

间的拓展成为农业文明走向工商文明的重要条件，以人口城镇化为重点的新型城镇化承担着统筹城乡发展、实现城乡一体化的重大使命。城镇化是以产业为支撑的城镇化，没有产业的城市会变成“空城”；反过来说，没有人口做支撑，如果像过去一样靠重化工业支撑城市，这种发展模式将难以为继。人口城镇化是服务业发展的内在推动力。以前靠一个钢铁厂带动一座钢铁城市发展，是因为过去以工业化带动城镇化为突出特点，靠重化工业拉动城市发展。如今，人口城镇化发展到一定阶段的时候，必然要求城市尽快形成以服务业为主体的产业结构，以适应人在城镇生活的需求。

2. 从工业主导走向服务业主导

（1）“新低”与“新高”。当前，我国的经济转型升级正处在重要的历史拐点：一方面，经济下行压力增大。2014 年第四季度 GDP 同比增速放缓至 7.3%，创 2009 年一季度以来的新低。另一方面，经济结构升级的态势初步形成。2014 年，服务业增加值占 GDP 的比重达到 48.2%，创历史新高。估计 2015 年这一比重有望达到 49% 以上，比“十二五”国家规划的 47% 至少会高出 2 个百分点。

（2）人口城镇化释放生活性服务业发展的巨大空间。从世界范围来看，随着大量人口从农村进入城市或城镇，人口的聚集必然需要生活性服务业的大力发展，餐饮、休闲、交通、商业、家政、养老、教育、健康等需求会日益增大。从现实情况看，我国人口城镇化将推动生活性服务业的快速发展。从以“半城市化”为特征的规模城镇化走向人口城镇化，意味着到 2020 年将有近 4 亿农业转移人口进城，这将为生活性服务业释放巨大的发展空间。从近几年的情况看，城镇化率每提高 1 个百分点，就会带动服务业增加值比重提高 0.77 个百分点。以此估算，到 2020 年，即使人口城镇化率仅提高 10 个百分点左右，也有可能带动服务业比重提高 7 ～ 8 个百分点。

（3）工业转型升级为生产性服务业的发展注入内在动力。“十三五”全面实施创新驱动战略，发展战略性新兴产业和先进制造业，成为推动工业转型升级、增强经济竞争力的主要选择。当前，发展现代生产性服务业，主要是通过信息、研发、设计、物流、销售、大数据等生产性服务业引领传统制造业向高端制造业的升级。也就是说，高端制造业与现代服务业的相互融合是一个大趋势，生产性服务业已成为提升制造业竞争力的主要推动力。没有现代生产性服务业的快速发展，就难以抓住工业转型升级的大趋势，就有可能错失重要的战略机遇。

3. 实现服务业规模倍增

（1）服务业以两位数增长。现代消费的本质需求是服务。我国进入消费新时代，现代服务消费需求逐步超过传统物质消费需求，已成为消费需求释放与升级的大趋势。近年来，服务业增加值都以年均两位数增长。2001—2013 年，扣除价格因素后服务业增加值年均增长 10.6%。预计 2015—2020 年这 6 年服务业增加值仍会以 10% 左右的速度增长。这表明，我国经济增长的动力正在发生重大变化，服务业开始成为我国经济增长的主要动力。

（2）服务业规模有望实现倍增。1994—2013 年，我国服务业增加值从 1.6 万亿元增长到 26.2 万亿元，年均增长达到 10.3%。2008—2013 年，即国际金融危机以来的 5 年中，服务业增加值从 13.1 万亿元增长到 26.2 万亿元，实现了规模上的倍增。[1]2015—2020 年这 6 年，如果服务业增加值年均增长保持在 10% 左右，服务业总规模有望扩大到 48 万亿～ 53 万亿元。

（3）服务业主导的经济结构新常态将逐步形成。从国际发展经验看，从工业经济向服务业经济的转型与人均 GDP 水平有着内在联系。在人均 GDP 从 6500 美元到 1 万美元的过渡阶段中，服务业的比重至少会提高 10 个百分点。由此推断，到 2020 年我国服务业占比达到 55% 以上是有条件、有可能的。

1　国家统计局 . 中国统计摘要 2014[M]. 北京：中国统计出版社，2014.

四、以服务业主导适应引领经济新常态

“十三五”基本实现由工业主导向服务业主导的转型，意味着我国经济的全面转型升级：它不仅是形成7%左右经济增速的前提条件，也是形成质量效率型经济增长方式的决定性因素；它不仅是经济结构调整的重大任务，也是经济增长动力转换的现实出路；它不仅是经济新常态的主要标志，也是走向经济新常态时代的战略选择。

1. 以转型创新适应、引领经济新常态

（1）传统的以总量扩张为主要特点的增长模式开始成为历史。在内外部发展环境发生深刻变化的大背景下，我国两位数的高增长已经成为历史，经济发展方式正在由总量扩张型向公平可持续型转变。以总量扩张为主导的旧常态不可持续，必须以结构调整、经济发展方式转变为重点向追求高效益和高质量的发展新阶段过渡，“十三五”正是这个过渡的历史新起点。

（2）形成创新驱动的发展新动力。当前，全球正面临着以互联网、新材料、新能源相结合的科技革命。这场以新能源为重点的革命，有可能在一个不太长的时期使人类的生产方式、生活方式摆脱对传统化石能源的依赖，摆脱对传统重化工业的依赖。这场科技革命及其引起的产业变革，重要的时间节点是2020年。也就是说，“十三五”转变经济发展方式，必须紧紧抓住新一轮科技革命提供的重大机遇，把创新驱动提升为国家核心战略。根据世界知识产权组织等机构联合发布的《2014年全球创新指数报告》，中国的创新能力正在快速提高，未来几年在榜单中的排名有望从目前的第29位提高到前10位，[1]加快进入创新型国家行列、人才强国行列。

（3）以转型升级引领经济新常态。适应、引领经济新常态，不仅是

1　WIPO报告显示中国创新综合表现排名提升[N].中国知识产权报，2014-08-06.

“十三五”经济增速的换挡和经济发展方式的转变，更是为了抓住发展大势、形成新的发展格局、走向以公平可持续为主要标志的经济新常态时代，这是国人共同期盼的大目标。这就需要制定和实施以转型升级为主线的“十三五”国家经济社会发展规划，加快推进新型工业化、信息化、城镇化、农业现代化“四化”同步发展，使之成为推动经济转型升级、走向经济新常态时代的持久动力。

2. 以服务业主导适应、引领经济新常态

（1）形成中速增长的新常态。我国仍是一个发展中大国和一个经济转型大国，经济增长新常态取决于保持一定的经济增长速度，取决于尽快形成服务业主导的经济结构。在目前国内工业产能全面过剩的条件下，“十三五”经济增速能否稳定在 6% ～ 7% 区间，年均增速在 6.5% 左右，在相当大程度上取决于服务业发展潜力的释放，形成新的经济增长点。近几年，我国服务业每增长 1 个百分点，可以带动 GDP 增长约 0.4 个百分点。2015—2020 年这 6 年服务业增加值年均增长 10%，可以带动经济增长 4 个百分点左右，为中速增长的新常态奠定重要基础。

（2）形成新增就业不断扩大的新常态。当前的经济增速下行并未导致大面积的失业，重要原因在于服务业的较快增长，服务业逐步成为扩大就业的主渠道。目前，发达国家服务业就业比重大多在 70% ～ 80%，而 2013 年我国只有 38.5%，服务业发展的潜力很大，服务业吸纳就业的潜力更大。如果城镇化在未来继续保持较快发展速度，到 2020 年服务业的就业占比有可能达到 50% 左右，由此将增加约 1.2 亿个就业岗位。从近两年的情况看，服务业增加值每增长 1 个百分点，能创造约 100 万个新的就业岗位。如果 2015—2020 年这 6 年服务业增加值按年均增长 10% 测算，每年新增就业将达到 1000 万人左右。也就是说，只有形成服务业主导的经济结构，才能形成新增就业不断扩大的新常态。

（3）形成全社会创新创业的新常态。“十三五”我国能否在“中国制造”向“中国智造”的转型上取得重要突破，主要取决于生产性服务业能否快速发展。进入工业化中后期，生产性服务业直接融入制造业转型升级的全过程。例如，技术升级与服务需求直接融合，技术升级如果不能反映生产性服务需求的变化，就很难产生经济转型升级的内在动力，就很难有好的市场前景；企业竞争力与服务质量直接关联，企业的竞争力主要取决于服务环节是否专业化、精细化。为此，服务业主导的经济转型不仅是形成新一轮创新创业潮的主要推动力，而且将为创新创业开辟巨大的市场空间，由此成为创新驱动的重要条件。

（4）形成利益结构和社会结构优化的新常态。到2020年，我国能否实现中等收入群体倍增，即由目前的3亿人左右扩大到6亿人，使中等收入群体占比提高到40%左右，形成橄榄型社会利益结构的新格局，关系到能否走上公平可持续发展道路和实现国家的长治久安。从国际经验看，服务业快速发展将带来中产阶层规模的不断扩大。以美国为例，随着经济结构由工业主导向服务业主导转型，白领阶层的规模从20世纪40年代的1000万左右上升到20世纪70年代的5000万，30年间扩大了5倍，1980年白领阶层已占全部劳动力的50%以上。到2020年，随着服务业主导地位的确立，我国在服务业就业的人口将不少于4亿，由此将带动中等收入群体的倍增。

（5）形成绿色发展的新常态。从国际经验看，发达国家在由中等收入阶段迈向高收入阶段的重要历史时期，之所以能够系统地解决生态环境问题，重要的原因在于实现了由工业主导向服务业主导的经济结构变迁，由此大大减轻了资源环境的压力。当前，向雾霾宣战，建设美丽中国，最重要的挑战是经济增长对传统工业尤其是重化工业的严重依赖。通过提高服务业比重，可以有效地摆脱经济增长对重化工业的路径依赖，形成绿色发展的新常态。

五、“十三五”：以转型创新为主线的改革攻坚

“十三五”适应经济转型升级大趋势，加快形成服务业主导的产业

结构，着力推进创新驱动，关键在于全面深化改革，通过体制机制创新形成有效的激励机制和利益协调机制，全面激发市场的活力、社会的活力、政府的活力，进一步形成推动转型创新的合力和动力。

1. 放开服务业市场

（1）服务业领域的行政垄断具有普遍性。过去 36 年的市场化改革，放开的主要是工业领域。工业部门 80% 以上是制造业，属于高度市场化部门，而服务业虽然已经放宽市场准入，但某些行政垄断尚未打破。社会资本进入某些服务业领域，不仅面临着某些政策的制约，还需要繁琐的行政审批。尽管国家一再强调社会资本可以进入法律未禁止的服务业领域，但由于行政垄断和行政管制的存在，由于部门、行业利益结构的固化，社会资本事实上很难进入教育、医疗、通信、金融、运输等服务业部门，这就使得某些重要的服务业领域难以通过公平竞争来提高供给能力、供给质量和供给效率。

（2）使社会资本成为服务业发展的主体力量。发展服务业，主体是中小企业，关键是放开市场，重点是激活社会资本。从国际经验看，服务业大都是从小企业开始成长的，大资本的优势并不明显。比如，亚马逊、谷歌、脸谱等国际服务业巨头，相当一部分是在车库中创业创出来的。从国内实践看，以大企业为主做强服务业并不成功，某些大企业靠做大规模进入世界 500 强，但缺乏对市场需求变化的灵敏反应，在国际市场的竞争力不强。恰恰是阿里巴巴这样起步规模小的企业，却在市场竞争中成长为市值接近 3000 亿美元的大企业。当然，大型企业也面临适应经济转型升级大趋势并尽快转型的问题，国际上也有少数大企业成功转型的案例。从产业发展规律看，服务业门类繁多，个性化、差异化程度高，中小服务企业更能够灵敏地反映市场需求，通过公平竞争激活、做大服务业市场。目前，我国中小企业尽管发展速度比较快，但同国际水平相比，还是比较落后的。以每千人拥有企业数量为例，发达国家为 45 ～ 55 个，发展中国家为 20 ～ 30 个，而我国平均为 16 个，只有发达国家的三分之一。[1]除了体制及政策因素外，关键问题是服务业市场到目前为止对中小企业、民营经济开放的程度还很不够。为此，要加快服务业市场对社会资本的开放，在银行、证券、保险、电信、邮政快递等行业进一步放开市场准入，取消某些不合理的经营范围限制，并实现由行政监管为主向法治监管为主的转变；实质性打破对社会资本的限制，鼓励和支持社会资本进入教育、医疗、健康、文化、体育等领域；要以发展政府购买公共服务为重点，支持公益性社会组织在公共服务领域有所作为，发挥其独特的作用；加快公共资源配置市场化，在城镇公用事业领域特许经营权的出让上全面引入竞争机制，在行政系统服务资源配置方面规范和完善政府采购。

（3）重点是打破服务业领域的垄断。

——推动服务业领域国有资本的战略性调整。将服务业领域的国有资本从一般竞争性领域中退出来，为国内社会资本和外资进入留下更大的空间。与此同时，将服务业领域的一部分国有资本主要配置在公共服务领域，使国有资本能够更多满足全社会日益增长的公共需求，在公共服务领域做出更大贡献。

——垄断行业竞争环节对社会资本全面放开。例如，推进资本市场的国有股减持，在非自然垄断环节退出一部分国有资本，给社会资本进入这些领域腾出空间；全面实现自然垄断和竞争环节切实分开，在自然垄断部分强调国有资本主导，在竞争性环节对社会资本放开；完善基础领域的准入制度，对垄断行业要逐步放松或解除管制，广泛引入市场竞争机制，鼓励社会资本参与基础领域的公平竞争。

——垄断行业中的自然垄断环节吸纳社会资本广泛参与。例如，通过 BOT、TOT 等多种形式鼓励社会资本参与投资；对银行、保险、航空等行业，加快向社会资本放开；对能够完全市场化的自然垄断行业和企业，则能退出的全部退出，暂时不能退出，或退出条件不具备的企

1　周天勇 . 促进创业和就业的微观动力 [N]. 中国经济时报 ,2013-08-22.

业，要进行混合所有制改革。

——城市公用事业健全特许经营制度，积极引导社会资本参与。例如，实现城市公用事业政事分开、政企分开、事企分开，建立完善的市场竞争机制、企业经营机制和政府监管机制；打破垄断经营，引入市场竞争机制，提高城市建设运营效率；充分利用资本市场，彻底改变城市公用事业由政府投资的单一模式，允许社会资本参与投资城市公用事业；利用已有的经营性公用事业资产，以特许经营方式向社会资本、资本市场进行多元化融资，积极引导社会资本参与，有效缓解公用事业建设资金短缺的状况，并有效地提高服务供给能力。

（4）改善研发、物流、销售、信息等生产性服务业发展的市场环境。

——鼓励地方打造生产性服务业集聚的服务平台。从国际经验看，生产性服务业往往需要依托一个地区集群化发展。如硅谷的信息服务业集群、华尔街的金融业集群、印度班加罗尔的软件产业集群，以及北京中关村信息产业集群、北京金融街金融业集群、上海陆家嘴金融业集群等。引导生产性服务业在区域间形成合理的分工协作体系和各具特色的产业集群，促进生产性服务业的区域性集聚式发展。

——多渠道营造生产性服务业发展的市场环境。给予民营企业与国有资本平等的市场经营权，积极吸引民营企业投资生产性服务业，实现生产性服务业的投资主体多元化。放开建筑设计、会计审计、商贸物流等领域内外资准入限制，积极引进内外资发展设计、研发、物流、营销等生产性服务业。积极承接信息管理、数据处理、财会核算、技术研发、工业设计等现代服务业的国际转移。支持有条件的国内企业包括民营企业“走出去”，提升与国外高端生产性服务供应商的合作水平。以现代物流业、信息服务业、科技服务业、商务服务业、金融服务业为重点放开生产性服务业市场，积极改造传统服务业。

——形成一批产业联盟和研发中心，为传统产业高端化和延伸产业链提供技术支撑。从国际经验看，生产性服务业发展好的区域往往能够形成一大批产业联盟和研发中心。把培育产业联盟和研发中心作为发展生产性服务业的重点，加快教育、科研体制创新，使企业成为科技创新的主体；借助高校及科研机构的人力资源优势及研发能力，形成政府支持、产学研一体化的创新体系；培育和发展科技服务中心、创业孵化器、信息服务机构、科技融资机构、科技评估中心、知识产权事务中心、技术产权交易中心、公共科技信息平台等科技创新中介服务机构。

2. 形成服务贸易强国的新优势

（1）服务业市场对外开放滞后。虽然我国已成为全球货物贸易第一大国，但服务贸易规模偏低，“大而不强”。2012 年，我国服务贸易占世界服务贸易总额的比重为 5.6%，美国的服务贸易占比则高达 12%；美国人均服务贸易额为 3074 美元，我国仅为 477 美元，只有美国的 15.5%。2013 年，我国服务贸易总额首次突破 5000 亿美元，达到 5396.4 亿美元，比 2012 年增长 14.7%。[1]但服务贸易规模仍然偏低的格局并没有改变，服务贸易占全部贸易总额的比重仅为 11.5%。2014 年上半年这一比重上升到 12.3%，但与全球平均水平（20%），甚至与同为金砖国家的巴西（25%）相比，都有很大的差距。与此同时，我国服务业吸引外商直接投资的潜力远未发挥出来。2001—2004 年，我国服务业吸引外商直接投资的比例徘徊在 12% 左右，2005 年之后开始攀升，到 2011 年这一比例开始超过 50%，服务业首次超过制造业成为我国吸纳外商直接投资的主要产业。2013 年全年实际外商直接投资 1175.86 亿美元，同比上升 5.25%，服务业在整个外商投资总量中的占比提高到 52.3%，但服务业利用外资总体规模和比重仍然偏小；利用外资的单体规模较小，领域偏窄，结构低端。

（2）把提高服务贸易比重作为“十三五”对外开放的重大任务。过去我国开放的重点是在制造业领域，服务业开放相对滞后。有研究表明，开放对我国制造业增长的贡献约为 28%，而对服务业增长的贡献仅

1　石岩 .2013 年中国服务贸易首破 5000 亿美元 [EB/OL]. 中国新闻网，2014-02-12.

为 7%[1]。由于服务业领域的对外开放严重滞后，以及发达国家对我国某些服务贸易的限制，服务业难以利用国际先进技术和服务管理经验，制约了服务业的有效供给。其结果是国内的教育、医疗等服务消费外流的问题比较突出。在 2014 年 APEC 领导人非正式会议上，我国提出了设立亚太自贸区的设想，其中服务贸易和服务业开放将成为重点。这既是我国对外开放的一个重要趋势，也是我国主导亚太自贸区建设的一张王牌。为此，建议明确提出把服务贸易占对外贸易的比重到 2020 年提高到 20% 作为“十三五”形成对外开放新优势的一个重要目标，以此倒逼服务业的开放进程。

（3）把加快服务业开放作为双边多边自由贸易的重点。积极建立并实施负面清单管理制度和外商投资准入前国民待遇，凡国家法律法规未明令禁入的服务业领域，全部向外资开放，并实行内外资、内外地企业同等待遇；逐步把服务业外商投资审批制改为登记备案制，除国家规定的重大和限制类项目外，对外资企业投资项目的审批，逐步实施备案制度，政府重点把好环境安全评估、事后监管两道关；加快扩大双边和区域服务贸易协定，打破一些国家对我国服务贸易的壁垒，率先在新兴经济体和欧洲等国家和地区取得突破，加快拓展与这些国家和地区在金融、信息、物流业等服务业领域的开放合作，把服务业开放和服务贸易自由化作为双边或区域合作的重点。

（4）把教育、医疗、健康、金融和文化娱乐作为加快服务业开放的重点。建议扩大教育服务市场的开放，允许和支持国外和港澳台地区知名大学、职业教育机构以控股、独资等方式在国内设立分校；支持民办教育综合改革试点，明确对中外资非营利性民办教育机构在管理、税收、财补、土地、招生、人员福利等方面与公办教育机构享受同等政策；扩大医疗健康服务市场开放，允许并支持外商独资办医疗机构，并将审批权下放给地方，将地方引进的先进医疗技术和医疗设备纳入国家

---

1 江小涓 . 服务业增长：真实含义、多重影响和发展趋势 [J]. 经济研究，2011（4）.

颁布的《鼓励进口技术和产品目录》，享受财政、税收等优惠政策，对于经过欧盟、美国、日本和韩国等国家药监部门依法注册审批的医疗器械和药品，免办进口注册许可，简化通关手续；推进文化体育娱乐服务市场开放，进一步放宽对国际影视盛典、国外奢侈品展览、国际游艇展览等大型国际性文化会展和娱乐节庆活动的限制，在 CEPA 框架下允许港澳台有实力的企业进入大陆文化体育娱乐服务市场。

（5）通过发展服务外包提升国内服务业发展水平。服务业外包逐步取代制造业外包是全球化的新趋势。从全球分工看，美国和欧洲等发达国家是服务外包产业链的上游端，印度、中国等发展中国家是服务外包的承接主体。2014 年 1—8 月，在全球市场低迷的情况下，我国服务外包合同执行金额达到 478.3 亿美元，同比增长 31.5%，国内示范城市承接国际服务外包执行金额占全国总额的 90% 以上，成为服务业对外开放的“一枝独秀”。建议尽快出台相关政策，在全国范围内普及推广示范城市品牌、技术、信用方面创建的成功经验，推动服务外包市场的规范和快速发展，充分利用服务外包提升我国服务业的发展水平。

（6）推动服务业企业“走出去”。近年来，以制造业为重点，国内很多企业走出国门。目前，在全球 170 多个国家和地区已有 14000 多个对外直接投资的中国企业，这些企业在海外的员工已经超过 100 万人。这些企业“走出去”之后，面临着跨国和跨文化管理的许多困难，包括律师服务、管理咨询服务、会计师事务所等专业服务不可能都依靠外国专业机构提供，而且“中国制造”在海外的发展还需要现代服务业如金融、交通运输、物流、商贸等方面的支撑。随着亚太自由贸易区战略以及“一路一带”战略的实施，基础设施互联互通不仅仅是要让制造业“走出去”，更重要的是让服务业“走出去”。为此，建议服务于中国企业“走出去”的大战略，“十三五”将服务业企业“走出去”作为对外开放的重点之一，尽快出台服务业企业境外投资扶持措施，加快服务业的人才培训和各项软硬件设施的建设，努力培养符合国际服务业要求的高素质科技人才、服务人才和经营管理人才。

3. 推进结构性改革

（1）加快服务业发展的财税体制改革与财税政策调整。尽快全面完成服务业“营改增”改革，切实降低服务业税负，逐步取消对重化工业的投资税收优惠，加大对服务业的财力支持；尽快修订《消费税暂行条例》，启动消费税立法程序，实现由向企业征收改为向居民征收，由“价内征收”转向“价外征收”。

（2）推进服务业发展的金融体制改革与金融政策调整。“十三五”要减少对民营信贷机构设立和发展过程中的不必要限制，简化进入程序，降低设立门槛和准入标准，从而鼓励更多符合条件的民间资本进入金融机构，促进民间金融业的健康发展。

（3）逐步消除服务业与工业的要素价格差异。降低服务业用地价格，逐步实现工业用地和服务业用地“同地同价”；探索生产性服务业项目实行缩短土地使用年限的供地方式，以降低服务业发展的投入成本；对经营性服务业的水、电、气收费价格，可以考虑不高于工业用途的价格；对列入国家鼓励类服务业的企业，用水、用电、用气价格应当比照工业企业价格标准执行，逐步实现服务业与工业价格大致相当。

（4）教育体制改革。目前，我国的教育改革和教育结构调整滞后。“十三五”能否将幼儿教育纳入义务教育？能否普及高中教育？总的来看，“十三五”应当把幼儿教育纳入义务教育，加快普及高中阶段教育，允许和支持有条件的地方实行 12 年义务教育。同时，大力发展现代职业教育，推动高等教育转型升级，形成与经济转型升级相适应的教育结构。这里，有几组数字很重要：一是劳动力素质。每万人就业人口中研究人员的比例，美国是 91 名，日本是 100 名，德国是 79 名，我国现在是 27 名；二是 25 ～ 65 岁成年人中大学生的比例，美国是 42%，日本是 46%，韩国是 40%，我国仅为 10%；三是我国每年劳动年龄人口减少 200 万～ 300 万，但每年却有 600 万大学生就业难。现在看来，不是就业需求问题，而是教育结构与国民经济发展需求不相适应。加快教育体制改革，推进教育结构调整，尤其是发展现代职业教育，要成为教育改革的重大任务。

4. 适应经济新常态的政府角色转变

（1）实现发展理念的深刻转变。由工业大国走向服务业大国，无论是企业、社会，还是政府，都将面临前所未有的考验，尤其是需要改变某些传统的发展理念。发展服务业在推动 GDP 增长上没有大工业项目来得快，这就要求不能再“以 GDP 论英雄”，需要改变过去政府主导的经济增长方式，终结 GDP 为中心的增长主义和以增长代替发展的理念。考虑到服务业的发展对市场化程度的要求比工业发展更高，这就需要政府把握服务业发展的客观规律，创造公平竞争的市场环境，让市场在资源配置中发挥决定性作用。

（2）以服务业为重点加快推进投资转型。投资转型与政府转型直接相联系。与服务需求快速增长的趋势相适应，重点加大教育、医疗、健康、养老、文化、体育等生活性服务领域的投资；从工业转型升级的现实需求出发，重点加大信息、研发、设计、物流等生产性服务业投资；在已经推出一批重大项目的基础上，尽快在电信、教育、医疗、金融等服务业垄断领域再推出一批向社会资本开放的重大项目。

（3）加快政府购买服务的体制机制创新。从发达国家的经验看，政府购买服务不仅能够提高效率，还能够培育和创造服务市场。2013 年，我国政府采购规模占全国财政支出的比重为 11.7%，占 GDP 的比重为 2.9%，但服务类采购只占政府采购总额的 9.4%。而欧美发达国家政府采购规模占财政收入的比重为 30%～40%，服务类采购占政府采购规模的 50% 以上。从我国的情况看，需要尽快将公共服务正式纳入政府采购法及其实施细则的采购范围，使得政府购买公共服务规范化、制度化。适应全社会公共需求变化的大趋势，2014 年 12 月财政部等部委已印发《政府购买公共服务管理办法（暂行）》的通知，明确将养老服务、残疾人服务、公共教育服务、公共卫生服务、公共文化、体育等服务纳入政府采购范围。在此基础上，应当进一步完善政府向社会组织购买服务的制度安排，通过公共资源配置社会化、市场化的相关制度创新，争取到2020年使政府采购规模占财政支出的比重达到15%～20%，服务类采购占政府采购的比重达到40%左右。

5. 推进法治市场经济进程

（1）用法律界定政府与市场的边界，加快市场主导的经济转型。从实践看，要使市场在资源配置中发挥决定性作用和更好地发挥政府作用，关键在于实现经济增长方式从政府主导向市场主导的转变。这就需要依法划清政府与市场的边界，实现政府与市场、政府与企业关系的定型化、制度化。例如，修改并完善国有资产和国有企业的法律法规、公共资源配置法律法规、市场监管法律法规，形成市场决定资源配置的法治规范，为拓宽社会资本发展空间提供法律保障，使法治成为市场经济公平竞争的制度保障。

（2）完善产权保护制度。近些年营商环境恶化的突出表现在产权保护不到位，社会资本的投资信心不足。打造法治化的营商环境，重要前提是完善产权保护制度。例如，赋予不同所有制企业平等的法律地位，完善产权平等保护制度，为不同所有制的财产权利平等提供法律保障，严格禁止任何机构不经法律程序剥夺私人财产；推动农村土地使用权物权化改革，通过规定农村土地使用权可流转、可抵押、可入股等，形成赋予农民更多财产权利的法律制度；适应由工业经济向服务经济转型的客观趋势，加强知识产权保护的相关立法，用法律促进和保障创业创新。

（3）以法治破题市场治理。从现实需求看，一方面要加快推进以法治为基础的市场监管转型。以行政审批为基础的市场监管不仅抑制了市场活力，而且弱化了市场监管效果，迫切需要用法律提高市场监管的权威性、有效性。推动市场监管由行政监管为主向法治监管为主转变，形成市场监管的法律框架：研究出台综合性的《市场监管法》，强化市场监管机构的权威性；修改《食品安全法》和《药品管理法》，实行最严格的食品药品安全监管制度；把反行政垄断纳入《反垄断法》，对国有垄断行业等相关行业监管内容进行清理、修改。另一方面，发挥市场在资源配置中的决定性作用，客观上要求打造统一开放、公平竞争的市场环境。例如，把负面清单管理纳入《行政许可法》，为企业“法无禁止即可为”提供法律保障；加快统一内外资法律法规，在市场准入、税收支持、政府购买等方面一视同仁，为各类企业创造平等的竞争环境。

与过去 36 年相比，走向经济新常态时代的转型与改革更具有全面性、深刻性、复杂性。它不仅是一个经济增长新常态的形成过程，还伴随着经济结构新常态、利益结构新常态、绿色发展新常态、制度创新新常态的形成；不仅涉及到经济领域的改革，还涉及到社会、文化、政治、生态等各个领域的改革；不仅涉及到增量改革，还涉及到存量利益关系的调整。在转型升级的时间、空间约束不断加强的背景下，既要客观把握改革的历史定力和历史使命，更要突出改革的历史自觉和历史信念，把全面深化改革和全面推进依法治国落到实处。

大转型时代的全面改革 *

改革开放以来，我国已经和正在经历两次大的转型。第一次大转型是从传统计划经济体制过渡到社会主义市场经济体制，经历了30多年时间，它的历史成就是使我国从低收入国家进入中等收入国家行列。第二次大转型是从经济体制改革过渡到全面改革，即以2013年中共十八届三中全会为起点的全面改革进程。这次大转型时代的主要目标是使我国成功避免中等收入陷阱，并从中等收入国家进入高收入国家行列，完善和发展中国特色社会主义制度，推进国家治理体系和治理能力现代化。实现这个目标，至少需要10年左右的时间。

与第一次大转型相比，第二次大转型更具复杂性、深刻性和紧迫性。当前，第二次大转型已拉开序幕，这是一个更具历史意义的大转型。未来几年我国将处在承上启下的关键时期，把握大转型时代的发展大趋势，需要客观分析判断当前乃至未来一个时期的突出特点，立足现实，突出全面改革在推动经济转型、社会转型、治理转型中的决定性作用。

一、大转型时代的突出特点

与以往相比，未来几年我国无论是增长，还是转型、改革都处在承

---

* 本文载于《上海证券报》，2014年8月20日。

上启下的关键时期，其深刻性、复杂性、艰巨性前所未有。为此，把握大转型时代的发展大趋势，需要客观分析判断当前乃至未来一个时期的突出特点。

1. 增长、转型、改革高度融合，增长与转型直接依赖改革的突破

与以往有很大的不同，内外发展环境正发生深刻复杂变化下，当前增长问题突出反映为转型问题、改革问题。从现实情况来看，经济增长由两位数的高速增长到 7% 左右的中速增长不仅是周期性的问题，更是结构性问题，需要加快转型，需要全面改革。

从国际经验看，一个国家由中等收入阶段进入高收入阶段，经济增长速度由高增长向新常态的转换不可避免，并且经历几年的时间。1960 年以来，成功迈向高收入阶段的四个经济体德国、日本、中国台湾和韩国，经济增速平均从 8.3% 降到 4.5%，增速换挡几乎持续到高收入阶段才基本稳定下来。主要原因在于经济增长新常态的形成，需要建立在经济结构转型升级的基础上，而经济结构的转型升级很难在短期内完成。考虑到我国长期采取的政府主导型增长模式有固化的趋势，经济结构转型升级的难度较之上述四个经济体不会更小。

2010 年从两位数的增速下降开始，我国 7% 左右经济增速的新常态形成并稳定下来，大致需要 3～5 年左右的时间。也就是说，未来 3～5 年如果没有经济发展方式、经济结构、增长动力的实质性转换，不仅 7% 左右的经济增长新常态难以真正形成，仍有可能出现经济增速大幅回落，并有可能引发系统性的经济风险甚至经济危机。处理好增长、转型、改革的内在关系，不仅对短期增长至关重要，而且对中长期的可持续增长具有决定性影响，并由此使我国用 10～15 年的时间跨越中等收入陷阱进入高收入国家行列。

当前，增长转型都处于拐弯中，犹如车在爬坡转弯时速度太快会出问题，速度太慢也会出问题。如何处理好这些关系面临着诸多复杂性问题。进入大转型时代，如何把周期性调整和结构性改革相结合，把短期的经济增长和中长期的发展相结合，应当说是一个很大的考验。

2. 利益固化矛盾突出，改革需要在调整重大利益关系上取得实质性进展

改革开放以来历次大的转型改革都与利益关系的调整相关联，今天的改革面临着利益关系失衡日益突出、并且到了需要尽快解决的临界点。未来几年，改革如果不能在调整重大利益关系、打破利益固化藩篱上取得突破，就有可能由于利益失衡的矛盾增大，从而大大减少改革的社会动力、合力，使改革难以推进。

从现实来看，由于某些改革长期不到位，事实上已形成了固化的利益格局，包括部门利益、地方利益、行业利益等都呈现固化的基本特征，由此形成“利益固化—改革阻力大—改革难以到位—利益进一步固化”的恶性循环。实践表明，改革只有以更大的决心、勇气和智慧突破利益固化藩篱，才能取得实质性的突破。

3. 增长、转型倒逼改革，改革的时间、空间约束明显增强

（1）未来几年，转变经济发展方式再无退路。如果说前些年可以通过一定的经济刺激政策确保 7% ～ 8% 左右中速增长的话，今后几年再依靠扩张性财政货币政策刺激投资保增长的回旋余地已大大缩小。

（2）把握改革主动权才能赢得良好的发展前景。未来几年是我国增长、转型的关键时期。如果 1 ～ 2 年内能够把握改革主动权，2 ～ 3 年内实现重大领域和关键环节改革的新突破，确保经济转型取得实质性进展，就会使经济增长保持在 7% 左右，有条件实现十八大提出的到 2020 年城乡居民收入比 2010 年翻番的目标；如果转型改革超预期，经济增长达到 7% 左右，到 2020 年，按照世界银行的标准就可能进入高收入国家（人均 GDP11000 美元）行列。

（3）失去改革主动权就会陷入“中等收入陷阱”。如果 1 ～ 2 年内不能把握改革的主动权，2 ～ 3 年内重大领域和关键环节的改革在利益格局固化的格局下久拖不决，不仅 7% 左右的经济增长速度难以维持，还有可能因产能过剩、房地产泡沫、地方债务等系统性风险陷入经济危机，从而失去未来 10 年的历史发展机遇。

二、大转型时代的发展趋势

与以往不同，未来的 5 ～ 10 年我国无论是增长，还是转型都处在重要的历史时期，经济社会发展大转型的趋势正在形成。全面深化改革，需要把握并适应大转型时代的发展趋势。

1. 消费新时代的发展大趋势

在消费结构升级方面，一是生存型消费需求明显减少，发展性消费需求增多。城镇居民由工业消费品为主向服务消费为主转变。从农村来看，大部分家庭消费也正在发生变化，由生活必需品为主向工业消费品为主转变。二是物质性消费需求减少，服务性消费需求明显增多。例如，城镇居民人均医疗保健、交通通信、文教娱乐三大类消费支出占人均消费型支出的比重从 1985 年的 12.79% 上升到 2012 年的 33.3%。三是私人产品短缺矛盾大幅减少，公共产品短缺矛盾日益增多。通过改革开放从总体上解决了温饱问题以后，能不能解决老百姓普遍关心的医疗问题、义务教育、养老等问题，逐渐成为全社会全面快速上升的公共需求。从私人产品短缺时代到公共产品短缺时代，这是我国发展进步的成果，更是城乡居民消费结构升级面临着的突出矛盾。

在消费规模扩大上，尽管现在的消费存在诸多问题，但是消费规模在不断扩大。一是人均消费水平不断提高。1978—2013 年，全国平均消费水平从 184 元增长到 15632 元，以 1978 年为基数增长了 85 倍。二是消费增量不断加大。例如，2012 年，城乡居民消费增量超过 2 万亿元，相当于 20 世纪 90 年代中期一年的消费总量。三是消费总规模明显扩大。1978—2012 年，城乡居民最终消费支出从 1759.1 亿元增长到 19.04 万亿元，2013 年接近 24 万亿元。按照这样的速度发展，到 2020 年，我国内需（投资与消费）的总规模将达到 100 万亿元左右。如果这个判断大体是客观的，那么未来 10 年左右，我国经济保持 7% 左右的增长是有条件、有基础、有可能的。

在消费释放的增长前景上，消费增长或者是消费的扩大将会给我国的发展前景带来什么呢？一是可以支撑未来 10 年 7% 左右的经济增长。初步估算表明，按照 70% ～ 80% 消费释放总量来估算，未来 10 年我国保持 7% 的经济增长是有现实基础的。二是促进经济结构调整升级。消费新时代背景下结构调整突出的特点是服务业开始成为主导产业，并且成为就业的主要渠道。三是推动进入高收入国家行列。未来 10 ～ 15 年，如果能保持 7% 左右的经济增长，人均 GDP 就可能达到或超过 1.2 万美元，这标志着我国将进入高收入国家行列。这是大转型时代我们要追求的基本目标。

2. 人口城镇化新时代的发展大趋势

我一再强调人口城镇化率，是因为如果农民工长期不能融入城镇，人的城镇化无从何谈起，也就是说，人口城镇化是实现人的城镇化的前提条件。

（1）由规模城镇化向人口城镇化的转变。人口城镇化是新型城镇化的核心。2013 年，我国的规模城镇化率是 53.7%，但人口城镇化率只有 35% 左右。与 2011 年世界的平均水平还差 15 个百分点。按照中央户籍制度改革进程来看，到 2020 年，我国人口城镇化率有可能达到 53% 左右。按照《国家"十二五"国民经济与社会发展规划》布局，我国将形成"两横三纵"的城市区域格局，这将带动新一轮人口流动和资源要素重新组合和优化配置。预计到 2025 年，我国超百万人口的城市将是目前的两倍。例如，现在许多县级市人口规模大都在 70 万～ 80 万左右，未来 8 ～ 10 年，越来越多的县级市人口将超过 100 万。

（2）由劳动力城镇化向农民工市民化的转变。未来几年，将是劳动力城镇化向农民工市民化转变的一个重要的历史节点。通过城镇基本公共服务制度对城镇常住人口的全覆盖，户籍制度、土地制度等重点领域的改革将取得突破性进展，到 2020 年我国会总体解决存量农民工和增量农民工的市民化问题。农民工市民化牵动影响全局。推进农民工市民化，让农民工在城市安家，享受与城镇居民同等的权利和义务，从根本上改变农民工的社会生存环境，避免数量众多的农民工特别是新生代农民工在城市和农村之间游离和漂泊，不仅有利于社会稳定，而且其中一部分农民工群体有可能成长为中等收入群体，这对我国走向公平可持续发展的意义重大。

（3）公共资源配置由大中小城市失衡向均等化的转变。人口的流动主要受两个因素影响：一是伴随着产业布局的调整，哪里能找到好的工作，就业人口就流动到哪里；二是伴随着公共资源的配置，人们倾向于到公共资源配置好的地方生活。

三、服务业主导新时代的发展大趋势

我国的工业化已进入到中后期。工业化中后期经济结构的重要标志是服务业占比要大幅提升，一般都不低于55%。也就是说，服务业占主导地位是工业化中后期的一个发展大趋势。

1. 全社会的服务需求全面快速增长

2013年，我国服务业比重46.1%，工业比重43.9%，服务业占比首次超过第二产业。2014年上半年达到46.6%。预计到2020年，我国服务业的比重将达到55%左右。与此同时，服务业成为扩大就业的主要渠道。有专家估计，2008年我国GDP每增加1个百分点，新增加就业80万人；到2013年，GDP每增加1个百分点，新增就业170万人。事实证明，服务业开始成为扩大就业的主渠道。

2. 服务业主导地位的确立

目前，我国服务业比重不仅低于高收入国家（平均值为68%）、中等偏上收入国家（平均值为60.4%），而且低于中等偏下收入国家（平均值为53.5%），与同是新兴经济体的印度相比至少低10个百分点。2013年我国的服务业人均产值只有美国的29%，而制造业产值却等于美国的125%。因此，我国在进入工业化中后期要加快向服务业为主导转变。比较理想的目标是：在2015年服务业比重达到50%，对经济贡献率达到40%～50%左右，对就业贡献率达到40%左右；2020年服务业比重达到55%，对经济增长的贡献率达到50%以上，对就业的贡献率达到50%以上。

3. 服务业市场的开放与制度创新

从我国的情况看，加快服务业的发展速度、提升服务业的发展质量，关键是市场开放。

——服务业对社会资本全面放开。随着服务消费需求越来越个性化、差异化，服务业发展更有赖于发挥社会资本对市场需求反应灵敏的独特优势，这就需要抓紧出台加快服务业向社会资本开放的实施细则。在银行、证券、保险、电信、邮政快递等行业进一步放开市场准入；实质性打破教育、医疗、文化等公共服务领域对社会资本的投资限制；加快公共资源领域对社会资本放开；尽快在石油、电力、铁路、金融等垄断行业推出一批向社会资本开放的重大项目，实现非公经济参与国有企业改革的新突破。

——要加快服务市场对外开放进程。以上海自由贸易试验区为重点，积极推动建立负面清单制度和外商投资准入前国民待遇。关键是实质性减少负面清单内容，凡国家法律法规未明令禁入的服务业领域，加快向外资开放；把教育、医疗健康、金融和文化娱乐作为加快服务业开放的重点；加快扩大双边和区域服务贸易协定，将CEPA框架下对香港的优惠承诺逐步拓展到现有的双边和区域自由贸易区内；加快拓展与新兴经济体在金融、信息、物流等服务领域的开放合作。

四、大转型时代的重大挑战

未来的几年是我国经济社会发展的重要历史转折期，也是全面深化改革的关键期。在这个特定背景下，转型、改革面临着多方面的挑战。

1. 经济转型面临挑战

“十三五”是经济发展方式转变取得重大突破的关键5年，经济转型不进则退。

（1）经济转型到了关节点。第一，投资消费失衡。从消费方面看，2014年5月份消费品零售总额同比名义增长12.5%，虽然比前4个月略有反弹，但总体上低于2013年水平。从投资方面看，2014年前5个月，全国固定资产投资同比名义增长17.2%，预计将稳定在17%左右。投资与消费动态平衡并不是不要投资，关键在于把投资建立在消费基础上，推进投资结构转型，在投资与消费动态平衡中扩大投资。第二，产业结构失衡。进入人口城镇化和消费新时代，现代服务需求取代传统物质需求成为消费需求升级的大趋势，发展型消费需求逐步取代生存型消费需求成为城乡居民消费需求的主流，城乡居民消费结构正沿着“生活必需品—耐用消费品—服务消费品”的次序不断升级。这带来了产业结构调整的巨大空间。把握服务需求快速释放的趋势，加快以服务业为重点的市场开放，大力促进服务贸易，释放服务业社会投资需求，就有可能形成服务业主导的新常态。但是进入工业化中后期，我国的第三产业和世界平均水平相差10个百分点，与同类国家相比相差10～15个百分点。第三，政府与市场失衡。尽管我国已经初步建立市场经济体制，这些年由于存在权力寻租、利益固化的矛盾，使得行政干预成为普遍现象。这不仅是形成房地产泡沫、地方债“雪球”的重要原因，也是造成中央改革政策难以落地、形成“中梗阻”的重要体制根源。

（2）经济矛盾和风险凸显。第一，房地产市场的风险。我国的房地产市场正处在一个重要的历史拐点。从全国的情况看，房地产高速增长的时代将成为历史或者开始成为历史。未来10～15年，在由中等收入国家向高收入国家过渡的过程中，会有越来越多的家庭从满足居住向改善型居住转型，这是一个大趋势。因此，房地产在调整结构中，将进入一个相对稳定发展的时期，过高的房地产价格将会回落。第二，产能过剩的风险。在投资主导下，产能过剩有全面性的特点。目前我国的钢材水泥年产量占世界总量的50%左右，出现严重的产能过剩。当前一些行业的产能过剩，如风力发电、太阳能发电等是由于行政审批不合理和政府主导的投资所致。第三，地方债的风险。总体上，我国的地方债水平还是可控的，问题在于地方债举债的机制不合理。现在开始到了还债的高峰，能不能还得起钱，矛盾开始凸显。解决这一问题，关键要建立一套机制，规范地方债，谁举债谁还钱。

（3）政府主导型的经济增长方式难以为继。不管是稳增长还是调结构，都要求建设一个有活力的市场和有为、有效的政府。当前宏观经济的风险，主要来源于政府主导型的增长方式，尤其是竞争性地方政府的增长模式。这种增长方式以做大 GDP 为基本目标、以扩大投资规模为重点任务、以土地批租为主要手段、以行政干预为突出特点。未来 5 ～ 10 年，伴随着人口城镇化的大趋势，服务业主导趋势的形成，我们有条件在经济转型过程中避免经济危机、化解经济风险。在宏观政策调整的同时，不为短期的经济干扰所动，跳出短期看中长期，跳出速度看结构，跳出政策看改革，向深化改革要动力，以形成平衡、协调、可持续的增长新常态。

2. 社会转型面临挑战

由于利益失衡的矛盾突出，大转型时代的社会道德、信任问题凸显。在这个特定背景下，积极稳妥地推进社会转型，已成为转型改革的重大任务。

（1）社会转型处于临界点。综合多方面的情况看，当前任何一个社会突发事件都有可能酿成局部或全局的大事件。主要有三方面原因：第一，利益关系失衡。客观讲，利益固化是一个现实。为此，要把突破利益固化的藩篱作为改革攻坚的一项重大课题。第二，社会矛盾明显增多。由利益关系处理不当引发的社会群体性事件有逐步增多的趋势。例如，征地问题占整个社会群体事件的 50% 以上。第三，社会道德、信任危机加大。现实的社会生活中，社会关系冷漠，见死不救、见义不为的现象并不少见。信任危机严重影响社会的转型升级，成为社会转型迫切需要解决的重大问题。

（2）社会结构严重不合理。第一，国民收入结构不合理。2012 年，全国劳动者报酬占当年 GDP 的 45.6%，2003 年这一数值则为 49.6%，就是说劳动力报酬在国民收入"大盘子"的比重有所降低。第二，社会群体结构不合理。我国要发展以中产阶层为主的"橄榄形"社会结构，已成为各方共识。目前我国中产阶层占人口比例只有 25% 左右。如果到 2020 年中产阶层发展的比重还达不到 40% 左右，要想实现扩大内需、拉动消费、收入分配改革、形成"橄榄形"社会结构等目标，面临着多方面的重大挑战。

（3）社会力量严重缺失。第一，行业自律功能缺失。例如，消费安全问题频发，不仅反映了政府市场监管职能的缺位，同时也反映了行业自律、行业规范的严重缺失。过去我们说"行有行规、帮有帮规"，主要是指各类商帮在行业自律、约束本行业行为、建立市场诚信体系等方面扮演着十分重要的角色。从现实出发，推进市场监管由行政为主向法治为主的转型，需要把发展门类齐全的市场中介组织体系作为重大任务。第二，公益性社会组织严重缺失。现实社会生活中，公益性组织能最直接地反映社会的公共需求，并且在社会公共需求的供给中扮演重要角色。但今天还尚未出台公益性法人的相关立法，公益性社会组织发展严重滞后。

3. 治理转型面临挑战

推进国家治理体系和治理能力现代化是全面深化改革的总目标，是实现国家长治久安的根本之策。当前，国家治理重在建立有效解决腐败的体制机制，重在"把权力关进制度的笼子里"，重在依法治国，树立法治的权威。

（1）相比于其他经济社会矛盾，腐败更容易成为社会不满情绪的"催化酶"，容易把"低级别、低烈度"的利益冲突催化为"高级别、高烈度"的社会危机。

（2）治理转型到了有效解决体制机制性腐败的关键点。在"增长主义"倾向下，某些部门和行业的官员拥有的权力，与转型时期政府掌控重要资源结合在一起，形成比较突出的体制机制性腐败，成为治理转型的难点和重点。

（3）“把权力关进制度的笼子里”。从现实生活来看，腐败问题的形成与发展，根源于权力运行缺乏严格有效的体制机制约束。治理转型，就是要有效约束权力、监督权力、问责权力，提高政府公信力。

五、大转型时代的改革攻坚

未来5～10年增长、转型、改革高度融合，就是说要立足现实，突出全面改革在推动经济转型、社会转型、治理转型中的决定性作用。

1. 使市场在资源配置中起决定性作用

“使市场在资源配置中起决定性作用”，不仅牵动经济体制改革，也将倒逼全面改革。

（1）理顺经济活动中的政府与市场关系。“市场决定”的适用范围不仅包括微观经济运行层面，还包括宏观层面。这就要求新阶段的市场化改革，在微观层面完善市场机制的同时，着力解决好宏观层面市场机制的建设。这不仅需要改变政府对资源的直接配置，还需要明确划分宏观调控、市场监管中的政府与市场边界。政府的宏观调控也好，市场监管也好，不仅不应当取代市场的决定性作用和妨碍市场机制的运行，相反，这些经济管理职能的设置，需要充分尊重市场决定资源配置的一般规律，并建立在市场决定资源配置的前提下。

（2）重在激发市场活力、社会资本活力。理顺政府与市场关系，形成市场决定的新格局，重要标志是能在多大程度上激活社会资本。未来几年，理顺政府与市场关系，重在以市场决定的体制机制全面激活社会资本。未来几年，要在这几个方面取得突破：第一，允许社会资本进入国有企业，甚至在部分国有行业占控股地位。第二，在打破行政垄断、资源垄断方面取得重大突破。垄断行业的改革将成为未来几年改革的重点。第三，以利率市场化为重点，加快要素价格改革。

（3）关键是以放权为重点的政府改革。理顺政府与市场关系，使市场在资源配置中起决定性作用和更好发挥政府作用，关键在于深化以简政放权为重点的政府改革，实质性改变政府主导型经济增长方式。第一，加大审批体制改革。以放权为重点加快行政审批制度改革，从中央层面，本届政府将要砍掉1/3到1/2的审批权。比如工商登记的改革，新增注册企业比以往明显增多。第二，全面实施负面清单管理。负面清单管理是现代市场经济的重要特征，打造有为政府，关键在于改变这种错位管理格局。以负面清单管理倒逼行政审批制度改革，为企业明确市场预期创造环境。

2. 解放和增强社会活力，创新社会治理体制

面对社会利益主体与社会利益诉求多元化的总体趋势，以行政管理为主的社会管理方式不仅难以实现社会的和谐稳定，还容易导致更多的社会矛盾。

（1）加快以中等收入群体为重点的利益结构调整。首先，要落实农民土地财产权。中央决定提出“赋予农民更多财产权利”、“赋予农民对集体资产股份占有、收益、有偿退出及抵押、担保、继承权”、“保障农户宅基地用益物权”。2014年中央一号文件也明确提出，“在落实农村土地集体所有权的基础上，稳定农户承包权、放活土地经营权，允许承包土地的经营权向金融机构抵押融资”。当前，要支持有条件的地方先行试点，并且尽快出台赋予农民更多财产权利和建设城乡统一用地市场的具体实施方案。

（2）加快发展公益性社会组织。近两年来，中央出台了一系列政策，鼓励支持公益性社会组织发展。总的来看，公益性社会组织在经济社会生活的多方面严重缺失，其发展明显滞后于社会的公共需求。为此，建议在事业单位改革中积极发展公益性社会组织，同时加快公益法人的相关立法，由此作为落实十八届三中全会关于“解放和增强社会活力”、“创新社会治理体制”的重大任务。

（3）加快社会治理方式的转型。重点是向社会放权，积极推进社会组织发展。例如：第一，推进官办社会组织转型，逐步推进“去行政化”。第二，鼓励支持社会组织参与公共事务，提高社会自治程度，把政府从繁杂的社会事务中解放出来。第三，社会利益协商化。对于社会生活中大量的利益矛盾，可以通过建立社会对话协商机制来解决，在社会协商对话中寻求妥协的办法，以避免政府陷入具体利益的纷争中。

3. 推进国家治理体系和治理能力现代化

提出国家治理体系和治理能力现代化，并把它作为改革的总目标，这是对近 30 年来实践经验的科学总结。

（1）以着力解决体制性机制性腐败为重点的国家治理。当前，反腐败风暴深得党心、民心，这是国家治理的重头戏。把反腐败与遏制形形色色的特权问题相结合，关键是以权力公开透明为重点推进行政体制改革，实现权力运行规范化、公开化，走出一条权力约束权力与社会监督权力的有机结合，以有效抑制体制机制性腐败。

（2）财税结构的调整。财税体制改革牵一发而动全身：财税体制改革是国家治理体系和治理能力现代化的基础，也是理顺政府与市场关系、中央与地方关系，转变政府职能的重要前提，更是理顺各方面利益关系、化解地方 GDP 增长主义带来的系统性风险的重要条件。当前，财税改革有利于调整重大利益结构，有利于中产阶层的发展，有利于建立公平可持续的社会保障制度，以公共财政的阳光化奠定国家治理的重要基础。

（3）加快法治中国建设。在推进国家治理体系和治理能力现代化过程中，关键是推进依法治国进程，建设一个法治国家。在法治的前提下，才能有序扩大民主，有序地扩大公民自由权利。建设法治中国：第一，建设法治政府。改变过去行政监管为主，逐步实现市场监管职能法定化，严格依法履行职责。第二，加快司法体制改革。这将成为近期依法治国的一个重要亮点。加快推进司法体制改革，一是去行政化；二是去地方化；三是加强专业化。法官有专门的序列，根据不同的专业级别享受职务待遇，实行所判案子终身负责制。第三，建设法治市场经济。

全面深化改革的务实行动 *

中央全面深化改革领导小组首次会议，不仅形成了全面深化改革的工作体制，并且对下一步如何全面深化改革作出具体的战略部署。习近平总书记在会议的重要讲话中强调，全面深化改革要把握大局、审时度势、统筹兼顾、科学实施。这是从基本国情出发推进全面改革的总体要求，具有很强的指导性，对于坚定务实推进全面改革意义重大。

一、把握大局，务实推进

今天，我国的经济社会发展正处于一个重大的历史转折时期，改革正处于深水区和攻坚阶段。与以往相比，改革的深刻性、复杂性、艰巨性前所未有：转型与改革交织融合，经济转型、社会转型、治理转型都直接依赖于重大改革的突破；利益结构失衡的矛盾日益突出，改革需要在调整重大利益关系上取得进展；转型倒逼改革，改革的时间和空间约束全面增强。在这个特定背景下，把握大局，重在自觉、积极主动地落实十八届三中全会精神，致力于推进国家治理体系和治理能力现代化，突出使市场在资源配置中起决定性作用和更好发挥政府作用，突出促进社会公平正义、增加人民福祉，突出对社会热点问题的积极回应。

* 本文载于《人民日报》，2014 年 1 月 24 日。

二、审时度势，勇于担当

按照习近平总书记的要求，“要强化改革责任担当，看准了的事情，就要拿出政治勇气来，坚定不移干”。进入改革发展的历史新阶段，国家治理转型到了关键点。面对社会矛盾和社会风险，面对比较突出的腐败现象，面对权力运行缺乏严格有效约束的现实，取决于能否民主化、法治化、制度化、程序化、规范化地治理国家；取决于能否有效约束权力，给市场和社会更大的发展空间；取决于能否下定决心根治腐败。适应社会发展的大趋势，我们需要的是实现长治久安的治国方略；需要的是走向法治化的治国之路；需要的是把权力关进制度笼子里的根本之策。三中全会决定把“完善和发展中国特色社会主义制度，推进国家治理体系和治理能力现代化”作为全面深化改革的总目标，这远远超出了35年前开启的经济体制改革的范畴、广度和深度。

三、审时度势，要抓住改革的历史机遇，克坚攻难，大胆而务实地扎实推进各项改革

面对利益固化藩篱成为全面深化改革的突出障碍，中央成立由总书记直接担任组长的全面深化改革小组，并且提出明确的目标要求，“到2020年，在重要领域和关键环节改革上取得决定性成果，完成本决定提出的改革任务，形成系统完备、科学规范、运行有效的制度体系，使各方面制度更加成熟更加定型”。应当说，这既是主动历史担当的重要体现，又是实现全面深化改革目标的重大举措。

四、统筹兼顾，形成合力

从这些年的改革实践看，全面深化改革，需要有好的总体方案，更需

要形成好的工作机制、推进方式、推进策略，以调动各方面的积极性。例如，要使经济增长潜力充分释放出来，就要尽快释放市场机制的活力，让市场决定价格，让市场在资源配置中说了算；就要尽快释放社会资本的活力，以积极发展混合所有制经济为重点，实现非公有制经济参与国企改革的重大突破；就要尽快释放创新创业的活力。但凡想创业的人都有创业的空间；但凡有创新想法的人，都有创新的平台。有了市场机制的活力、社会资本的活力和创新创业的活力，增长的活力就有保障。现代市场经济，不仅要有竞争性的市场体系、有效的政府监管和法治基础，还需要行业规范和各类中介组织发挥作用，由此形成市场经济良序运行的合力。

五、科学实施，做到“蹄疾而步稳”

我国是一个大国，全面深化改革不可能一蹴而就，但也不能犹豫不决、失去机遇。全面深化改革要允许有条件的地方先行先试，要相信基层，相信群众。三中全会决定提出“赋予农民更多财产权利”、“赋予农民对集体资产股份占有、收益、有偿退出及抵押、担保、继承权”、“保障农户宅基地用益物权”。这些重大信息给亿万农民极大鼓舞，也是广大农民尽快富起来的根本性条件。它可以使农民带着土地财产权进城，可以使一部分农民有条件成为中等收入群体。当然，这很复杂，需要选择有条件的地方试点，但不应当以“复杂”为由或担心农民的“短期行为”，而不去积极主动推进。

六、全面深化改革正处于深水区和攻坚阶段

中央全面深化改革领导小组首次会议传递出坚定而丰富的改革信息，将进一步提升全社会的改革信心，进一步调动各方面参与改革的积极性，进一步强化各地区、各部门的改革责任担当，以坚定不移地朝着全面深化改革的目标前进。

建设法治化市场经济 *

未来 5 年是我国走向法治市场经济的关键时期。简政放权的主要目的在于促进市场公平竞争，维护市场正常秩序，从法治的层面确保市场在资源配置中起决定性作用。《国务院关于促进市场公平竞争维护市场正常秩序的若干意见》(以下简称《意见》)适应了我国建设法治市场经济的客观趋势，突出了依法监管建设法治化市场环境的新要求。《意见》明确提出市场监管的改革目标:“立足于促进企业自主经营、公平竞争，消费者自由选择、自主消费，商品要素自由流动、平等交换，建设统一开放、竞争有序、诚信守法、监管有力的现代市场体系，加快形成权责明确、公平公正、透明高效、法治保障的市场监管格局，到 2020 年建成体制比较成熟、制度更加定型的市场监管体系。”

一、把改进市场监管执法作为市场监管改革的重大任务

这些年市场监管执法不规范带有普遍性，由此使监管的有效性大打折扣。《意见》提出，“创新执法方式，强化执法监督和行政问责，确保依法执法、公正执法、文明执法”。

* 本文载于《行政管理改革》，2015 年 1 期。

1. 实现市场监管职能法定化，严格依法履行职责

考虑到市场监管越位和缺位并存的状况，《意见》提出了市场监管职权法授的新思路，“要确保行政机关均须在宪法和法律范围内活动，依照法定权限和程序行使权力、履行职责。没有法律、法规、规章依据，市场监管部门不得作出影响市场主体权益或增加其义务的决定；市场监管部门参与民事活动，要依法行使权利，履行义务、承担责任”。

2. 以保护市场主体合法权益为重点规范市场执法行为

强化政府的市场监管职能需要赋予监管部门一定的自由裁量权，但自由裁量权过大、不规范往往会损害市场主体权益。《意见》提出，“建立科学监管的规则和方法，优化细化执法工作流程，确保程序正义，切实解决不知法、乱执法、执法扰民等问题”，并强调“建立行政执法自由裁量基准制度，细化、量化行政裁量权，公开裁量范围、种类和幅度，严格限定和合理规范裁量权的行使”。

3. 依法公开市场监管执法信息

法治化市场监管的重要特征是公开透明。只有实现监管规则、程序公开、过程透明，才能够实现监管执法的公平公正，才能给市场主体传递明确的市场预期，才能避免暗箱操作，才可能最大限度地防止权力滥用和权力寻租。《意见》提出“制定市场准入负面清单”，“地方政府需要进行个别调整的，由省级政府报国务院批准”。“推行地方各级政府及其市场监管部门权力清单制度，依法公开权力运行流程”，明确“除法律法规另有规定外，市场监管部门适用一般程序作出行政处罚决定或者决定变更之日起 20 个工作日内，公开执法案件主体信息、案由、处罚依据及处罚结果，提高执法透明度和公信力”。

4. 强化执法考核和行政问责

难以对监管的结果问责，是我国市场监管失灵的一大难题。《意见》给出了综合性的解决办法，“加强执法评议考核，督促和约束各级政府及其市场监管部门切实履行职责。综合运用监察、审计、行政复议等方式，加强对行政机关不作为，乱作为、以罚代管等违法行为的监督”。

二、以强化统一性、权威性为重点改革市场监管执法体制

有些领域的市场监管带有“九龙治水、各管一段”的突出特征，这不仅弱化了监管效能，还导致难以实施行政问责。《意见》提出针对性的解决办法，“整合优化执法资源，减少执法层级，健全协作机制，提高监管效能”。

1. 以整合市场监管职责为重点解决多头执法

《意见》提出，“整合规范市场监管执法主体，推进城市管理、文化等领域跨部门、跨行业综合执法，相对集中执法权”，并给出整合执法队伍的解决方案，“一个部门设有多支执法队伍的，业务相近的应当整合为一支队伍；不同部门下设的职责任务相近或相似的执法队伍，逐步整合为一支队伍”。

2. 以明确各级政府监管职责分工为重点消除多层重复执法

《意见》提出，“对反垄断、商品进出口、外资国家安全审查等关系全国统一市场规则和管理的事项，实现中央政府统一监管；对食品安全、商贸服务等实行分级管理的事项，要厘清不同层级政府及其部门的监管职责，原则上实行属地管理，由市县政府负责监管”。

3. 规范和完善监管执法协作配合机制

《意见》提出，“完善市场监管部门各司其职、各负其责、相互配合、齐抓共管的工作机制。制定部门间监管执法信息共享标准，打破‘信息孤岛’，实现市场监管信息资源开放共享、互联互通。建立健全跨部门、跨区域执法协作联动机制”。

4. 实现市场监管执法与司法相衔接

《意见》提出，“完善案件移送标准和程序，细化并严格执行执法协作相关规定。建立市场监管部门、公安机关、检察机关间案情通报机制”。“健全行政复议案件审理机制，推动扩大行政诉讼受案范围”。《意见》体现出注重运用法治方式从严从快打击市场的犯罪行为，坚决维护

良好的市场秩序。

三、完善市场监管执法保障体系

市场监管执法需要制度保障。《意见》明确要求，“加强制度建设，强化执法能力保障，确保市场监管有法可依、执法必严、清正廉洁、公正为民”。

1. 完善市场监管法律体系

改革市场监管体制，必须正确处理好改革变法与依法行政的关系。《意见》提出，“根据市场监管实际需要和市场变化情况，及时修订完善相关法律法规。梳理取消和下放行政审批项目、加强后续监管措施涉及的法律法规、规章和规范性文件，提出法律修改、废止建议，修改或者废止有关法规、规章和规范性文件”。“完善市场监管规范性文件合法性审查机制，健全法规、规章和规范性文件备案审查制度”。

2. 健全市场监管的法律责任制度，治乱用重典

《意见》提出了多种举措落实法律责任制度，“调整食品药品、生态环境、安全生产、劳动保障等领域现行法律制度中罚款等法律责任的规定，探索按日计罚等法律责任形式。扩大市场监管法律制度中惩罚性赔偿的适用范围，依法大幅度提高赔偿倍数。强化专业化服务组织的连带责任，健全行政补偿和赔偿制度”。

3. 加强执法队伍建设

为建设业务素质过硬、专业性强的市场监管执法队伍，《意见》提出，“在财政供养人员总量不增加的前提下，盘活存量、优化结构，完善待遇、选拔任用等激励保障制度，推动执法力量向基层和一线倾斜。加强执法人员专业培训和业务考核，配备必要的执法装备，提高执法人员综合素质和能力水平。全面落实财政保障执法经费制度，市场监管工作经费和能力建设经费全部纳入各级财政预算予以保障，确保监管执法人员工资足额发放，严格执行‘收支两条线’制度”。

四、形成政府监管与行业自律、社会监督的合力

在现代市场经济条件下，政府监管要面对无数独立的市场主体，如果仅仅靠政府唱“独角戏”，市场监管的有效性很难保证。《意见》明确提出，“充分发挥社会力量在市场监管中的作用，调动一切积极因素，促进市场自我管理、自我规范、自我净化”。

1. 发挥行业协会商会的自律作用

《意见》提出，“推动行业协会商会建立健全行业经营自律规范、自律公约和职业道德准则，规范会员行为。鼓励行业协会商会制定发布产品和服务标准，参与制定国家标准、行业规划和政策法规”。

2. 发挥市场专业化服务组织的监督作用

《意见》强调，支持市场专业化服务组织“依法对企业财务、纳税情况、资本验资、交易行为等真实性合法性进行鉴证，依法对上市公司信息披露进行核查把关”。

3. 发挥公众和舆论的监督作用

《意见》提出，“健全公众参与监督的激励机制，完善有奖举报制度，依法为举报人保密”。“整合优化各职能部门的投诉举报平台功能，逐步建设统一便民高效的消费投诉、经济违法行为举报和行政效能投诉平台，实现统一接听、按责转办、限时办结、统一督办、统一考核”。

五、用法治破题市场治理

我国经济转型发展正处于历史关键节点。加快推进法治市场经济进程，完善市场经济法治建设，释放市场经济的新红利，不仅能为保持 7% 左右的中速增长奠定坚实基础，而且将为走向公平可持续发展提供法律保障。

1. 用法律界定政府与市场边界，加快市场主导的经济转型

从实践看，使市场在资源配置中发挥决定性作用和更好地发挥政府作用，关键在于实现经济增长方式从政府主导向市场主导的转变。这就需要依法划清政府与市场的边界，实现政府与市场、政府与企业关系的定型化、制度化。例如：修改完善企业国有资产法律法规、公共资源配置法律法规、市场监管法律法规；形成市场决定资源配置的法治规范，为拓宽社会资本发展空间提供法律保障，使法治成为市场经济公平竞争的制度保障。

2. 完善产权保护制度

这些年营商环境恶化的突出矛盾是产权保护不到位，社会资本的投资信心不足。打造法治化的营商环境，重要的基础是完善产权保护制度。例如：赋予不同所有制企业平等的法律地位，完善产权平等保护制度，为不同所有制的财产权利平等提供法律保障，严格禁止任何机构不经法律程序剥夺私人财产；推动农村土地物权化改革，通过规定农村土地使用权可流转、可抵押、可入股等，形成赋予农民更多财产权利的法律制度；适应由工业经济向服务经济转型的客观趋势，加强知识产权保护的相关立法，用法律促进和保障创业创新。

3. 形成市场监管的法律框架

研究出台综合性的《市场监管法》，强化市场监管机构的权威性；修改《食品安全法》和《药品管理法》，实行最严格的食品药品安全监管制度；把反行政垄断纳入《反垄断法》，对国有垄断行业等相关行业监管内容进行清理、修改，推动垄断行业竞争环节对社会资本全面开放，自然垄断部分吸纳社会资本广泛参与，城市公用事业积极引导社会资本参与。另一方面发挥市场在资源配置中的决定性作用，客观上要求打造统一开放、公平竞争的市场环境。例如：把负面清单管理纳入《行政许可法》，为企业“法无禁止即可为”提供法律保障；加快统一内外资法律法规，在市场准入、税收支持、政府购买等方面一视同仁，为各类企业创造平等的竞争环境。

随着我国进入增长转型与改革的新阶段，无论是实现由工业主导向服务业主导的经济转型，还是扩大内需、拉动消费，都高度依赖于一个法治化的市场环境。加快实现依法监管，推动市场监管法治化的转型牵动影响全局，已成为理顺政府与市场关系、加快政府职能转变的关键与重点。

走向法治中国的行动纲领 *

中共十八届四中全会通过的《关于全面推进依法治国若干重大问题的决定》，提出全面依法治国的总体目标和重大任务，提出建设法治中国的许多新观点和新举措，这是建设法治中国的行动纲领。

四中全会提出“面对新形势新任务，我们党要更好统筹国内国际两个大局，更好维护和运用我国发展的重要战略机遇期，更好统筹社会力量、平衡社会利益、调节社会关系、规范社会行为，使我国社会在深刻变革中既生机勃勃又井然有序，实现经济发展、政治清明、文化昌盛、社会公正、生态良好，实现我国和平发展的战略目标，必须更好发挥法治的引领和规范作用”。应当说，在我国经济社会发展处于重要历史时期，全面推进依法治国，是改革开放36年历史经验的科学总结，是实现国家长治久安的根本出路，是新时代新阶段治国理政的重大战略选择，对我国经济社会发展再续“辉煌30年”具有重大意义。

一、确立“法治中国、治国理政”的总目标

全会提出依法治国的总目标是“建设中国特色社会主义法治体系，建设社会主义法治国家”。这是新时期我国面临国内外复杂形势下，

* 本文载于《中国金融》，2014年第21期。

推进依法治国的“升级版”，走向法治国家、法治政府、法治社会的路线图。

1. 全面推进依法治国是新时期治国理政的根本出路

法治是人类政治文明的重要成果，是治国理政的基本方式。邓小平曾指出，“为了保障人民民主，必须加强法制。必须使民主制度化、法律化，使这种制度和法律不因领导人的改变而改变，不因领导人的看法和注意力的改变而改变。”面对新形势、新任务，全会确立了依法治国的基本原则，这是在系统总结历史经验教训的基础上，特别是针对当前政治经济社会生活中面临的突出矛盾和问题，提出的治国理政的纲领，是在新形势下提升党的执政能力和执政水平的突出亮点。

2. 全面推进依法治国是推进国家治理体系和治理能力现代化的“重头戏”

全会提出，全面推进依法治国，促进国家治理体系和治理能力现代化。国内外经验表明，法治是国家治理现代化的重要标志，没有法治就没有国家治理。综合我国多方面的情况看，下一步的国家治理转型，重要的是以法治建设为重点，法治为先、法治为重、法治为大，改革与国家治理体系和治理能力现代化不相适应的体制机制、法律法规，逐步形成依法治国的新局面。

3. 全面推进依法治国是促进公平正义、保障国家长治久安的大战略

改革开放以来，在推动经济持续增长的同时，如何促进公平正义、保障国家长治久安，成为我国改革发展中面临着的重大课题。面对日益增大的社会矛盾和社会风险，面对比较突出的腐败现象，面对权力运行缺乏严格有效约束的现实，已经难以继续用行政控制、行政管理、稳定压倒一切的思路求得社会长期稳定。适应社会发展的大趋势，需要的是实现长治久安的治国方略；需要的是走向法治化的治国之路；需要的是把权力关进制度笼子里的根本之策。正是在这样一个背景下，全会提出“全面推进依法治国”，是国家治理领域一场广泛而深刻的革命。

二、坚定“依宪治国、依宪执政”的最高原则

宪法是我国的根本大法，宪法为大，宪法为重，宪法处在国家法律体系的最高位置。“依宪治国、依宪执政”这八个大字寓意深刻、意义重大。

1. 宪法是建设法治国家的根本大法。全会提出“坚决维护宪法法律权威”

我国《宪法》明确指出宪法是“国家的根本制度和根本任务，是国家的根本法，具有最高的法律效力。全国各族人民、一切国家机关和武装力量、各政党和各社会团体、各企业事业组织，都必须以宪法为根本的活动准则，并且负有维护宪法尊严、保证宪法实施的职责。”法治中国建设的首要任务是维护宪法法律权威。建立健全全社会忠于、遵守、维护、运用宪法法律的制度，坚持法律面前人人平等，任何组织或者个人都不得有超越宪法法律的特权，一切违反宪法法律的行为都必须予以追究。

2. 宪法是完善国家法律体系的最高大法

全会提出“完善以宪法为核心的中国特色社会主义法律体系”，“使每一项立法都符合宪法精神”。正是由于宪法是国家的根本大法，所以其他法律都必须在宪法原则下制定，任何法律都必须符合宪法的原则，不能与宪法相违背。同时，全会提出“完善立法体制机制，坚持立改废释并举”。维护宪法的地位和权威，不是要在推进立法、修法、废法进程中缩手缩脚、裹足不前，而是应该根据发展改革转型的实际需要与政治经济社会生活的现实需求，在国家顶层设计下，不断通过改革试点，抓紧清理有碍公正、不利于发展、过时的法规条例和管理办法，抓紧订立和完善有利于社会公正、经济社会发展的法律法规，为维护宪法的权威提供法律保障。从现实情况看，“立改废”的任务还相当艰巨，涉及垄断、农村土地、行政审批、公益法人主体等政治经济生活的各个领

域，迫切要求加快“立改废”进程，以增强法律法规的及时性、系统性、针对性、有效性。

3. 宪法是治国理政的基本大法

依宪治国是建设法治中国的核心。全会提出“要求党依据宪法法律治国理政”，“坚持依法治国首先要坚持依宪治国，坚持依法执政首先要坚持依宪执政”。落实“依宪治国、依宪执政”，重要的是健全宪法实施和监督制度。这就要把违宪了怎么办，谁来判定违宪，谁来监督宪法实施，谁来处罚违宪者等问题解决好，推动宪法的实施、更好地维护宪法权威。

三、全面依法治国为突出特点

全会提出“坚持依法治国、依法执政、依法行政共同推进，坚持法治国家、法治社会、法治政府一体建设”，这既是全面推进依法治国的突出特点，又是全面依法治国的重大任务。全面依法治国，就是要把法治贯穿于国家治理的全过程，贯穿于经济社会以及政治生活的全过程。

1. 依法治国、依法执政、依法行政共同推进

这是“全面推进依法治国理政”的三大战略任务：一是坚持把依法治国的基本方略贯彻于国家、政府、社会、政党等各个方面，确保依法治国的“全面”推进；二是把实施宪法法律作为所有治理主体都必须“全面”遵守的行为准则，不管是党政机关，还是普通市民，都必须严格在宪法法律内活动、依法行使权利；三是强调依法治国从立法、执法、司法“全环节”的联动推进。

2. 坚持法治国家、法治社会、法治政府一体建设

“三个一体建设”体现了全面推进依法治国的三个目标维度，这是一个有机整体：一是推进国家治理的法治化，需要在法治市场经济、法治社会、法治政府建设上都有重大突破；二是法治政府是“三个一体建设”的关键环节，通过法治政府建设，理顺政府与市场的关系、政府与社会的关系，是带动“三个一体建设”的路径依赖。

四、关键在于“把权力关进制度的笼子里”

全会提出，“法律的生命力在于实施，法律的权威也在于实施”。从中国现实的国情看，全面推进依法治国，关键在于“把权力关进制度的笼子里”，提升法律的实施力和权威性。这就要以法律制约权力，以法律规范权力，实现政府权力法定、程序法定、监督法定，走出一条权力制约权力与社会监督权力相结合的法治之路，以真正“把权力关进制度的笼子里”。

1. 用法律划清权力边界

全会明确提出“依法全面履行政府职能，推进机构、职能、权限、程序、责任法定化，推行政府权力清单制度”。从经济社会转型升级的迫切需要看，加快政府职能转变至关重要。从现实的情况看，无论是加快推进经济转型，还是社会转型、政府转型，都需要通过政府职能法定化，依法划清政府与市场的边界，实现政府与市场、政府与企业关系的定型化、制度化。建议以修改《行政许可法》为重点，明确界定负面清单和权利清单的领域和范围，逐步完善政府与市场、政府与社会、政府与企业关系的法治体系。

2. 用法律规范权力行使

这就需要尽快出台《行政程序法》，从决策、执行到监督全环节，依法规范政府权利行使：一是全面推进依法决策。用法律规范决策权的行使，对行政程序主体、重大行政决策、行政规范性文件、行政执法决定、行政决定的效力等进行系统地规范，加快完善重大行政决策法定程序，建立重大决策合法性审查机制；二是深入推进依法行政。用法律规范行政执法权，最大化缩小行政自由裁量权；三是加强依法问责，建立严格的行政问责制度，加大对全体行政公务人员在消费安全、安全生产、环境污染、行政违法、行政侵权等领域的问责力度，建立责任终身追究制度。

3. 用法律保障社会监督权利

按照全会提出的“以公开为常态、不公开为例外”的原则，需要尽快出台全面推进权力运行公开化的法律法规，以及政务公开、财政公开、司法公开的具体方案。与此同时，要强化人大监督、媒体监督、公众监督，以为实现权力制约权力和社会监督权力的有机结合找到一条有效的新路子。

五、深入推进司法体制改革的实质性突破

全会提出，“公正是法治的生命线，司法公正对社会公正具有重要引领作用”。在社会利益多元化和利益格局固化的背景下，如何实现司法公正，如何依法独立公正司法，如何确保依法独立公正行使审判权和检察权，重在深入推进司法体制改革，重在司法去行政化、去地方化、提升专业化、加强公开化。

1. 加快司法去行政化、去地方化的改革

司法不公的突出矛盾在在行政权力对独立司法的干预，尤其是地方层面在“GDP 增长主义”和“竞争性地方政府模式”下，因地方利益干预司法、导致司法不公较为普遍。严格约束行政权力干预司法活动，对领导干部干预司法采取更严格的审查和问责制度，走出一条司法权独立公正行使的新路子。建议建立“中央法院主要负责经济案件、地方法院主要负责民事案件审理”的双重法院体制，省以下地方法院、检察院人财物实行统一管理，形成对地方政府干预司法的有效约束。

2. 全面提升司法的专业化水平

实现“让审理者裁判，由裁判者负责”，需要审判员、检察员独立审判，前提是去行政化，加强专业性、责任制。这就需要尽快建立以专业性为重点的符合职业特点的司法人员管理制度。例如：取消对法官的行政管理方式，建立薪酬独立、管理独立的法官管理体制；推进法官职

业化，保障法官独立公正行使审判权；法官遴选、任免、升迁、惩戒由法院系统设立的司法委员会决定。

3. 加大公开化程度

提升司法公开的制度化和规范化，明确司法公开主体、公开程序、公开内容、公开渠道，防止选择性公开、隐蔽式公开。强化对司法公开的问责，加强司法公开进程的第三方评价和审查，对应公开却不公开的司法案件进行严格问责。同时，完善人民陪审员制度，公开司法，阳光司法。

六、根本在于坚持党的领导与依法治国的有机统一

全面推进依法治国的根本在于坚持党的领导与依法治国的有机统一。法治、国治、党治是法治中国建设的“三位一体”：法治是国家治理现代化的重中之重，也是执政党建设的重中之重；党的领导是推进依法治国的根本保障，也是国家治理现代化的根本保障。

1. 以严格“依宪治国、依宪执政”加强改善党的领导地位

四中全会强调“把党的领导贯彻到全面推进依法治国全过程”，就是强调执政党要自觉领导立法，带头维护宪法法律权威，要在宪法法律范围内行使权力。

2. 把党治统一到法治国家框架下，以法治促进党治，以党治推动法治

全会提出“依法执政，既要求党依据宪法法律治国理政，也要求党依据党内法规管党治党”。要把全会提出的“党要管党、从严治党”落到实处，需要加强党内严格的法规制度建设，用制度明确界定、约束和规范党员干部权力，党内法规对党员的要求应更严格、更规范、更有约束力。

3. 把依法治国作为干部考核重要标准落到实处

改革干部考核制度，明确法治建设的干部考核指标，严格要求党员

干部依法行使权力，鼓励党员干部带头依法办事，严惩以言代法、以权压法、徇私枉法的行为。

未来几年，把走向法治中国的行动纲领落到实处，在全面推进依法治国的重大改革上取得实质性突破，将释放更大的改革红利，为我国经济社会实现转型升级、从而为走向公平可持续发展提供根本保障。

关于推进国家治理体系和治理能力现代化的几点建议 *

十八届三中全会提出，全面深化改革的总目标是完善和发展中国特色社会主义，推进国家治理体系和治理能力现代化，这是顺应经济社会发展大趋势的战略性、历史性选择：第一，这是建设现代国家的主要标志；第二，这是实现国家长治久安的根本之路；第三，这是改革发展历史经验的科学总结。当前，社会方方面面对此有极大的期待。就此，提出 3 点建议。

一、建议尽快出台总体规划或者总体设想

1. 全面深化改革的现实和迫切需求

从各方面的情况看，国家治理体系转型确实到了关键点。未来 3～5 年，如果能够发挥总体规划的导向作用，对深化全面改革，对后 10 年、20 年国家的长治久安，具有决定性的影响。

2. 推进依法治国的重要指导思想

综合多方面的情况看，下一步的国家治理转型，重要的是以法治

* 本文系作者在全国政协十二届二次会议社科、新闻出版界别联组会上的发言，2014 年 3 月 4 日。

建设为重点，法治为先、法治为重、法治为大，逐步形成依法治国的新局面。

3. 回应社会各方面的重大期盼

出台这样一个总体规划，对于协调各方面的力量、调动各方面的积极性，形成国家治理的新格局有重大影响。

二、建议总体规划研讨的重大问题

国家治理体系和治理能力现代化的规划，在强调党的执政方式的改革、人大监督作用、政协民主协商制度化以及反腐败的体制机制建设外，还有一个重要方面，就是回应社会期待，以现实的经济社会重大问题为导向，以此来凝聚全社会推进国家治理体系建设的正能量。从这方面考虑，我认为有 4 件事很重要，需要着力深入研讨。

1. 加快推进法治市场经济进程，建设法制化的营商环境

从现在的情况看，需要采取两大措施：（1）针对现在资本外流、社会资本不稳定的现实矛盾和问题，建议尽快形成合法的私人财产权、投资收益严格保护的法制环境。（2）市场监管的转型与改革，即由行政监管为主向法治监管为主的转型，尽快将监管权从审批机构中分离出来。从各个方面看，我国已进入一个消费型社会发展的新阶段，全社会的消费结构升级、消费释放将是一个大趋势。现在突出的矛盾是投资与消费不相适应，市场监管与消费型社会发展的大趋势不相适应。为什么监管机构越来越多，但监管的效果却不尽人意，而且消费不安全问题很多，主要的问题是把行政审批和市场监管合为一体。所以，法治市场经济建设的重要任务，是赋予市场监管的法律地位，尽快将监管权从审批机构中分离出来，以提高监管的综合性、统一性、权威性。

2. 加快以公开化、去行政化、去地方化为重点的司法体制改革

在这方面，我们有一些具体建议。例如，司法体制改革去地方化，跟经济发展方式转变相适应，需要把经济的审判权归中央，建立中央巡回法院，民事、刑事案件仍归地方。我认为，这样一些方面的司法体制改革现实的需求明显加大，条件逐步成熟，具有一定的可操作性。

3. 加快推进社会治理创新进程

(1)综合各个方面的情况看，社会治理转型确实到了临界点，未来的一个时期，这方面的矛盾问题会越来越突出。

(2)以发展各类社区公益组织和推进社区自治为重点加快社会治理创新。

(3)积极稳妥地推进官办社会组织的转型，使其在重要时候起到关键性作用。

4. 加快中等收入群体为重点的利益结构调整

(1)利益结构与治理结构的关系。我认为，橄榄形的利益结构和分配结构是我国治理结构的重要基础，并且是治理结构和治理能力现代化的重要组成部分。

(2)加快扩大中等收入群体。从现实情况看，改革开放30多年来，中等收入群体比例大概在25%左右。到2020年全面建成小康社会，如果中等收入群体比例不能提高到40%左右，无论对经济的持续发展和社会的和谐建设，恐怕都会带来一些不利的影响。近些年，我们一再呼吁尽快出台关于中等收入群体的国家规划以及调整相关的政策体制。提低很重要，提低的重要目的是使其部分成为中等收入群体。现在重要的是收入分配、赋予农民更多财产权等方面的改革要有大的突破。这样，到2020年中等收入群体总体规模达到40%左右是完全有可能的，即有6亿人成为中等收入群体。这无论对中国还是对世界，都是一个重大的利好。

三、加强理论研究与政策咨询的力度，形成国家治理体系建设的重要理论与思想支撑

1. 国家重大课题的攻关

如何形成有中国特色的国家治理体系和治理能力，需要理论的攻

关，也需要改革研究的攻关，建议把它作为国家重大课题。这里涉及到一系列重大问题，例如，什么是有中国特色的国家治理体系？如何推进国家治理体系与依法治国等。这些都需要深入研究，并应该成为社会科学研究和改革研究的重大课题，应当组织多方面的力量进行国家重大课题的攻关。

2. 推进中国特色的智库建设

从我国的情况看，社会科学理论研究和经济社会咨询研究，两者既有联系又有差别。我建议，国家社会科学基金加大对建设中国特色智库的支持力度，对一些重要的咨询机构给予支持，并建议把对政策咨询机构的支持列入国家社会科学资助的重要方面。

最后，关于改革，96 岁的安志文老同志讲了 3 点：一是十八届三中全会选择的改革路子是很对的；二是现在改起来的困难比以前要大的多；三是只要稳步改下去，是大有希望的。安老的话让我感触很深，说明坚定改革自信，对全面深化改革至关重要。

赢在转折点

——“十三五”：经济转型与结构性改革 *

实践案例说明，一个企业也好，一个地区也好，常常不是赢在起点，而是赢在转折点。如何“赢在转折点”是企业与政府共同面对的重大问题：首先，“十三五”是我国经济转型升级的历史关节点。经济转型升级将为我国今后十年、二十年的可持续增长奠定重要基础；其次，“十三五”转型发展的特点十分突出，增长、转型、改革高度融合，以转型改革促发展是一个大趋势；再者，经济转型升级蕴藏着巨大的增长潜力和市场空间，同时面临诸多矛盾叠加、风险隐患增多的严峻挑战。适应经济转型升级的大趋势，“十三五”需要以结构性改革破解结构性矛盾，以实现经济转型升级的主要目标。

一、“十三五”：经济转型的基本趋势

经济发展的活力在于结构变化和制度创新。经济转型升级是“十三五”发展的最大潜力和最大亮点。尽管当前经济下行和经济结构调整压力增大、矛盾增多，但经济转型升级趋势初见端倪。

---

* 本文系作者在国家行政学院的演讲稿，2016 年 4 月 14 日。

1. 产业结构正由工业主导向服务业主导转型

（1）走向服务业主导的大趋势。第一，2000 年以来，我国服务业发展迅速，服务业增加值每五年翻一番。第二，服务业增加值占 GDP 的比重明显提高，从 2001 年的 41.3% 提高到 2015 年的 50.5%。第三，服务业成为拉动 GDP 增长的主导力量。2014 年，第三产业对国内生产总值增长的拉动为 3.5 个百分点，比第二产业高出 0.1 个百分点。第四，服务业成为创新创业的主要领域。2015 年，我国新登记注册服务业企业 358 万户，增长 24.5%，占全部新登记企业总数的 80.6%。第五，服务业成为吸纳就业的主要领域。2015 年末，服务业就业人员占全部就业人员比重达到 42.4%。

（2）工业化后期形成服务业主导的产业结构是一个经济规律。工业化后期，比工业、农业更高附加值的现代服务业发展是产业结构演进的大方向。在这个特定时期，服务业增加值占 GDP 的比重一般都在 60% 以上。改革开放以来，我国工业化进程大体经历了三个时期：第一阶段是工业化初期，加工和轻工类产品占据主导地位；第二阶段是工业化中期，重化工业成为工业的重要组成部分；第三阶段是工业化中后期，服务业开始成为主导产业。“十三五”，我国开始进入工业化后期，基本形成服务业主导的产业结构是一个客观规律。

（3）“十三五”以现代服务业为主导的产业结构的形成。当前，我国服务业进程与工业化的阶段相比还存在明显差距。2015 年，服务业增加值占 GDP 的比重为 50.5%，比金砖国家低了大约 8 ～ 10 个百分点，与发达国家相比低了 20 多个百分点。国家“十三五”规划将服务业发展的预期目标定为 56%。从实际来看，到 2020 年，服务业占比有可能达到 58%。

第一，“十三五”或者更长一段时间内，服务业增加值占 GDP 的比重年均提升 1.2 个百分点是有条件的。预计到 2020 年，服务业占比将由现在的 50.5% 提升到 58% 左右，有可能接近 60%。由此，基本形成以服务业为主导的产业结构。

第二，服务业有望保持 8% ～ 9% 左右的年均增长速度，服务业增加值将有可能从当前的 30 多万亿元增加到 2020 年的 50 多万亿元。

第三，服务业内部结构明显优化。目前，以研发、金融、物流等为重点的生产性服务业占 GDP 的比重仅为 15% 左右，占服务业的比重大约为 40% 左右。而作为制造业强国的德国，其生产性服务业占 GDP 的比重为 40% 左右，占服务业比重高达 70% 以上。我国现代生产性服务业占 GDP 的比重偏低是制造业转型升级的突出短板。预计在国家创新战略驱动下，到 2020 年，我国生产性服务业占 GDP 比重将达到 25% 左右，这将成为我国制造业转型升级的巨大推动力。

（4）服务业发展的主要条件。一方面，新一轮科技革命和全球制造业变革的大趋势推动生产性服务业发展。在全球新一轮的科技革命背景下，未来 5 ～ 10 年，全球制造业正处在由生产型向服务型转型升级的重要时期。目前，全球 500 强企业所涉及的 51 个行业中，有 28 个属于服务业，56% 的企业在从事服务业。[1] 当前，我国产业变革和新一轮的全球科技革命相交汇，将有效促进制造业由生产型向服务型转型升级，为我国推动现代服务业、尤其是生产性服务业发展创造了重要的外部条件。另一方面，居民消费结构的变化推动生活性服务业快速发展。居民消费结构的变化是一个国家产业结构变革的重要内生动力。当前，教育、医疗、健康、旅游等服务型消费需求全面快速增长，成为产业结构变革和现代服务业发展的重要推动力。

2. 城镇化结构正由规模城镇化向人口城镇化转型

（1）城镇化仍处在快速发展的阶段。2014 年，我国规模城镇化率达到 54.7%，2015 年提高到 56.1%。从总体上看，城镇化进程还远落后于工业化进程。从实践看，工业化后期，常住人口城镇化率一般应达到 65% 左右。目前，我国常住人口城镇化率刚刚超过 55%，仍有近 10 个

1　迟福林．转型闯关——“十三五”：结构性改革历史挑战 [M]. 北京：中国工人出版社，2016.

百分点的发展空间。此外，我国中小城镇化发展比较落后，新型城镇化的区域布局也不合理，城镇化在中西部的发展空间巨大。

（2）“十三五”基本形成户籍人口城镇化的新格局。无论是从城镇化与工业化相协调、还是从全面建设小康社会的现实需求看，“十三五”人口城镇化发展都应达到以下两大目标：

第一，常住人口城镇化率不低于60%。通过深化户籍制度改革、加快推动城乡基本公共服务均等化，未来5年常住人口城镇化率有可能以每年不低于2个百分点的速度提升。到2020年，我国常住人口城镇化率有可能达到65%左右。

第二，户籍人口城镇化率将达到50%左右。目前，虽然我国常住人口城镇化率超过55%以上，但户籍人口城镇化率严重偏低，2015年仅为39.9%，比常住人口城镇化率低了约16个百分点。户籍人口城镇化率偏低是我国新型城镇化建设的突出矛盾，它与全面建成小康社会的目标不相适应。国家“十三五”规划将户籍人口城镇化率的预期目标定为45%，如果户籍制度改革有所加快，就有条件、有可能达到50%左右。

（3）城镇化的历史条件发生深刻变化。建国之初，我国并不存在城乡二元的户籍制度。为了快速实现工业化，20世纪50年代末期，我国实行了城乡二元户籍制度。工业化发展到今天，户籍制度产生的历史条件已经发生了根本性变化：

第一，城乡一体化进程明显加快。随着农业规模化经营的展开和农业现代化进程的加快，农村人口向城镇的流动会呈现逐步增加的趋势。

第二，农民工的结构发生重要变化。随着80后、90后成为农民工的主体，他们中的多数人已经扎根于城市，很难再回到农村。“十三五”深化户籍制度改革的重要目标就是要让农民工成为历史。

第三，以居住证取代城乡二元户籍制度的历史条件开始形成。全面深化户籍制度改革的突破点是用居住证制度全面替代城乡二元户籍制度。全面实施居住证制度，需要让农村转移人口享受同城镇化居民均等的基本公共服务。在居住证制度设计上，有人担心由此可能会形成大中城市的“盆地效应”。在实践中，大城市设置标准可以提高一些，中小城镇设置标准可以适当放宽，在这个条件下逐渐允许人口自由流动。总的看，在加快建设公共财政体制、总体实现城乡基本公共服务均等化的前提下，到2020年我国有条件全面实施居住证制度。

3. 消费结构正由物质型消费为主向服务型消费为主转型

（1）消费结构变化的历史关节点。2008年以后，我国总体上进入一个以人的自身发展为重要目标的发展型新阶段。城乡居民的消费更多的用于人的自身发展上，这是社会发展阶段发生深刻变化的集中体现。在这个新的发展阶段，城乡居民消费规模不断扩大。例如，我国社会消费品零售总额由2011年的18.39万亿元增长到2015年的30.09万亿元，年均增速达到13.4%，高于GDP增速近6个百分点。

（2）消费结构正在快速升级。

第一，从生存型消费向发展型消费升级。城镇居民的消费需求已由工业品为主向教育、医疗、健康、旅游等服务型消费为主转变，农村居民的消费需求已由以生活必需品为主向以工业消费品为主转变。

第二，从传统消费向新型消费的升级。人们对绿色消费、信息消费、便捷消费等新型消费的需求进一步提高。例如，过去10年城乡居民的信息消费规模以年均20%左右的速度增长。

第三，从物质型消费向服务型消费的升级。2000—2014年，我国城镇居民人均服务型消费支出从1960.92元提高到7563.44元，年均增长9.4%，2014年服务型消费支出比重达到45.32%的高位。预计到“十三五”末期，城镇居民的服务型消费占比将提高到50%以上，一些发达地区有可能达到60%左右，这将是加快现代服务业发展的重要推动力。

（3）“十三五”消费结构升级的目标判断。“十三五”，我国城乡居民服务型消费将进入全面快速增长的新阶段，由此使消费对经济增长的贡献率将明显提升。

第一，2015 年，社会消费品零售总额增速为 10.6%，“十三五”消费年均增长 9% ～ 10% 左右是有条件的。

第二，到 2020 年，消费总规模由 2015 年的 30 万亿元左右提高到 50 万亿元左右。

第三，2013—2015 年，消费对经济增长的贡献率从 48.2% 提高到 66.4%。考虑到这是在投资贡献率快速下降条件下实现的，“十三五”消费对经济增长贡献率将会稳定在 65% 左右。

二、“十三五”：经济转型升级与经济增长潜力

“十三五”，我国经济正进入中速增长阶段：一方面，增长将呈现“L”型；另一方面，新的增长动力开始出现，经济结构将发生明显变化。总的看，“十三五”，经济将保持年均 6% ～ 7% 的增速，平均增速有望达到 6.5%。这不仅意味着我国将成功跨越中等收入陷阱，而且意味着我国将为新阶段世界经济增长带来稳定的贡献。

1. 转型增长的突出特点

（1）增长对转型的依赖性明显增强。“十三五”，经济转型蕴藏着巨大的经济增长潜力。实现经济转型的突破，不仅能缓解短期经济增长压力，而且将形成中长期可持续增长的重要基础。

（2）一个地区能否成功实现转型是决定这个地区经济增长的重要因素。例如，“新东北”现象主要是由东北地区转型发展不足和开放程度不够所造成。

（3）经济转型升级将释放增长潜力。经济转型升级的条件下，潜在经济增长率将保持在 6% ～ 7% 的区间，这是我国维持中速增长的重要基础。由于新的增长动力逐步形成，我国有条件在“十三五”期间实现年均 6.5% 的经济增长。

2. 现代服务业发展对经济增长的主导作用

（1）服务业对经济增长的作用。形成以服务业为主导的产业结构，

加快经济服务化进程，将为经济增长带来新动力。

第一，初步测算表明，到2020年，我国服务业增加值占GDP的比重将达到58%左右，服务业对经济增长的贡献率将从2014年的62.8%提高到72.5%～79.6%左右。

第二，1978—2014年，在我国处于工业化快速发展阶段时，第二产业每增加一个百分点对经济增长的贡献率为0.62个百分点，第三产业每增加一个百分点对经济增长的贡献率为0.33个百分点。

第三，初步估计“十三五”期间服务业每增加1个百分点，对经济增长的贡献率将提升0.49个百分点，由此可以带动3.8～4.3个百分点的经济增长。

（2）现代服务业对创新的影响。以区域创新为例，服务业每增加1个百分点，区域创新能力将提高10.4个百分点；区域创新能力每增加1个百分点，服务业占GDP的比重将提高4.3个百分点。

（3）以现代服务业推动制造业转型升级。我国制造业做大做强的关键在于加快生产性服务业的发展，以生产性服务业引领制造业走向中高端。把握全球制造业高端化的大趋势，推动制造业向服务环节延伸和产品定价权向服务环节转移，推动制造业由生产型向服务型转型。当前，尤为重要的是要改革不合理的科研奖励制度，形成以成果为导向，着力形成向科技人员倾斜、有利于科研发展的大环境。

（4）以服务业为主导的产业结构引领经济新常态。

第一，形成6.5%左右的增长新常态。服务业增加值年均增长9%左右，就能为我国6.5%左右的经济增长奠定重要基础。

第二，形成新增就业不断扩大的新常态。有数据显示，2008年，我国GDP每增加1个百分点，新增就业只有70万～80万人左右；而到2013年，GDP每新增1个百分点，带动新增就业150万人。[1]这说明，就业不仅与经济增长相关联，也与产业结构变革相关联，服务业已成为

1 李克强:GDP增长1个百分点能拉动150万人就业[N].工人日报，2013-11-05.

扩大就业的主要渠道。

第三，形成大众创业、万众创新的新常态。现代服务业是朝阳产业，是目前广大社会成员创新创业最有发展前景的领域。

第四，形成利益结构逐步优化的新常态。随着服务业就业人数的增加，尤其是生产性服务业就业的增加，将有效改变利益结构，加快中等收入群体的形成。

第五，形成绿色增长和绿色转型的新常态。初步测算表明，如果第三产业占比从 46.1% 提高到 55%，以 2012 年 GDP 总量估算，我国能耗总量有望下降 14.16%，二氧化硫排放总量有望下降 18.23%。[1]

3. 消费对经济增长的拉动作用

（1）消费是拉动经济增长的重要驱动力。在服务型消费带动下，消费成为拉动经济增长的重要引擎。服务型消费的快速增长，将使投资与消费在拉动经济增长中的作用发生历史性变化，消费在拉动经济增长中的"主角"地位将逐步确立。2011 年，消费对经济增长的贡献率达到 62.83%，首次高于投资贡献率（45.35%）。2015 年，最终消费对 GDP 增长贡献率为 66.4%，比上年高出 14.8 个百分点，消费在拉动经济增长中"第一推动力"的地位日渐稳固。

（2）13 亿人的消费全面快速增长不仅是我国经济增长的最大亮点，也是经济转型的突出优势。尽管 2015 年我国经济增速有所下滑，但从实际来看，消费促进了产业变革，起到了稳定经济增长的作用。实践证明，消费既是生产的目的，也是生产的动力。

（3）以服务型消费引领新业态快速发展。消费结构变革驱动经济转型，服务型消费推动服务型经济比重和水平的提高，成为经济结构转型升级的驱动力。以健康服务业为例，近年来全球健康服务业在总支出中占比为 15.6% 左右，而我国只有 1.5% 左右。目前，我国对消费促进经济转型升级的作用重视还不够。通过供给侧结构性改革，释放 13 亿人

---

1 迟福林．形成服务业主导的产业结构 [N]. 人民日报，2015-08-26.

的消费需求，将形成我国经济增长的重要内生动力。

4. 新型城镇化对经济增长的重大作用

（1）人口城镇化仍是推动经济增长的重要动力。“十三五”加快人口城镇化进程，将释放出巨大的“发展红利”：不仅有利于拉动消费，还有利于拓宽投资空间，为去产能、去库存创造有利条件。有研究表明，城镇化水平每提高 1 个百分点，可拉动 GDP 增长 1.5 到 2 个百分点。预计到 2030 年，中小城镇将成为我国经济增长的最大推动力，其对城镇 GDP 增长的贡献将达到 40%。[1]

（2）人口城镇化能有效带动投资。有测算显示，近些年每增加一个城镇人口，可带动 10 万元左右的投资，如果 2.7 亿农民工转化为市民，将带动 27 万亿元政府投资。预计 2020 年我国常住人口城镇化率达到 60% 以上，由此带来的投资需求约为 42 万亿元。[2]

（3）人口城镇化能有效拉动消费。研究表明，城镇化率每提高 1 个百分点，城镇居民人均年消费支出将增加 2%。[3] 目前，我国城镇居民的消费是农民消费的 3.6 倍。未来 5 ～ 10 年，人口城镇化将带来巨大的消费潜力。

5.“十三五”转型发展要着力解决好五大关系

（1）速度与结构。“十三五”，我国经济转型既面临着短期经济下行压力的诸多矛盾困难，又面临着经济转型升级释放中长期发展潜力的重要机遇。在这个特定背景下，关键是把握好、谋划好经济转型与经济增长的路径依赖，以转型发展释放经济增长的巨大潜力。在保持 6% ～ 7% 经济增速的同时，要重视经济结构的调整和经济质量的提升。

（2）短期与中长期。不能就短期而论短期，把矛盾和隐患留给中长

---

1 周子勋 . 新型城镇化或将成为中国经济增长的新动力 [N]. 中国经济时报，2014-12-22.

2 陈青松 . 新型城镇化的金融大考 [N]. 中国企业报，2014-04-01.

3 朱敏 . 如何更好地发挥城镇化对消费的拉动作用 [N]. 中国经济时报，2013-05-13.

期。尤其是不能为了短期的经济增速，而推迟经济结构的调整。解决短期问题，需要从经济转型升级入手，立足2020这个中期化解短期矛盾，实现标本兼治。

（3）政策与体制。在当前的经济形势下，短期内政策刺激起托底作用。但化解经济下行压力，主要不是靠政策刺激，关键在于适应发展趋势，在制度创新中发挥政策的放大效应。而且，政策要与体制创新相配套，以促进制度创新。

（4）政府与市场。经济生活领域诸多的结构性矛盾源于过多的行政干预导致的政府与市场关系扭曲，但在去产能、去库存、去杠杆中又往往自觉不自觉地运用行政手段。结构性改革要防止政府进一步替代市场，高度防止政府主导型经济增长方式的回归。

（5）顶层设计与基层创新。结构性改革顶层设计很重要，基层改革创新更重要。我国是一个转型中的大国，地方情况千差万别，相当多的改革不能一刀切。改革需要发挥顶层推动和基层创新这两大优势。就是说，既要强化改革的顶层协调和顶层推动，以更大的决心和魄力突破既得利益。与此同时，按照经济转型升级的要求合理安排改革试点，鼓励地方结合实际进行探索创新，充分发挥基层首创精神。鼓励地方按照中央统一部署，结合本地实际先行先试。建立鼓励改革的激励机制，赋予地方政府更大的改革自主权，营造全社会改革的大环境。

三、以经济转型升级为主线的结构性改革

结构性改革的重要目标是促进经济转型升级。适应经济转型升级的趋势，推动经济转型升级是“十三五”规划的一大亮点。以结构性改革破解经济转型的结构性矛盾，关键是取决于结构性改革在多大程度上能适应经济转型的需求与趋势破题发力；取决于能否以结构性改革破解经济转型的结构性矛盾；取决于尽快推出一批具有重大牵引作用的供给侧结构性改革举措，以实现供给与需求的动态平衡。经济转型升级对结构

性改革提出了内在需求，对结构性改革的依赖性明显加大，结构性改革是促进经济转型升级最重要的条件。

1. 以服务业市场开放为重点的市场化改革

（1）从工业市场开放到服务业市场开放是个大趋势。无论是从工业主导向服务业主导的转型升级、从物质型消费为主向服务型消费为主的转型升级、从规模城镇化向人口城镇化的转型升级，都对服务业市场开放提出新的要求。“十三五”，市场化改革的关键是市场能不能适应工业变革、消费变革、城镇化变革的大趋势，发挥市场在服务业领域资源配置中的决定性作用。

改革开放 38 年来，工业领域的市场开放极大地激发了市场活力，在推动我国快速工业化进程中扮演了重要角色。“十三五”，实现由工业市场开放到服务业市场开放，将为我国服务业发展带来强劲动力，并由此释放出新一轮市场化改革的巨大红利。

（2）服务业市场开放滞后是市场化改革的“突出短板”。

第一，服务业市场化程度低。有数据显示，我国工业部门 80% 以上是制造业，属于高度市场化部门，而服务业 50% 以上仍被行政力量垄断，属于垄断竞争部门。[1]当前，教育、医疗、航空等服务业市场已经向社会资本开放。问题在于，这些领域的市场化改革滞后，国有企业在市场中仍处于垄断地位，民营企业往往处于弱势地位。

第二，服务业对外开放的程度较低。例如，我国上海、广东、天津和福建 4 个自由贸易试验区在推动服务业市场对外开放中扮演重要角色。但从 4 个自贸区共用的负面清单来看，对服务业的限制仍然比较多。例如，在负面清单 122 项特别管理措施中，有 80 余项是针对服务业，远高于国际一般水平。

第三，服务化水平低。由于相当多的服务业领域存在垄断现象，导致服务质量整体不高。近几年来，我国因服务质量问题引发的消费投诉

---

1 张斌 . 中国经济趋势下行的逻辑 [N].21 世纪经济报道，2013-10-14.

不断增多。例如，2010—2014年，我国消费者协会的万人服务投诉量由1.49件提高到2.08件，增长近39%。[1]

第四，服务价格高。在价格管制、缺乏有效竞争的情况下，不少服务业领域价格居高不下。例如，2015年，我国宽带平均上网速度全球排名第91位，而平均一兆每秒的接入费用却是发达国家的3～5倍。[2]

（3）服务业市场开放是市场化改革的“最大红利”。目前，服务业领域社会资本投资增速超过工业，服务业固定资产投资中社会资本占比过半，服务业市场开放可以扭转投资快速下降的势头。随着教育、医疗、电信等服务业市场的逐步放开，将为社会资本带来巨大的投资空间，社会资本进入服务业领域的势头将逐步加快。以健康服务业为例，预计到2020年我国消费总规模将高于医疗消费总规模，健康服务业市场潜力将高达8万亿元人民币。[3]

（4）服务业市场开放的重大任务。

第一，处理好行业利益和部门利益，打破服务业市场的行政垄断与市场垄断。

第二，推进服务业市场的便利化改革，使社会资本成为现代服务业发展的主体力量。

第三，全面放开服务业市场价格，以形成统一开放、公平竞争的市场体系。

第四，加快调整服务业与工业用地政策，实现工业与服务业政策平等。目前，服务业用地价格平均高于工业用地4～5倍，部分甚至高达9倍。

第五，全面完成服务业营改增。以促进服务业市场开放为导向加快

1 质量是服务业迈向中高端水平的关键[N]. 中国质量报，2015-12-09.

2 迟福林 . 转型闯关——“十三五”：结构性改革历史挑战[M]. 北京：中国工人出版社，2016.

3 王昌林 . 支撑7%的产业发展新动力[N]. 光明日报，2015-08-07.

税收政策调整，通过结构性减税为服务业发展创造良好的政策环境。

（5）以政府购买公共服务为重点加快公共服务业市场开放。在服务业市场开放中，政府的作用至关重要，但应减少政府过多的行政干预。在政府采购中，以高效率和低成本为目标，有效提高公共服务业供给效率，降低公共服务业的供给成本。

2. 以优化企业发展环境为重点的结构性政策调整与结构性改革

（1）经济转型时期优化企业发展环境具有紧迫性。在经济转型升级背景下，实体经济发展面临严峻挑战，应依靠市场为企业转型发展创造空间。在经济转型升级过程中，政府要为国企发展创造市场环境和市场空间，国企要创造机遇实现产品结构、组织结构和体制转型。积极稳妥的推进企业兼并重组。

当前，产能过剩已成为供给侧结构性改革的重大任务。在经济转型中某些产能过剩行业将逐步走出困境，在此过程中政府应对具有发展空间的"僵尸企业"给予适当的政策扶持。

（2）向企业"放权"要有新突破。近两年的简政放权在减少审批数量上取得重要进展，下一步重点是要减少企业的制度成本。

第一，借鉴国际商事制度经验，全面实施企业自主登记制度。目前，商事制度改革取得了重大进展，但改革仍有一定空间。

第二，适时取消企业一般投资项目备案制。在实体经济发展比较缓慢的特定背景下，尽快全面取消企业一般投资项目备案制，有利于创新市场发展的大环境。

第三，以公平竞争的政策取代产业政策。在工业起飞阶段，产业政策可以对工业发展起到十分重要的支撑作用。但在市场经济体制基本形成的背景下，应转变政府职能，加强市场监管，以公平竞争的市场政策取代产业政策。

（3）激发企业家精神，依法保护企业家财产权和创新收益。供给侧结构性改革的主角是企业和企业家，要重视产业变革中的企业家精神。要营造保护企业家财产权和创新收益的政策环境、法治环境、市场环境和社会环境。

（4）破题混合所有制。国有企业需要通过改革去产能。在当前财政收入增长缓慢的背景下，国有企业要脱困，需要在发展混合所有制上有新的突破，通过多种形式使社会资本能够参与国企改革，搞活企业。

3. 以服务贸易为重点的“二次开放”

（1）经济转型升级对服务贸易依赖性明显增强。与 2001 年我国加入 WTO 时不同，“十三五”我国外贸转型的突出挑战是服务贸易的双向市场开放。

第一，国内消费结构的升级要求加快以服务贸易为重点的对外开放进程。重点是发展服务型的制造业，并制定服务标准、消费标准和环保标准。为此，加快服务贸易对外开放，以适应国内消费结构升级的需求。

第二，全球新一轮贸易自由化的聚焦点在于服务贸易。加入 WTO 之后，我国的外贸政策聚焦货物贸易市场开放。目前，服务贸易不仅是双边和区域性自由贸易协定的聚焦点，也开始成为全球多边自由贸易协定的聚焦点。在这个背景下，对外开放需要更多的聚焦在以服务贸易为重点的市场开放上。

第三，服务贸易开放成为我国扩大开放的基本趋势。未来 5 年，以服务贸易为重点的全球自由贸易进程将明显加快，我国经济转型升级对服务贸易和服务业市场双向开放的依赖性明显增强。在这个大背景下，我国开放的特点、重点也都将发生明显变化。

在工业化初期，我国抓住全球货物贸易需求扩张和发达国家制造业转移的历史机遇，推动了制造业与全球的直接融合，成为全球第二大经济体和第一大货物贸易国，这为全球经济和贸易增长做出巨大贡献。

（2）服务贸易发展滞后成为我国供给侧的“短板”。我国已成为世界货物贸易的第一大国，但服务贸易占比偏低。2014 年，全球服务贸易占整个对外贸易的比重为 20% 左右，我国仅为 12.3%。2014 年，我国服务贸易额为 6043 亿美元，不足货物贸易额的 1/7。我国货物贸易额在全球货物贸易总额中占比超过 10%，而服务贸易额在全球服务贸易总额中占比仅为 6.2%。在世界前十大服务贸易国中，我国人均服务贸易额为 448 美元，是美国的 12%，德国的 6%，日本的 16%。这就需要把加快提升服务贸易水平作为优化贸易结构、扩大有效供给的重点。

（3）以服务贸易为重点加快“二次开放”。与以工业市场开放为重点、推动我国制造业全球化的“一次开放”相比，“二次开放”的历史使命是以服务贸易为重点全面实施自由贸易战略，有序推进服务业市场的双向开放，在开放中推进全球自由贸易进程，在开放中发挥我国在新一轮全球自由贸易中的重要作用。

（4）发展服务贸易需要特别重视建立中欧自贸区。2015 年 6 月 30 日，欧盟首次表态，支持开展中欧自由贸易区的可行性研究。建立中欧自贸区具有重要意义：一是将对完善全球治理结构和稳定经济增长起到重要作用；二是对于欧洲开辟我国市场和我国消费结构转型升级是一个双赢。如果我国与欧盟的服务贸易比重提高到 20%，双方服务贸易总额将达到 2000 亿～ 2200 亿欧元。这对我国经济转型升级将是一个巨大的促进，尤其是在环保、制造业服务化的技术转让方面。这就需要抓住机遇，做好中欧自贸区的可行性研究，并以服务贸易为重点开展中欧投资谈判和贸易谈判。

4. 以监管转型为重点的简政放权

（1）监管变革是简政放权向纵深发展的关键。在经济转型升级中，更好地发挥政府作用的关键在于监管转型，现实中经济社会转型改革难以突破与监管转型不到位紧密相关。与此同时，政府放权“一放就乱”的关键是市场监管转型滞后。因此，监管转型滞后成为简政放权改革的最大短板和重要掣肘，纵深推进简政放权需要把监管转型作为关键和重点。

（2）监管体制转型要有新举措。目前，审批权、监管权不分是最突出的矛盾。以证券市场监管为例，既有审批权，又有监管权，在现实中，导致相关人员将很大的精力放在审批上，进而忽视监管的独立性、专业性、权威性和标准性。要解决监管权和审批权不分的矛盾，关键是实现审批权和监管权相分离，并在监管转型中实现决策权、执行权、监督权相分离。

（3）保障市场监管机构的独立性、权威性、专业性。调整优化市场监管的行政权力结构，在金融领域、消费领域、反垄断领域尽快建立统一的、综合性市场监管机构，形成政府与社会协同的市场治理新格局。在强调政府市场监管主导作用的同时，积极引导各类市场主体自治，提升企业社会信用，促进市场主体自我约束，诚信经营，充分发挥行业组织的自律作用，以及社会舆论和社会公众的监督作用，逐步形成统一开放、竞争有序的市场生态环境，尽快建立起与市场经济发展阶段相适应的市场治理体系。

（4）监管变革是一场深刻的政府革命。监管变革涉及到政府理念、利益和权力结构等一系列变革，具有深刻性、复杂性，需要进一步凝聚改革共识，并以更大的决心和魄力破除既得利益。

第二章

“十三五”：经济转型大趋势

“十三五”，在我国转型发展的历史性特点十分突出的大背景下，抓住机遇、应对挑战，牢固树立创新、协调、绿色、开放、共享的发展理念，克服困难、闯过关口，释放转型发展的内需潜力。

2020：大陆经济转型升级的大趋势 *

最近，大陆上上下下各方面相当重视“十三五”。因为解决经济短期问题，进而奠定中长期发展的基础，关键在于“十三五”。“十三五”发展做得好，就会有未来 10 年、20 年可持续增长的良好前景。

一、2020：经济转型升级的历史关节点

1. 经济转型升级的最后“窗口期”

从 2015 年到 2020 年的 6 年，之所以说经济转型升级到了最后“窗口期”，就是由于国际经济发展环境和国内经济发展条件都发生了重大变化。

（1）国际经济发展环境的重大变化与经济转型。

——国际产业分工格局调整与经济转型。国际产业分工格局调整对经济转型形成很大压力。最近两年，欧美制造业回归和扩大出口，客观上使大陆和欧美的经济关系由原来的互补为主、逐步变为竞争与互补并存，而且竞争的因素逐步增多。

——新一轮科技革命、产业变革与经济转型。这场科技革命使信息化与产业变革深度融合，使生产方式、商业模式、增长领域、增长空

* 本文系作者在“江丙坤先生学术讲座”的专题报告发言，2014 年 12 月 29 日。

间正在或即将发生某些颠覆性的变化。麦肯锡公司的一份研究报告提出，从现在到 2025 年，互联网、新机器人等 12 项重大科技发明每年或可创造 13 万亿～ 26 万亿美元的新的经济价值。未来几年，这场科技革命带来的产业变革，既是经济转型升级的重大机遇，也是经济转型面临的严峻挑战：如果不能抓住新一轮科技革命提供的重大机遇加快推进经济转型升级，就会进一步拉大与发达国家的发展差距。

—— 国际能源格局变化与经济转型。国际能源格局变化也给大陆经济转型升级带来了巨大压力。美国能源的自给率从 2008 年的 76% 提升到 2013 年的 85%，对欧佩克的依赖度下降了 38%。欧盟计划到 2030 年，可再生能源占能源总消费的比例达到 27% 以上。美国提出到 2030 年，风力发电占用电总量的比例不少于 20%。由于仍以燃煤为主，大陆的温室气体排放总量已超过欧美的总和，人均排放量也超过了世界的平均水平。在“十二五”规划的所有约束性指标中，实现程度最低的有可能就是环保。这表明经济转型升级的压力进一步加大。

—— 世界及区域经济一体化进程与经济转型。关键的是 TTP、TTIP，我想大陆会以主动的姿态参与。问题在于，TPP 涉及到大陆 52% 的出口产品。如果出口产品结构不改变，就很难适应自由贸易的新形势，也很难把握在国际经贸中的主导权。

（2）内部经济发展条件的深刻变化与经济转型。

由于时间关系，我这里简要作了 4 个“明显”的概括：

——经济运行的潜在风险明显增大。

——低成本优势明显减弱。

——资源环境约束明显趋紧。

——社会矛盾和社会风险因素明显增多。

2. 跨越中等收入陷阱的临界点

（1）人均 GDP 达到中高收入国家水平。到 2020 年“十三五”结束的时候，如果经济增速不低于 6.5%，人均 GDP 将提高到 11000 美元左右达到中高收入国家的水平，如果顺利的话到 2025 年能够进入高收入国家行列。

（2）着力改善民生，调节收入分配结构，形成包容性发展的新局面。当前，大陆基尼系数仍然比较高：2014 年为 0.473，这虽比过去有所下降，但下降的幅度很小，收入不平等程度仍然较高，贫富差距仍然比较大，社会矛盾、社会风险因素仍然有增多的趋势。在这个背景下，在保持经济增速不低于 6.5% 的情况下，能不能着力改善民生，调节收入分配结构，形成包容性发展的新局面，对成功跨越中等收入陷阱至关重要。

未来 6 年，如果 GDP 年均增长不低于 6.5%，社会矛盾不酿成大的风险，到 2020 年大陆总体上将进入中高收入国家行列，从而为进入高收入国家行列打下具有决定性意义的基础。

3. 全面建成小康社会的关节点

（1）“十三五”是全面建成小康社会的时间节点。2020 年是很多重大发展目标实现的时间节点：早在邓小平时代，就宣布到 2020 年全面建成小康社会；20 世纪 90 年代初，又宣布到 2020 年建立比较完善的社会主义市场经济体制；2013 年的十八届三中全会又宣布 2020 年之前的几年是全面深化改革的攻坚期；十八届四中全会宣布 2020 年之前是全面建成依法治国的关键时期。

（2）“十三五”经济的年均增长若能保持在 6.5% 左右，就能实现经济总量 2020 年比 2010 年“翻一番”的目标。估计 2014 年 GDP 的增速为 7.4%，2015 年为 7%。这样的增长趋势，能够保证到 2020 年全面建成小康社会经济指标的实现。

二、2020：经济转型升级的趋势判断

1. 工业转型升级大趋势——从“中国制造”走向“中国智造”

（1）“十三五”是从工业化中后期走向工业化后期的关键 5 年。

——“十三五”实施创新驱动发展战略，推动工业的转型升级。创

新驱动将成为发展的核心战略，成为“十三五”最重要的一个导向性战略。

——“十三五”以信息化牵引工业结构升级将有重大突破。信息化和产业变革的深度融合，将推动工业转型升级实现重大突破。

——“十三五”一批战略性新兴产业及装备制造业将较快发展。尤其是以高铁为代表的制造业可能会发展得更快，“高铁”走出去将大大提升制造业全球布局的影响力。

（2）实现工业转型升级的关键是加快发展现代生产性服务业。到现在为止，大陆的生产性服务业占服务业的比重只有 15%。印度是 25%；德国这个先进制造业大国生产性服务业的比重占到 70% 左右，服务业在整个国民经济中的比重也不低于 70%。这些数字表明，服务业尤其是生产性服务业的发展空间巨大。

——“十三五”工业与服务业的深度融合，生产性服务业比重将有望从 15% 提高到 30% ～ 40%，重点是以研发为重点的生产性服务业的大发展。

——“十三五”将加快新一代信息技术开发，建设信息中国。

——“十三五”将形成以互联网、智能物流网、综合运输网、智能电网等为主的现代基础设施网络。

2. 城镇化转型升级大趋势——从规模城镇化走向人口城镇化

我一再谈谈人口城镇化。没有人口城镇化，农民工就难以实现市民化，就不会有全面的人的城镇化。人的城镇化是人口城镇化发展的必然要求。

（1）未来 5 ～ 10 年城镇化仍是发展的最大红利。

——“十三五”城镇化仍将处在较快发展阶段。做出这个判断的依据是：第一，现在的名义城镇化率是 53.6%，在 2020 年之前仍有可能年均提升 1 个百分点左右，估计到 2020 年将不低于 60%。第二，现在的人口城镇化率是 36%，估计到 2020 年将达到 52%。2012 年世界人口城镇化的平均水平是 52%，大陆到 2020 年才能赶上这个水平。差距就是发展的空间。未来 5 ～ 6 年，城镇化仍处在较快发展阶段。

——新型城镇化蕴藏着巨大的内需潜力。第一，农民工市民化是扩大内需的重要载体。第二，新型城镇化建设无论对投资，还是消费，都会带来巨大的市场空间。第三，在城镇化进程中推动城乡一体化，无论是农村的消费，还是农村的基础设施建设都蕴含着很大的潜力。大陆把扩大内需、拉动消费作为自己的突出的优势；把城镇化作为扩大内需、拉动消费的重要载体。

（2）“十三五”形成人口城镇化的新格局。

——基本实现农民工市民化。我一再呼吁，到 2020 年，“农民工”应当成为历史。

——全面实施居住证制度。10 年前到台湾地区考察，台湾人口管理的两个变化给我留下很深的印象：一是城乡居住证管理从警察局转到民政部门；二是从原来的人口控制变成人口服务。

——加大面向中小城镇的公共资源配置。大城市的教育、医疗等公共资源配置高于中小城镇，至少超过几倍。如果拿特大城市与中小城镇比，这个差距就更大。我们现在提出来，中小城镇要提高对农村转移人口的吸引力，核心的问题是加大中小城镇的公共资源配置，明显改善中小城镇的公共服务供给。这样才能将一部分农民工吸引到中西部、吸引到中小城镇安居乐业。

（3）探索破解城乡二元制度的历史性突破。

——城乡统一的建设用地市场。国有土地和农村建设用地建立统一的土地市场。这件事，现在正在做。

——城乡统一的社会保障制度。中共十八大提出，到 2020 年总体实现城乡基本公共服务均等化。我的看法是，重在建立城乡统一的社会保障制度，就是城乡制度统一、底线大致公平的社会保障制度。

——城乡统一的人口政策。就是在城乡全面放开“二孩”。能不能实行，各方面有不同的意见。我的看法是，到 2020 年也就是“十三五”末期，随着老龄化社会的到来，随着城镇化的较快发展，应当并且有条件在城乡统一实行放开“二孩”的人口政策。

3. 消费结构转型升级大趋势——从物质型消费走向服务型消费

（1）消费结构转型升级的阶段性特征。

——从生存型消费向发展型消费升级。当前，城镇居民的消费需求正由工业消费品为主向服务消费为主转变；农村居民的消费需求正由生活必需品为主向工业消费品为主转变。例如：城镇居民人均医疗保健、交通通信、文教娱乐三大消费支出占人均消费比重从 1985 年的 12.8% 上升到 2013 年的 34.1%。估计到 2020 年，这个支出占比有可能提高到 40% ～ 45%，成为城镇居民的消费大头。

——从传统消费向新型消费的升级。伴随着互联网的兴起和电子商务、物流快递等新型服务业态的快速发展，新型消费的增长很快。例如，2012 年信息消费为 1.7 万亿元，同比增长 29%；2013 年，信息消费规模达到 2.2 万亿元，同比增长 28%；2014 年上半年，信息消费规模达到 1.34 万亿元，同比增长 20%。估计未来 5 ～ 6 年，年均增长都会在 15% ～ 25% 这个区间。

（2）消费结构升级带来巨大的消费市场。

——消费结构升级拉动消费的较快增长。从最近这几年的数据看，扣除物价因素，消费的增加大都在 10% 以上。估计未来 6 年，只要消费供给创新跟上、消费环境得到进一步改善，年均消费增速仍不会低于两个百分点。

——消费结构升级带来消费规模的扩张。首先，消费结构升级带来新的消费大市场。根据麦肯锡 2012 年公布的报告，2011 年中国大陆医疗市场的规模是 3700 亿美元，估计到 2020 年，这个数字将高达 1 万亿美元，将是全世界医疗市场增长最快的市场之一。再如健康服务业，按照国家老龄委的估算，现在老年人的当期消费至少有 1 万亿元的需求。但是，由于产品供给、服务水平上不来，年实际消费大概在 2000 亿元左右。按照麦肯锡的估计，到 2020 年随着人口老龄化的加快，大陆健康服务业市场的总规模将高于医疗市场的总规模，达到 8 万亿元左右。现在，欧美一些大的保险公司都在做前期投入研究，就是因为他们看到未来5～10年的健康服务业市场是一个值得投资的潜在大市场。第二，从消费的总规模看，大陆社会消费品零售总额2011年仅为18.4万亿元，到2014年前11个月就达到23.7万亿元，估计到2020年有可能达到45～50万亿元，实现消费规模的倍增。第三，消费的阶段性特点突出。正是在消费结构升级的特定背景下，消费的特点也有所变化，正如不久前中央经济工作会议指出的，“过去我国消费具有明显的模仿型排浪式特征，现在模仿型排浪式消费基本结束，个性化、多样化消费渐成主流”。生存型消费阶段“一批一批的消费者”时代开始成为历史，服务型消费阶段“一个一个的消费者”时代开始到来。

（3）以释放消费潜力扩大内需。

——推动消费驱动的经济转型。我2008年提出这个观点，经济学界有不同的议论，现在大家逐步看到扩大内需、拉动消费是一个突出优势。

——创新消费供给，以适应个性化、多样化的消费需求。

——形成安全消费的市场环境。

三、2020：走向服务业大国的趋势判断

我的看法是，“十三五”的经济转型升级，取决于能不能从一个工业大国走向服务业大国。有些人担心，走向服务业大国会不会影响工业的发展。事实上，走向服务业大国不是不要工业，恰恰是推进工业转型升级的关键因素，是发展现代工业的必由之路。

1. 走向服务业大国的趋势逐步形成

（1）“新低”与“新高”。当前，经济转型升级正处在重要历史拐点。一方面，经济下行压力增大，今年第三季度GDP同比增速放缓至7.3%，创2009年一季度以来的新低；另一方面，经济结构升级的态势初步形成。今年前3季度，服务业增加值占国内生产总值的比重达到46.7%，

创历史新高，2014 年这一比重有望达到 48%，这比“十二五”规划的 47% 至少高出 1 个百分点。

（2）经济增长的动力正在发生变化。2001—2013 年，扣除价格因素后服务业增加值年均增长 10.6%。估计未来 5 ～ 10 年服务业增加值仍会以 10% 左右的速度增长。这表明，经济增长的动力正在发生重大变化。

2.“十三五”有望基本形成服务业主导的经济结构

2008—2013 年，即国际金融危机以来的 6 年中，大陆的服务业增加值从 13.1 万亿元增长到 26.2 万亿元，实现了规模上的倍增。未来 6 年，如果服务业增加值年均增长保持在 10% 左右，服务业总规模有望扩大到 48 万亿～ 53 万亿元，实现第二次倍增。

——“十三五”应当将服务业占比达到 55% 作为一个主要的约束性目标。

——人口城镇化为生活性服务业发展提供了重要载体。

——工业转型升级为生产性服务业发展注入内在动力。

3. 走向服务业主导的经济新常态

总的看法是，只有形成服务业主导的经济结构，才能在短期内保持 6.5% ～ 7.5% 的经济增速，才能走向长期稳定的经济新常态。

（1）形成中速增长的新常态。近几年，服务业每增长 1 个百分点，可以带动 GDP 增长约 0.4 个百分点。如果未来 6 年服务业增加值年均增长 10%，可以带动经济增长 4 个百分点左右，为中速增长的新常态奠定重要基础。

（2）形成新增就业不断扩大的新常态。2008 年，服务业增加值每增长 1 个百分点能创造约 70 万个新的就业岗位。2013 年，服务业增加值每增长 1 个百分点能创造约 100 万个新的就业岗位。未来 6 年服务业增加值按年均 10% 增长估计，每年吸纳的新增就业人口将达到 1000 万人左右。

（3）形成全社会创新创业的新常态。服务业主导不仅是形成新一轮创新创业潮的主要推动力，而且将为创新创业开辟巨大的市场空间，由此成为创新驱动的重要条件。

（4）形成可持续增长的新常态。如果服务业到2020年能达到55%，大概减少的标准煤消费量是4.5万亿吨，比现在下降14个百分点，产业结构调整将大幅降低对能源的过度依赖。

（5）形成利益结构和社会结构优化的新常态。服务业快速发展将带来中产阶层规模的不断扩大。到2020年，随着服务业主导地位的确立，服务业就业比重有望达到50%以上，服务业的就业人口将不少于4亿，由此将带动中产阶层的扩大。

四、2020：服务业市场开放的趋势判断

总的看法是：这些年服务业发展滞后，不是缺少资本、不是缺少需求，关键是服务业市场的开放与服务业的发展需求不相适应。服务业市场开放，有三个大的目标：

1. 社会资本将成为服务业发展的主体力量

（1）放开市场准入。在银行、证券、保险、电信、邮政快递等行业进一步放开市场准入，取消某些不合理的经营范围限制，并实现由行政监管为主向法治监管为主的转变。

（2）实质性打破对社会资本的限制。鼓励支持社会资本进入教育、医疗、健康、文化等领域。要以发展政府购买服务为重点，支持公益性社会组织在公共服务领域有所作为，发挥其独特的作用。

（3）加快公共资源配置市场化。例如，在城镇公用事业领域特许经营权的出让上全面引入竞争机制；在行政系统服务资源配置方面规范完善政府采购。

随着服务业比重的不断提高，以发展中小企业为重点，将拓宽社会资本的投资空间。最近半年多来，国务院已经陆续发了几个文件，鼓励社会资本进入养老服务业、文化产业、体育产业、服务外包等。

2. 形成全民创新、万众创业的新局面

"全民创新、万众创业"是国务院一再强调的政策目标。实现这一目标，服务业市场开放是重中之重。

（1）形成全社会创新创业的制度环境。

（2）发挥小微企业在创新驱动中的重要作用。

（3）支持大数据领域的创新创业。大数据战略将成为未来发展高科技产业的战略重点之一。

（4）建立创新创业的公共服务平台。

3. 服务业领域的对外开放进程将明显加快

消费结构升级、服务业市场的开放，将给扩大服务贸易创造最重要的条件。

（1）"十三五"服务贸易占贸易总量的比重有望从现在的 12% 左右提高到 20%。2013 年，大陆服务贸易占整个贸易的比重大约为 11.5 个百分点，2014 年 6 月底服务贸易占贸易总额 12.3 个百分点，世界平均水平大约为 18% 左右。虽然大陆已经成为服务贸易的第三经济体，但服务贸易发展与发达国家比有明显差距。如果按现在的进出口比例来算，到 2020 年服务贸易比重要提高到 20% 的话，当年服务贸易进口需求将高达 8 千亿美元，对欧盟的服务进口需求将高达 2 千亿欧元。我们一再建议，以服务贸易市场为重点的对外开放，适应消费结构升级的需求，将拉动现代服务业的发展，形成国际贸易的新优势。与此同时，上海自贸试验区在服务贸易开放方面还有很大的空间，此外还应推动广东与香港的服务贸易对接。估计再过几年，将实现内地与香港服务贸易的对接。

（2）实施负面清单管理制度和对外商投资实行准入前国民待遇。

（3）把服务业外商投资审批制改为登记备案制。

（4）扩大双边和区域服务贸易协定。

4. 加快推进结构性改革

（1）财税体制改革。财税体制改革对于促进消费结构升级，提高服务业发展水平至关重要。下一步将加快消费税等税制调整，优化财政支出结构，理顺中央与地方的职责分工与财力配置。

（2）金融体制改革。总体上看，金融体制、尤其是民营金融发展比较滞后，对实体经济的支持仍有大的差距。所以，应当鼓励与支持民营金融发展，建设多层次的金融市场体系，引导金融资源服务实体经济特别是服务业中小企业。

（3）教育结构改革。总的来看，教育改革是滞后的。“十三五”有两件事：一是幼儿教育有可能纳入义务教育；二是普及高中教育，有没有财力在十三五结束前把高中纳入义务教育范围，还有不同的看法。但是，经过政府与社会的多方面努力，“十三五”有条件的地方应当普及12年制义务教育。同时，大力发展现代职业教育，推动高等教育转型升级，形成与经济转型升级相适应的人才培养结构。我引用几个数字：一是劳动力素质，每万就业人口中研究人员的比例，美国是91个，日本是100个，德国是79个，中国大陆现在是27个；二是25～65岁成年人中大学生的比例，美国是42%，日本是46%，韩国40%，中国大陆仅为10%；三是中国大陆劳动年龄人口每年以200～300万的数字减少，但仍有600万大学生就业难。现在看来，不是就业需求问题，而是教育结构与经济社会发展的人才需求不相适应。加快教育体制改革，加快调整教育结构，尤其是加快发展现代职业教育，应当成为教育结构调整改革中的重大任务。

（4）社会领域改革。提高中产阶层比重，形成“橄榄形”的社会利益结构，是社会利益结构调整的重要目标。扩大中产阶层规模，重要的是提高服务业的就业人口比例。现在这个比例为35%左右，到2020年要提高到50%左右。另外，还要加大对中小企业的结构性减税、落实农民的土地财产权等。如果这几个问题都解决得好，到2020年估计中产阶层占比有可能提高10～15个百分点，从现在的25%提高到40%左右。这样，将有6亿人进入中产阶层。这无论对经济转型、社会利益结构调整都是十分重要的大事情。

到2020年，经济转型升级不仅是一个经济增长新常态的形成过程，还伴随着经济结构新常态、利益结构新常态、制度结构新常态的形成；不仅涉及经济领域的改革，还涉及到社会、文化、生态等各个领域的改革。

在这样的大背景下，我们建议的“十三五”规划框架性思路是：第一，以转型升级、创新驱动为主线。立足2020年、立足“十三五”化解短期矛盾、谋划长期发展，将此作为“十三五”规划的一个基本思考点。第二，以转型升级实现经济新常态。如果“十三五”GDP增速稳定在6%～7%区间，就会为转型改革预留下更大的空间。第三，以全面深化改革破题经济转型升级。深化改革和政策调整的关键是找到短期与中期的结合点。当前，全面深化改革的大趋势基本形成。以改革促转型，形成改革的新常态，经济转型升级就大有希望。

大陆经济转型升级的大趋势，将为台湾地区的企业提供重要的发展机会，为两岸的经济合作拓宽空间、提升水平带来更多的机遇。

“十三五”：中国经济转型趋势与增长前景 *

当前，在全球总需求不足、中国经济下行压力加大的背景下，国际社会对中国“十三五”经济增长的前景高度关注。我认为，“十三五”是中国现代化进程中的关键5年：调结构、转方式的关键在2020；决胜全面小康、跨越中等收入陷阱的关节点在2020；以结构性改革为重点全面深化改革的时间窗口期在2020。在这个历史大背景下，“十三五”以经济转型为主线的结构性改革取得突破性进展，对中国未来10年、20年的公平可持续发展具有决定性影响，对全球经济增长和世界经济格局也会产生重要影响。

一、“十三五”：中国经济转型升级的基本趋势

“十三五”，中国经济转型将呈现结构升级、内需潜力释放的趋势性变化，这是中国转型发展的突出优势与独特“资本”。

1. 基本形成以服务业为主导的产业结构

（1）“十三五”中国服务业发展空间巨大，将进入服务业较快发展的重要5年。

---

* 本文系作者在由中国驻葡萄牙大使馆和葡萄牙外交部共同举办的“中国大讲堂”开幕式上的演讲，2016年2月22日。

第一，2000—2015年的15年中，中国的服务业总规模每5年翻一番，从2000年的不到4万亿元人民币增长到2015年的34万亿元人民币左右。

第二，服务业占GDP的比重明显提高。2001年中国服务业占GDP的比重只有41.3%，到2015年占比提高到50.5%，首次超过50%。

第三，服务业开始成为拉动中国经济增长的主导力量。2014年中国GDP增长7%，其中第三产业拉动增长3.5个百分点，比第二产业高出0.1个百分点。

（2）“十三五”走向服务业主导的战略目标。

第一，到2020年服务业占比达到58%左右。“十三五”期间，中国服务业占比年均提高1.2个百分点是有可能的。预计到2020年，中国服务业占比将由现在的50.5%提升到58%左右，有可能接近60%，基本形成以服务业为主导的产业结构。

第二，服务业保持8%～9%的年均增长速度。估计在“十三五”期间，中国服务业增加值年均增长不低于8%是完全有可能的。

第三，中国服务业规模有望从2015年的34.2万亿元扩大到2020年的50.2万亿～52.6万亿元人民币。

第四，服务业结构优化。虽然目前中国服务业发展比较快，但是结构不合理的矛盾还很明显。以金融、科研、物流为重点的生产性服务业占GDP的比重只有15%。随着中国生产性服务业的加快发展，估计到2020年生产性服务业占GDP的比重将达到25%以上。由此拉动中国制造业的转型升级。

（3）中国有条件实现服务业主导的基本目标。

第一，服务业占比提升空间很大。中国已经进入工业化中后期，服务业发展大有空间。例如，与发达国家比，中国服务业占比低20个百分点左右；与同类国家比，也要低10个百分点左右。

第二，中国正处在制造业变革的关键时期，即由生产型制造向服务型制造的转型升级。制造业的转型升级对服务业、尤其是以研发为重点的生产性服务业发展提出了迫切需求。

第三，中国消费结构已经开始发生深刻变化，教育、医疗、健康、旅游等服务型消费需求快速增长，成为服务业加快发展的重要推动力。

（4）以服务业为主导的产业结构引领中国经济新常态。

第一，形成就业增长的新格局。就业问题既与速度相关联，更与产业结构相关联。2008 年，中国 GDP 每增长 1 个百分点，吸纳城镇新增就业为 70 万～ 80 万人。2013 年，中国 GDP 每增长 1 个百分点，可以吸纳城镇新增就业 150 万～ 170 万人。

第二，形成绿色发展的新常态。实现绿色发展需要产业结构变革。初步测算，如果中国服务业占比从 46.1% 提高到 55%，以 2012 年 GDP 总量估算，中国能耗总量将下降 14.16%，二氧化硫排放总量将下降 18.23%。

2. 基本形成户籍人口城镇化的新格局

（1）中国进入人口城镇化发展的新阶段。目前，中国城镇化的突出矛盾是户籍人口城镇化率偏低。2015 年中国城镇化率达到 56.1%，但户籍人口城镇化率只有 38% 左右，相差 17 个百分点。

（2）中国走向人口城镇化的战略目标。“十三五”中国户籍人口城镇化率有可能每年以不低于 2 个百分点的速度提升。估计到 2020 年，中国规模城镇化率有可能超过 60%，户籍人口城镇化率有可能由 38% 左右提高到 50% 左右，两者差距缩小到 10 个百分点以内。

（3）以居住证制度取代城乡二元户籍制度。中共十八届五中全会提出“全面实施居住证制度”。“十三五”，深化户籍制度改革，不能把“暂住证”换个名变成“居住证”，也不能长期实行户籍制度和居住证制度的“双轨制”，而是要以居住证全面取代城乡二元户籍制度，实现省际间居住证制度的相互衔接、基本公共服务制度城乡对接，到 2020 年基本建立以身份证号为唯一标识、全国统一的居住证制度。

（4）人口城镇化是中国未来 5 年转型发展的“最大红利”。一是如果中国规模城镇化率从现在的 54.6% 提高到 2020 年的 60%，中国以公共设施为重点的投资将新增42万亿元人民币；二是目前中国城乡居民消费水平相差2.9倍左右，以此推算，“十三五”期间，如果2亿多农民工成为真正的城市居民，估计将带来3.3万亿元左右的新增消费规模；三是通过户籍制度、基本公共服务制度改革，优化劳动要素配置，将明显增加城镇劳动力供给，并由此延长人口红利期。

3. 基本形成消费主导的经济增长新格局

（1）中国城乡居民消费规模不断扩大。中国社会消费品零售总额由2011年的18.39万亿元增长到2015年的30.09万亿元，年均增速达到13.4%；到2020年消费规模有可能达到45万亿～50万亿元人民币，这对全球经济增长将是一个重大利好。

（2）消费结构正在快速升级。“十三五”，中国将实现由物质型消费为主向服务型消费为主的转变。以健康服务业为例，估计到2020年中国健康产业产值规模将高达10万亿元人民币左右。健康服务业将成为中国“十三五”增长速度最快、发展潜力最大的产业之一。

（3）“十三五”中国形成消费驱动经济增长的战略目标。

第一，消费年均增长10%左右。估计“十三五”期间，中国社会消费品零售总额增速将超过GDP增速3个百分点以上，达到10%。

第二，消费对经济增长贡献率稳定在65%左右。14亿人的消费大市场，不仅是拉动中国经济增长的主要推动力，也是拉动全球经济增长的重要因素。例如，2016年春节期间中国游客出境游人数接近600万人，消费规模达到900亿元人民币。

4. 基本形成以服务贸易为重点的对外开放新格局

（1）经济转型升级对服务贸易依赖性明显增强。与2001年中国加入WTO时的对外贸易不同，如今中国面临的突出挑战是服务贸易的双向市场开放。

（2）以服务贸易为重点优化对外贸易结构。中国已经成为第二大贸易大国，但服务贸易比重还比较低。2014年，全球服务贸易占对外贸易比重是20.6%，中国只有12.3%。

（3）以服务贸易为重点推动“二次开放”。争取到2020年中国服务贸易占对外贸易的比重至少达到20%，由此形成以服务贸易为重点的对外开放新格局。

（4）以服务贸易为重点推进双边、多边、区域性、全球性自由贸易进程。中国的“一带一路”战略的目的是促进双边、多边、区域性、全球性的自贸进程。

（5）加快中欧自贸区建设的可行性研究。2015年我6次到访欧洲，我所在的研究机构和欧洲相关智库正在进行中欧自贸区可行性研究的交流合作。目前各方的疑问是，中欧投资贸易协定还没有谈成，能谈服务贸易和自由贸易吗？我认为，第一，从中欧贸易实际情况看，投资贸易很大程度上已经和服务贸易融合在一起。第二，中欧自由贸易的最大潜力在服务贸易。到2020年，如果中国服务贸易总额达到1.2万亿美元，与欧盟的服务贸易比重由2013年的13.2%提高到20%，双方服务贸易总额将达到2000亿～2200亿欧元。第三，如果等投资贸易协定达到后再来谈自由贸易，恐怕至少需要5年。5年以后再来谈中欧自贸区建设，会错过很多重要的市场机会，甚至会错过重要的历史机遇。为此，我建议尽快启动中欧自贸区可行性谈判。一是尽快推进中欧投资协定谈判和中欧自贸区谈判同步进行；二是尽快开展可行性联合研究。中欧智库的交流合作可以为共建中欧自贸区提供智力支持、舆论氛围和民意基础。

二、“十三五”：中国经济增长前景的几点判断

如果中国经济转型能够基本成功，预计“十三五”中国将保持6%～7%的增长，年均增长有望达到6.5%。这不仅是速度增长，更是结构和质量的提升；不仅意味着中国将成功跨越中等收入陷阱，也意味着中国对新阶段世界经济增长将带来稳定贡献。

1. 中国对世界经济增长贡献率将保持在 25% 左右

2008 年国际金融危机爆发后，中国 2009 年、2010 年连续两年对全球 GDP 增长的贡献超过 50%；2015 年前三季度中国经济增长对世界的贡献率达到 30% 左右。中国人口占全球人口的比重为 20%，2013 年经济总量占全球的 12.3%。估计“十三五”期间中国经济增长对世界贡献将保持在 25% 左右。

2. 形成全球经济治理变革的重要动力

随着中国增长总量的提升、“一带一路”国家战略的实施，中国在改善全球经济治理结构中将发挥更大作用。2015 年中国人民币加入 SDR，占有 10.92% 的权重，仅次于美元和欧元，位居第三；IMF 投票权的改革，中国投票权占比从 3.996% 提高至 6.394%，升至第三位；亚投行、金砖国家开发银行、丝路基金等新国际治理新机制开始运行并发挥作用；在“一带一路”战略下，会有更多资本和企业“走出去”。

三、“十三五”：中国结构性改革的重大任务

当前，中国转型发展的特点突出：一方面，经济结构调整的矛盾与风险日益增多，经济下行压力明显加大；另一方面，经济转型升级蕴藏着巨大的内需潜力与市场空间。在这个特定背景下，中国不仅需要宏观经济政策的调整，更需要结构性改革的重点突破；不仅需要需求侧结构性改革，更需要供给侧结构性改革。

1. 中国为什么要着力推进供给侧结构性改革

（1）着力解决需求与供给的结构性矛盾。过去解决中国经济问题，主要是靠短期刺激和需求政策，这对稳定经济发挥了一定作用，但是也带来了产能过剩等问题。为此，要在适度扩大总需求的同时，着力加大供给侧结构性改革力度，提高供给体系的质量和效率。

（2）着力解决消费与投资的结构性矛盾。例如，中国已经进入老龄化社会，目前老年人消费需求不低于 1 万亿元人民币，而实际有效供

给不足2000亿元人民币。在中国消费升级的过程中，中国和欧盟、中国和葡萄牙的互补性很强，我们应当达成共识，使得双方的合作实现共赢。

（3）着力解决政策与体制的结构性矛盾。当前，中国既面临着总量问题，也面临着结构性问题，但结构性问题更为突出：一些行业产能过剩严重，根源在于投资结构与消费结构的错配；中国金融杠杆过高的问题，根源也在于金融结构与实体经济需求不相适应。也就是说，如果不解决结构性的矛盾和问题，解决总量问题的一些政策效果会大打折扣。因此，中国化解经济下行压力，主要不是靠政策刺激，而是需要推进相应的制度调整与制度创新。中国不仅需要缓解或者化解短期经济增长的矛盾和困难，更需要引领经济结构转型升级，上一个新台阶。

2. 结构性改革的重大任务

（1）以服务业市场开放为重点推进市场化改革。目前，中国制造业的市场开放程度达到80%以上，而服务业市场开放只有50%左右。推进供给侧结构性改革，“重头戏”在于推进服务业的市场开放，这不仅能够为去产能、去库存、去杠杆创造有利条件，还能有效释放市场的活力与空间。

（2）以破题去产能为重点，调整优化国有资本布局。第一，部分国有资本需要通过优化重组实现去产能和转型升级的双重目标。对于钢铁、煤炭、有色金属等产能严重过剩领域的国有资本，加大国企并购重组力度，提升产业集中度，进而在整体优化国家生产布局上发挥重大作用。第二，部分国有资本转移到公共服务领域，一些确实需要从所在产业领域退出的国企，可以采取国家扶持、转换为公益性国企等办法推进改革。第三，争取到2020年，形成国有资本合理配置的新格局，明显提高国有资本使用效率。

（3）加快户籍制度改革。如果能在以居住证为重点的户籍制度改革中取得突破，中国的城乡一体化将取得重大进展，从而释放农村居民市民化的巨大红利。这是应对中国经济下行压力、奠定社会公平基础的一个重大举措。

（4）以监管变革为重点深化简政放权改革。中国经济转型发展的最大潜力在于正确处理好政府与市场关系。监管转型滞后已经成为中国简政放权纵深发展的“最大短板”。无论是简政放权向纵深推进，还是消费结构升级、释放内需潜力，都直接依赖于市场监管的有效性。“十三五”，在强化政府监管职能的同时，需要加快形成政府与社会协同的市场治理体系。

“十三五”，如果中国在结构性改革尤其是供给侧结构性改革实现预期目标，中国经济就有好的增长前景，对世界经济增长的贡献也将会越来越大。

“十三五”：以结构性改革推动转型升级 *

一、“十三五”：经济转型升级的基本趋势

“十三五”是我国现代化进程中的关键5年，历史性转型的特点十分突出。“十三五”头一两年，经济下行压力与结构调整去产能化的矛盾困难将会有所增大。如果能抓住机遇，加快转型升级，不仅能缓解或者化解矛盾，更重要的是通过转型升级引领经济结构上一个新台阶，为全面建成小康社会的新目标奠定坚实基础。

二、基本形成以服务业为主体的产业结构

1.“十三五”我国服务业发展空间巨大

与印度、俄罗斯等金砖国家相比，我国服务业占GDP的比重要低10个百分点左右；与发达国家相比，低20个百分点以上；与进入工业化中后期的实际需求相比，至少相差5个百分点以上。在这个起点上，“十三五”服务业将呈现较快的发展势头，有望至少年均增长1.2～1.5个百分点。

---

* 本文载于《经济参考报》，2015年12月16日。

2. 服务业不仅速度在增长，而且结构也在发生重要变化

从规模看，“十三五”服务业增加值占GDP的比重将明显提升，到2020年我国服务业占比将由现在的52%左右提升到58%左右，有可能接近60%，由此我国将基本形成以服务业为主导的产业结构；从结构看，与制造业转型升级相适应，以研发、金融、物流等为重点的生产性服务业占GDP的比重将从现在的15%左右提升至2020年的30%左右。

3. 以服务业发展推动制造业转型升级

应当看到，以服务业为主导是新阶段实现制造业强国的战略选择。第一，我国的制造业大而不强，制造业人均产值只等于发达国家的1/3，主要原因在于以研发为重点的生产性服务业比重严重偏低。第二，从发展趋势看，制造业转型升级主要依靠以研发为重点的生产性服务业，这是个基本规律。第三，形成以现代服务业为主导的产业结构不是不要工业，恰恰是工业转型升级的客观需求。

4. 以服务业为主导的产业结构将引领经济新常态

有数据显示，2008年GDP每增长1个百分点，新增就业能达到70万～80万人左右；而2013年GDP每增长1个百分点，新增就业能达到150万人左右。也就是说，就业问题既与速度相关联，也和产业结构相关联，以服务业为主体的产业结构将是解决我国就业问题的主要载体。

三、基本形成户籍人口城镇化的新格局

1. 推进规模城镇化向人口城镇化转型

释放新需求、创造新供给的一个重要载体是人口城镇化。按照十八届五中全会加快提高“十三五”户籍人口城镇化率的要求，深化户籍制度改革、加快推动城乡基本公共服务均等化，“十三五”户籍人口城镇化有可能每年以不低于2个百分点的速度提升。估计到2020年，我国规模城镇化率将有可能超过60%，户籍人口城镇化率将由2014年的

36.6% 提高到 50% 左右。其中，关键是“让农民工成为历史”。

2. 户籍制度改革要有新思路

十八届五中全会建议中有两个提法特别重要：一是深化户籍制度改革；二是实施居住证制度。深化户籍制度改革要推进三方面重要转变：第一，由对人口的控制向对人口的服务与管理转变。第二，由城乡两元户籍制度向居住证制度的转变。实施居住证制度，就是不再分城市和农村户籍。第三，人口管理将由治安部门的管理向人口服务部门的管理转变。

四、基本形成消费主导的经济增长新格局

1. “十三五”我国将实现由物质型消费为主向服务型消费为主的转变

目前，我国城镇居民用于物质型消费的比重为 60%，估计服务型消费支出的比重将由现在的 40 个百分点增长到 2020 年 50 个百分点左右，甚至会超过 50%，一些发达地区将达到 60% 以上。有机构预测，到 2020 年我国健康服务型消费将高达 14 万亿～ 16 万亿人民币。健康服务业将成为“十三五”增长速度最快、发展潜力最大的产业之一。

2. “十三五”期间我国消费规模将呈现较快的增长趋势

据统计，2015 年 10 月份社会消费品零售总额增长 11%，高于 GDP 的 3 ～ 4 个百分点。估计“十三五”期间，我国社会消费品零售总额增长仍保持高于 GDP2 ～ 3 个百分点的速度增长，平均将会达到 10% 左右，最低也能保持 8% 以上。

3. “十三五”时期消费对经济增长的贡献率将明显提升

2015 年前三季度，消费对经济增长的贡献率达到 58.4%，估计“十三五”期间，消费对经济增长的贡献率将保持在 60% ～ 65% 的区间。消费将成为拉动经济增长的主要推动力。

消费结构变化为经济增长带来内生动力。经济学界有人认为消费只是生产的目的，不可能成为拉动增长的动力。应当看到，消费确实是生

产的目的，但是现实生活中消费的确已经成为拉动经济增长的动力。以饮食习惯为例，随着温饱问题的基本解决，人们开始关注饮食的营养、特色和环境，由此为经济发展提供新的动力来源，并引发经济结构服务化的重大变化。

五、基本形成以服务贸易为重点的对外开放新格局

1. 经济转型升级对服务贸易依赖性明显增强

以服务贸易为重点的新一轮全球化方兴未艾。“十三五”如果能在以服务贸易为重点的双向市场开放有所突破，不仅关系到国内经济结构升级，还关系到我国在新一轮全球自由贸易进程中扮演的重要角色。

2. 以服务贸易为重点加快国内自贸区建设

目前，国内 4 个自贸区在实施负面清单管理中取得了明显成效。在新一轮全球化过程中，自贸区的使命是以服务贸易开放为重要目标。例如，4 个自贸区共用的 122 项负面清单中，有 80 余项针对服务业。在新一轮全球自由贸易进程中适应国内经济转型升级的需求，需要国内 4 个自贸区在服务贸易上实现重大突破，为全国提供可复制、可推广的重要实践经验。

3. 以服务贸易为重点推进双边、多边、区域性、全球性自由贸易进程

适应快速上升的全球服务贸易需求，有序推进服务业市场双向开放，打破发达国家服务贸易出口管制，成为扩大服务贸易、加快自由贸易进程的重大任务。第一，把提高服务贸易比重作为“十三五”对外开放的重大任务。制定“十三五”服务贸易发展目标，使其总额增长到 1 万亿美元，占外贸比重提高到 20%。第二，把加快服务业开放作为双边、多边自由贸易的重点，加快与“一带一路”沿线国家或地区商建自由贸易区网络，扩大双边和区域服务贸易协定，打破对我国的服务贸易壁垒。第三，大力发展服务外包，推动服务业企业“走出去”。第四，

推动中国与欧盟自贸区的可行性研究，争取“十三五”前两年中欧双边自贸区建设实现新突破。

六、“十三五”：结构性改革的重点任务

最近，供给侧结构性改革成为各方热议的话题。从实践看，我国向以服务业为主体的经济结构转型升级面临着一系列政策性、体制性的结构性矛盾，有需求端的问题，更有供给侧的问题。比如电讯领域，由于全球市场的开放，我国电讯业这些年年均增长都在 20% 以上。从另一个侧面来看，我国有需求无供给的矛盾比较突出。以老年人消费为例，我国开始进入老龄化社会，老年人的养老消费至少有 1 万亿元的潜在需求，但年实际消费大约只有 2000 亿元，供给侧的结构性矛盾问题相当突出。这就需要解决政策性、体制性的结构性矛盾，使得供给和消费需求相适应，实现供给和需求的动态平衡。

1. 结构性改革的首要任务是服务业市场的开放

（1）有效供给不足的突出瓶颈是服务业市场开放严重滞后。随着服务型消费需求的全面快速增长，服务业市场开放滞后的矛盾凸显。当前服务业市场大致是“三低一高”：市场化程度低，50% 以上的服务部门都存在各种形式的行政或市场垄断现象；对外开放程度低，虽然自贸区在服务业扩大开放方面走在全国前列，但是对服务贸易的限制仍比较多；服务化程度低，如规模房地产发展的速度相当快，但服务性房地产的雏形尚未出现；价格高，例如 2014 年我国的宽带平均上网速度全球排在第 75 位，但平均 1 兆每秒的接入费用却是发达国家的 3 ～ 5 倍。

（2）服务业市场的开放既是市场化改革的“重头戏”，又是释放改革红利的重要来源。“十三五”发挥市场在资源配置中的决定性作用，突出矛盾在服务业领域，这就需要尽快打破服务业市场的行政垄断与市场垄断，全面放开竞争性领域服务市场价格，以形成统一开放、公平竞争的市场体系；这就需要推进服务业准入的便利化改革，使社会资本成为

现代服务业发展的主体。

（3）服务业市场开放牵动影响“十三五”转型发展的全局。发展现代服务业行动的关键是尽快制定“十三五”服务业市场开放行动计划。要使消费对经济增长的贡献明显加大，需要通过服务业市场开放，扩大服务供给能力；要形成以服务业为主导的产业结构，需要通过服务业市场开放，形成有效投资；要形成以服务贸易为重点的开放型经济新格局，需要有序扩大服务业对外开放，并通过服务业市场的双向开放，加快双边、多边自由贸易进程。

（4）服务业市场开放的重点任务。第一，放开服务业价格的管制。第二，打破服务业领域的行政垄断，通过市场竞争降低成本、提高效率、做大蛋糕。第三，服务业领域对社会资本全面开放。第四，加大政府购买公共服务的力度。

2. 深化金融体制改革

当前，金融结构、金融体制与经济转型升级、实体经济发展、创新创业不相适应的矛盾越来越突出。第一，加快银行业的结构转型，与创新创业相适应，发展民间资本为主体的各类中小型民营银行。第二，加快推出资本市场注册制，充分发挥资本市场支持实体经济的重大作用。第三，完善金融监管，推进金融监管从分业监管到混业监管的转型。第四，人民币加入 SDR 后，如何实现金融业双向开放已成为金融结构和金融体制改革的新课题。

3. 深化财税体制改革

在实体经济下行压力增大的特定背景下，需要深化财税体制改革，建立健全有利于转变经济发展方式、形成全国统一市场、促进社会公平正义的现代财政制度。第一，增大基本公共服务支出，建立更加公平、更可持续的社会保障制度，不仅是全面建设小康社会的要求，也是释放新需求的重要条件。第二，加大对中小企业的减税力度，对服务业领域推行定向减税。第三，加快完成“营改增”，破题消费税改革，使消费税成为地方主体税种。第四，理顺中央与地方财税关系，比如国税、地税的合并是大势所趋，条件已经成熟，建议尽快启动。

4. 推进教育结构改革

现代服务业发展与现有人力资源结构不匹配的矛盾比较突出。我国有一个数量型人口红利递减的问题，但也要看到，现在每年700多万的大学生就业问题已经成为就业市场的突出矛盾。教育结构对经济转型升级的人才供给、需求严重不相适应。为此，供给侧结构性改革需要把调整教育结构摆在突出位置。实现教育体制从考试型、封闭性、行政化向能力型、开放性、专业化的转变，成为结构性改革的重大任务。

5. 以简政放权为重点的改革

（1）激活市场、解放企业。解决好政府与企业的关系需要打通简政放权的“最后一公里”。第一，全面实施企业自主登记的实施条件已经成熟。第二，取消企业一般投资项目备案制。第三，不用或少用产业政策干预企业行为。第四，发挥企业家的作用，保护企业家，发挥企业家的积极性。

（2）推进监管转型。第一，审批和监管相分离，改变以审批取代监管、谁审批、谁监管的传统模式。第二，实行统一监管，改变“九龙治水”与监管失灵。第三，放管结合需要加强市场监管，但不能以监管为名增加企业负担，这就需要加快推进监管体制由行政监管为主向法治化监管为主的转型。

（3）把权力关进制度的笼子里。在全面实施负面清单管理的同时加强权力清单、责任清单，探索实行公共财政预算清单。

把握“十三五”消费主导经济增长新格局*

13亿人的潜在消费需求是中国扩大内需、实现经济可持续增长的突出优势。“十二五”这5年中国正在悄悄地经历着一场消费结构升级的“革命”。2015年上半年，第三产业增加值占国内生产总值的比重为49.5%，创历史新高。当前，中国经济增长格局正在发生两个重大变化：一是第三产业增加值高于第二产业，到2015年6月底，已高出5.8个百分点，以服务业为主体的产业结构的形成正在成为一个大趋势；二是消费对经济增长的贡献明显提高，到2015年上半年，最终消费支出对国内生产总值增长的贡献率为60%，以消费主导的经济增长新格局的形成正在成为一个大趋势。“十二五”开始的“消费革命”及其蕴藏着的巨大消费潜力，不仅成为中国“十三五”经济增长的突出优势，而且成为中国“十三五”经济转型升级的重要动力。

一、消费结构升级是“十二五”“消费革命”的内在推动力

“十二五”中国开始进入到大众消费的新时代，大众需求、平民消费成为这个时代的突出特点。与过去消费结构相比，中国城乡居民消费结构正在由生存型消费向发展型消费升级、由物质型消费向服务型消费

* 本文载于《中国日报》中文网，2015年10月12日。

升级、由传统消费向新型消费升级，并且这一升级的趋势越来越明显，速度越来越快。中国新阶段消费结构升级的时代特征，既反映了经济增长中的一般规律，更反映了中国自身转型升级的突出特点。

二、“十三五”中国正处在形成消费主导的经济增长新格局的历史关节点

首先，“十三五”消费升级扩大的趋势明显。主要表现在：一是目前中国最终消费率为 50% 左右，比发达国家平均水平低 30 个百分点左右。在这种情况下，担心中国会不会陷入美国的过度消费模式是缺乏根据的。二是消费理念、消费结构、消费模式趋势性变化，即多样化、个性化特点十分突出。例如，现在老年人的当期消费至少有 1 万亿元人民币的消费需求潜力。但是，由于产品供给短缺、服务水平上不来，年实际消费大概在 2000 亿元人民币左右。三是人口结构变化、城乡一体化进程拉动消费。四是消费个性化、多样化推动服务型经济加快发展。另外，“十三五”消费总量有望实现倍增。第一，预计最终消费率将从 2014 年的 51.2% 提高至 60% 以上，居民消费率达到 50% 左右。当前，中国居民消费占 GDP 的比重一直处于下降通道之中，由 1978 年的 48.8% 降至 2013 年的 36.2%，而政府消费则相对稳定。第二，预计消费总规模有可能从 2014 年的 30.7 万亿元扩大到 2020 年的 50 万亿元左右。第三，消费对经济增长贡献率明显提升。到 2020 年，消费对增长的贡献率将高于 60%。13 亿人的巨大的消费市场，不仅是支撑中国经济增长的重要因素，而且将成为世界经济再平衡的重要推动力。

三、“十三五”要加快推进服务业主导的经济转型

在此主要讨论两个问题：第一，服务业主导的经济转型是否有利于现代工业的发展？工业与服务业的深度融合是一个大趋势，制造业信息

化、服务化、全球化也是一个大趋势。没有现代服务经济的发展就没有现代工业。发展服务业不是不要工业，而恰恰是在新一轮工业革命和产业变革下通过发展以研发为重点的现代生产性服务业带动新兴工业的发展。第二，拉动消费是否有利于扩大投资？从短期看，投资是有可能促进经济增长的，但从中长期看，投资必须有效地转化为消费，才能形成真正的增长动力。就是说，扩大消费，有利于推动投资转型，有利于拉动有效投资。

四、以转型改革破题服务业主导的转型升级

“十三五”中国正处在工业化的中后期，推进工业主导向服务业主导的产业变革，不仅是经济转型升级的内在需求，而且是释放巨大消费潜力的关键所在。首先，服务业市场全面开放是重点。服务业市场开放既是经济结构调整的关键，又是市场化改革的战略重点。改革开放37年来，工业部门绝大多数领域的市场已经高度开放，但服务业领域市场开放严重不足，服务业难以利用国内社会资本和外资做大“蛋糕”。其次，以结构性改革破解服务业发展的结构性矛盾。这需要加快打破结构性矛盾带来的掣肘，加快推进财政、税收、金融、教育等结构性改革。再次，以政府购买公共服务为重点加快公共服务业市场开放。随着全社会公共产品需求全面快速增长，以政府机构和事业机构为主的传统公共服务体制难以为继。以政府购买服务为重点加快公共服务业市场开放，充分利用市场力量、社会力量扩大公共服务供给，争取使政府采购规模占财政支出比重从2013年的11.7%提高到2020年的15%～20%，服务类占政府采购总额比重从2013年的9.4%提高到30%左右。

中国正处于转型变革的关键时期，观察中国、分析中国，不能只看短期，而要“明大势、看大局”。“十三五”中国基本实现由工业主导向服务业主导的经济转型，将释放巨大的消费潜力与巨大的增长潜力。

着力推进消费主导的经济转型*

当前，面对世界经济深度调整和复杂多变的新形势，中国经济增长前景如何，成为国内外普遍关注的焦点。在我看来，尽管面临着增长下行的压力，但由于有着13亿人内需大市场的突出优势，有着全社会消费升级的重要历史机遇，有着人口城镇化的巨大潜力，只要坚定地发挥市场的决定性作用，只要消费主导经济转型取得实质性突破，我国就有经济持续增长的动力。

一、以释放13亿人市场潜力奠定中速增长的坚实基础

随着13亿人消费结构的不断升级、消费水平的不断提高、消费倾向的不断改善，以及消费释放带来的投资需求的不断扩大，我国内需市场的潜力将呈现不断扩大的趋势，成为世界经济版图中最为重要的市场之一。

1. 消费需求规模巨大

近几年，我国社会消费品零售总额快速增长。2010年为15.7万亿元，2013年达到23.4万亿元，年均增长超过13%。我国与美国等发达国家消费总额距离迅速缩小。2007年我国消费总额仅相当于美国的

---

* 本文系作者提交全国政协十二届二次会议书面发言，2014年3月。

13%，而到2012年迅速提高到27.20%，翻了一倍；在人均消费水平上，2007年我国相当于美国的29.67%，2010年提高到47.20%。保守估算，到2020年，我国消费规模有望达到45～50万亿元；乐观估算，有望达到50万亿～60万亿元，成为世界的大市场。

2. 巨大的消费潜力将带来有效投资的广阔空间

这既有利于短期内消化过剩产能，又有利于形成持续增长的强大动力。例如，当前我国城乡居民对健康、文化的需求不断提高。如果健康产业占GDP比重从当前的5%左右提高到美国2009年17.6%的水平，按2012年经济总量估算，将需要2.6万亿元新增投资；再例如，要进一步加强雾霾等大气污染治理，需要大量新增投资。仅治理首都的大气污染，未来5年就需要2000亿～3000亿元，加上社会投资，接近1万亿元。

3. 内需潜力有望支持7%的中速增长

巨大的内需潜力是我国最大的战略优势。只要45～50万亿左右的消费需求潜力得到有效释放，加上引致投资需求，我国内需潜力有望达到百万亿。由此，将奠定我国7%左右中速增长的坚实基础。

二、以消费主导的经济转型有效释放内需潜力

有增长潜力并不表明一定会有现实的增长。释放消费潜力，重在加快经济转型，改变投资主导的增长方式。

1. 在资源配置上，尽快实现由行政主导转向市场决定的转型

尽管行政主导资源配置在特定历史阶段发挥了重要作用，但随着市场体系的不断完善，其扭曲市场、抑制需求、造成不公平竞争等弊端也日益凸显。实践表明，政府不能替代市场，任何其他工具都不能取代市场机制在增长体系中的决定作用。为此，在资源配置中需要回归市场决定性作用，尽快改变资源配置由行政主导的局面，全面激发市场活力；坚持在市场主导下更好地发挥政府的有效作用，形成有为政府，以此培

育可持续增长的内生动力。

2. 在增长动力上，尽快实现从投资主导向消费主导的转型

在资本短缺的历史阶段，投资主导发挥了积极作用。然而，长期实行投资主导，不可避免地带来全面性、长期性的产能过剩。加快消费主导转型进程，其突破口是加快投资体制改革，推进投资转型，使投资建立在真实消费需求上，实现投资与消费的动态平衡。

（1）推进投资结构转型，加大有消费需求的投资。加大教育、医疗、公共文化等公益性项目投资，加大健康、养老等服务业投资，加快服务业对内对外开放，提高服务业国际化水平。

（2）推进投资主体转型，让社会资本成为投资的主力军。尤其是在竞争性领域，明确国有企业退出的基本思路，把国有资本重点配置到公共服务领域。

（3）在竞争中提高投资效率，充分发挥竞争和风险的约束作用。弱化政府对金融等特定行业的国家信用担保，强化消费者主权，发挥消费者“货币选票”在市场经济中的决定性作用，强化消费对投资的引导。

3. 在城镇化上，尽快实现从规模城镇化向人口城镇化的转型

城镇化是我国内需最大的潜力所在。改革开放以来，城镇化在拉动经济快速增长中扮演了重要角色。问题在于，与行政主导、投资主导的经济发展方式相联系，当前城镇化有着比较突出的“以工业化为主导、以做大经济总量为主要目标、以扩大投资为重要任务、以土地批租为重要手段”的特点。出路在于加快规模城镇化向人口城镇化的转型，以人口城镇化为主要载体、以政策和体制创新为重点，有效释放城镇化的内需潜力，争取到2020年基本形成人口城镇化的新格局，并为实现人的城镇化奠定坚实基础。

（1）把尽快实现农民工市民化作为人口城镇化的突破口，到“十二五”基本解决60%左右具备一定条件的农民工市民化问题。

（2）尽快破解户籍制度改革难题，重点是改变户籍与福利合一的社会管理制度，将户籍与福利脱钩，让传统户籍制度退出历史舞台。

（3）加快建立城乡一体的基本公共服务体制，提高各项公共服务统筹层次。

（4）推进城乡一体化的社区管理体制改革，实现政社分开，社区自治，把社区打造为提供公共服务、化解基层社会矛盾的重要平台。

三、在释放市场活力中夯实经济增长的坚实基础

我国经济实现35年的快速增长，直接受益于培育市场、放松市场管制带来的经济活力，受益于一大批创新型、创业型企业家的活力。从现实情况看，我国的市场经济还有相当大的活力，创新创业空间巨大，只要理顺体制机制，就能有效释放这些市场活力，进而形成经济增长的强大动力。

1. 释放市场机制的活力

加快市场化改革，进一步释放市场机制活力，将成为经济增长的重要动力源。

（1）打破垄断、放宽准入。对垄断产业实行结构重组，形成可竞争性的市场结构。

（2）打破管制、放开价格。尽快形成企业自主定价的机制，实现价格决策主体的转换，由政府定价转变为企业定价。

（3）打破干预、强化竞争。优胜劣汰，要通过市场竞争决定。

（4）打破分割、统一市场。重点是实行统一的市场监管，清理和废除妨碍全国统一市场和公平竞争的各种规定和做法。

2. 释放社会资本的活力

市场经济的活力主要取决于社会资本的活力，而社会资本的活力又取决于市场经济体制机制的安排。

（1）在完善产权保护制度、积极发展混合所有制等方面取得重要突破，为非公有制经济主体营造良好的政策与制度环境，以此稳定社会资本的预期。

（2）重点推进医疗、教育、文化等服务业的全面开放。

（3）强化社会资本的产权保护，对侵犯社会资本产权的事件进行重新审查。

（4）全面清理与市场决定相冲突的法律法规。

3. 释放创新创业的活力，真正把市场活力建立在创新创业基础上

（1）全面放活市场，打破准入限制，以保障创新创业自由。

（2）改革行政审批制度，有效降低创新创业的成本。

（3）尽快形成支持创新创业的资本市场等体制机制，如鼓励风险投资等。

中国消费新时代的经济转型*

经过36年的改革开放，中国消费需求释放的大趋势正在形成，并开始进入消费新时代。未来5～10年，中国经济增长的前景，在很大程度上取决于能否充分释放13亿人消费需求的巨大潜力，取决于能否有效实现从投资出口拉动向消费驱动的增长方式转变。

一、中国是否进入消费新时代?

对此，有不同的看法。从中国的情况看，答案是肯定的。

1. 消费结构升级

一是生存性消费需求减少，发展性消费需求增多。城镇居民的消费需求由工业消费品为主向服务消费为主转变；农村居民的消费需求由生活必需品为主向工业消费品为主转变；二是物质性消费需求减少，服务性消费需求明显增多。例如：城镇居民人均医疗保健、交通通信、文教娱乐三大类消费支出占人均消费性支出的比重从1985年的12.79%上升到2012年的33.3%；三是私人产品短缺矛盾大幅减少，公共产品短缺矛盾日益增多。例如，2010—2014年，社会保障问题连续5年居于中国社会关注的热点之首。

---

* 本文载于《欧洲世界》，2015年2月2日。

2. 消费需求增大

一是人均消费水平提高。1978—2013年，全国平均消费水平从184人民币增长到15632人民币，以1978年为基数增长了85倍；二是服务型消费需求巨大。如医疗、健康保健。中国老年人医疗服务市场的年需求达1万亿人民币，但目前每年为老年人提供的产品还不足1000亿人民币，供给缺口巨大。

3. 消费规模扩大

一是新增消费加大。2012年中国城乡居民消费增量超过2万亿人民币，相当于20世纪90年代中期中国一年的总消费量；二是消费总规模逐步扩大。1978—2012年：城乡居民最终消费支出从1759.1亿人民币增长到19.04万亿人民币，2013年接近24万亿人民币。估计2020年，消费总量将高达45万亿～50万亿人民币。

二、如何估计消费释放对中国经济发展的重大影响？

13亿人的消费需求是中国的最大优势、最大市场。扩大内需、拉动消费将对未来5～10年中国经济增长产生重大影响。

1. 将拉动未来10年7%左右的经济增长

2020年，中国最终消费率估计达到60%左右，居民消费率接近50%。消费需求拉动7%左右的增长是有条件、有可能的。

2. 将带动经济结构调整

消费结构变化势必带来产业结构比重的明显变化。估计再过两年，中国服务业占GDP比重将从46%上升到49%左右。到2020年，这个比重有可能超过55%。

3. 将支撑中国进入高收入国家行列

未来的7年，中国若保持7%左右的增长速度，2020年人均GDP将达到12000美元左右。这样，中国将成功进入高收入国家行列。

三、消费新时代经济转型面临着哪些重大任务？

未来5～10年，中国消费驱动的经济转型会呈现同以往几十年不同的趋势。

1. 工业主导向服务业主导的转型

消费新时代服务业发展是一个大趋势。估计到2016年，中国服务业占GDP比重超过50%，由此将初步确立服务业的主导地位。需要指出的是，中国服务业的发展关键在于市场开放与制度创新。从多方面情况看，中国服务业供给不能满足社会需求，不是资本短缺形成的投资缺口，而是服务业市场开放滞后形成的投资缺口。在中国大力发展服务业，关键在于打破行政垄断与行政管制，激发社会资本的活力。

2. 规模城镇化向人口城镇化的转型

按照2013年的数据，中国规模城镇化率为53%，而人口城镇化率仅为35%。前不久，中国政府做出了户籍制度改革的决定。在合理控制北京、上海等大城市人口规模的同时，全面放开中小城镇的户籍。未来3～5年，农民工市民化进程将大大加快。估计到2020年，中国人口城镇化的规模将超过53%。

3. 投资主导向消费主导的转型

消费结构升级和消费需求规模决定着投资结构的变化方向与投资增长的空间。消费主导的经济转型重在使服务业消费需求有效拉动投资需求。例如，2010年和2011年，制造业和房地产业固定资产投资两项合计的比重分别高达54.7%和59.1%，而服务业领域投资严重不足。中国要努力推进以服务业为重点的投资转型，并通过扩大服务业投资实现投资消费的动态平衡。

第三章

形成以服务业为主导的产业结构

产业结构变革是“十三五”我国经济转型升级的核心。一方面，进入工业化后期，服务业加快发展是大势所趋；另一方面，由于长期以来优先发展工业的思路，产业结构不合理的矛盾越来越突出。“十三五”，由工业主导向服务业主导的产业结构转型，成为我国产业结构变革的战略选择。

走向服务业大国

——2020：中国经济转型升级的大趋势*

当前，中国的经济转型升级正处在重要历史拐点：一方面经济下行压力增大。今年第三季度 GDP 同比增速放缓至 7.3%，创 2009 年一季度以来的新低。另一方面经济结构升级的态势初步形成。今年前三季度，服务业增加值占国内生产总值的比重达到 46.7%，创历史新高。

问题在于，面对内外发展环境深刻复杂变化的新形势，转型与改革的时间空间约束全面增强。到 2020 年中国能否从工业大国走向服务业大国，成为转型与改革的历史任务和重大挑战。实现这一转型，既可以在结构升级的基础上形成 7% 左右的经济增长新常态，又能够为从中等收入国家迈入高收入国家创造有利条件。

一、中国进入消费新时代，由工业大国走向服务业大国面临着重要的历史机遇

消费的本质需求是服务。中国进入消费新时代，现代服务需求逐步高于传统物质需求，已成为消费需求释放与升级的大趋势。

---

* 本文系作者在“走向新常态的新兴经济体”——2014 新兴经济体智库经济政策论坛暨第 79 次中国改革国际论坛上的演讲，2014 年 11 月 1 日。

1. 消费结构升级带动服务消费比重明显提升

经过 36 年的经济快速增长，中国已经成功地跨越了以解决温饱问题为主要目标的生存型阶段，进入到以解决人的自身发展为重要目标的发展型新阶段。这个新阶段，由于人口城镇化的较快发展、老龄化时代的到来，全社会的消费需求结构升级呈现阶段性特征：

（1）从生存型消费向发展型消费升级。生存型消费主要是吃饭穿衣的消费，发展型消费主要是教育、医疗、健康、文化等服务消费。当前，城镇居民的消费需求正由工业消费品为主向服务消费为主转变；农村居民的消费需求正由生活必需品为主向工业消费品为主转变。未来 5 ～ 10 年，随着人口城镇化进程加快，城乡居民发展型消费需求将以年均两位数的速度增长。到 2020 年，城乡居民的恩格尔系数有望下降到 30% 左右。

（2）从物质消费向服务消费升级。例如，城镇居民人均医疗保健、交通通信、文教娱乐三大消费支出占人均消费比重从 1985 年的 12.8% 上升到 2013 年的 34.1%。估计到 2020 年这个支出占比有可能提高到 40% ～ 50%，成为城镇居民的消费大头。

（3）从传统消费向新型消费的升级。例如，伴随着互联网的兴起和电子商务、物流快递等新型服务业态的快速发展，新型消费的增长很快。2012 年中国信息消费为 1.7 万亿元，同比增长 29%；2013 年，信息消费规模达到 2.2 万亿元，同比增长 28%。

2. 消费规模的扩大将为服务业较快发展提供市场空间

伴随着消费规模的快速扩张，由此形成走向服务业大国的市场潜力与市场空间。

（1）消费增长潜力巨大。首先，新增消费不断加大。例如，2012 年城乡居民新增消费量超过 2 万亿元，这相当于上个世纪 90 年代中期一年的消费总量。其次，消费总规模逐步扩大。例如，中国社会消费品零售总额 2011 年仅为 18.4 万亿元，2013 年增长到 23.8 万亿元，估计到 2020 年将达到 45 万亿～ 50 万亿元。消费增长潜力的释放，推动服务业呈现快速增长的大趋势。

（2）由工业大国走向服务业大国的趋势正在形成。这些年工业增加值占比逐年下降，从2006年的42.2%下降到2013年的37%。同期，服务业占比从40.9%提高到46.1%，2013年服务业占比首次超过第二产业。估计到2015年，有可能达到48%以上，超过国家“十二五”规划目标。近些年来服务业增加值都以年均两位数增长。2001—2013年，扣除价格因素后服务业增加值年均增长10.6%。估计未来5～10年服务业增加值仍会以10%左右的速度增长。这表明，中国经济增长动力正在发生重大变化。

（3）2020年服务业规模有望实现倍增。2008—2013年，即国际金融危机以来的5年中，中国服务业增加值从13.1万亿元增长到26.2万亿元，实现了规模上的倍增。未来6年，如果服务业增加值年均增长保持在10%左右，服务业总规模有望扩大到48万亿～53万亿元。

2008年以来，中改院一直主张加快推进消费主导的经济转型，就在于释放消费需求能够为服务业发展开辟战略空间，能够引领和推动经济结构的转型升级，从而成为稳增长、调结构的源动力。

二、中国进入服务业发展的新时代，形成服务业主导的经济结构牵动经济社会转型全局

进入服务业发展新时代，13亿人的潜在消费需求成为中国增长转型的突出优势；13亿人服务需求释放的规模与速度，在很大程度上决定了经济结构、利益结构、城乡结构调整的进程。释放13亿人的服务消费需求，推进由工业主导向服务业主导的转变，既是未来6年经济转型升级的大趋势，又是决定增长、转型与改革的关键所在。

1. 加快形成服务业主导的经济结构新常态

从工业经济向服务业经济的转型与人均GDP水平有着内在联系。中国从人均GDP 6500美元到1万美元的过渡阶段中，服务业的比重至

少会提高 10 个百分点。总的判断是，到 2020 年中国服务业占比达到 55% 以上是有条件、有可能的。

（1）人口城镇化为生活性服务业发展提供了重要载体。从国际经验看，城镇化进入快速发展阶段，满足人们日益增长的发展型消费需求越来越依赖于教育、健康、医疗等生活性服务业的发展。2013 年中国的名义城镇化率为 53.7%，而人口城镇化率仅为 36% 左右。从新型城镇化的进展看，2020 年名义城镇化率有可能达到 60% 左右，人口城镇化率有可能达到 50% 以上。这几年城镇化率每提高 1 个百分点带动服务业增加值比重提高 0.77 个百分点。以此估算，未来 6 年即使人口城镇化率仅提高 10 个百分点左右，也有可能带动服务业比重提高 7 ～ 8 个百分点。

（2）工业转型升级为生产性服务业发展注入内在动力。从国际经验看，进入工业化中后期，经济转型升级的一个突出特点是工业经济向服务业经济的转变。传统农业和工业的转型升级直接依赖于生产性服务业的发展，由此形成对生产性服务业的巨大市场需求。新一轮工业革命最为突出的特征是，信息、研发、设计、物流、销售、大数据等生产性服务业引领传统制造业向高端制造业的升级。就是说，高端制造业与现代服务业的相互融合是一个大趋势，生产性服务业已成为提升制造业竞争力的主要推动力。以德国为例，高端制造业之所以能够保持世界领先地位，重要原因在于生产性服务业占服务业的比重高达 50% 以上。中国作为制造业大国，“中国创造”的优势远未凸显，就是生产性服务业发展严重滞后，其占服务业的比重仅为 15%。未来 6 年，中国生产性服务业占服务业的比重至少需要提高 15 ～ 20 个百分点，达到 30% ～ 40%。这是中国工业转型升级的内在要求，是工业转型升级的必由之路。

2. 形成服务业主导的新格局牵动影响经济转型升级的全局

服务业的发展程度是形成经济新常态的重要标志。它不仅成为经济转型的主要推动力，而且也将不断释放经济增长的新动力。

（1）形成中速增长的新常态。中国仍是一个经济转型大国，经济增长新常态取决于尽快形成服务业主导的经济结构。近几年，中国服务业每增长一个百分点，可以带动 GDP 增长约 0.4 个百分点。如果未来 6 年服务业增加值年均增长 10%，可以带动经济增长 4 个百分点左右，为中速增长的新常态奠定重要基础。

（2）形成新增就业不断扩大的新常态。形成服务业主导的经济结构是扩大就业的主渠道。从近两年的情况看，服务业增加值每增长 1 个百分点能创造约 100 万个新的就业岗位。未来 6 年服务业增加值按年均 10% 增长估计，每年新增就业将达到 1000 万人左右。

（3）形成全社会创新创业的新常态。进入工业化中后期，生产性服务业直接融入制造业转型升级的全过程。例如，技术升级与服务需求直接融合，技术升级如果不能反映服务需求变化就很难产生内在动力，就很难有好的市场前景；企业竞争力与服务质量直接关联，企业的竞争力主要取决于服务环节是否专业化、精细化。为此，服务业主导不仅是形成新一轮创新创业潮的主要推动力，而且将为创新创业开辟巨大的市场空间，由此形成创新驱动新格局的重要条件。

（4）形成利益结构和社会结构优化的新常态。从国际经验看，服务业快速发展将带来中产阶层规模的不断扩大。以美国为例，20 世纪 40 年代到 70 年代的 30 年间，伴随服务业主导新格局的形成，白领阶层的规模同时也扩大了 5 倍。未来 6 年，随着服务业主导地位的确立，中国服务业就业比重有望达到 50% 以上，到 2020 年服务业就业的人口将不少于 4 亿，由此将带动中等收入群体的倍增。

3. 把实质性提高服务业占比作为"十三五"规划的约束性目标

"十三五"是中国经济转型升级的关键 5 年，能不能形成服务业主导的经济结构对中国未来 10 ～ 20 年的发展至关重要。

（1）明显提高服务业比重。建议国家"十三五"规划明确把服务业占 GDP 比重达到 55%、生产性服务业占服务业比重达到 30% 作为主要的约束性目标，以此作为衡量结构调整优化的主要标准。

（2）加快推进投资转型。与服务需求快速增长趋势相适应，重点加大教育、医疗、健康、文化、体育等生活性服务领域的投资；从工业转型升级的现实需求出发，重点加大信息、研发、设计、物流等生产性服务业投资。

（3）实现发展理念的深刻转变。由工业大国走向服务业大国，无论企业、社会、还是政府，都将面临前所未有的考验，尤其是需要改变某些传统的发展理念。例如，走向服务业大国，形成服务业主导的新格局，不是不要制造业，不是不要工业，而恰恰是通过生产性服务业提升传统工业，推动“中国制造”向“中国创造”的升级。

三、中国进入经济转型升级的新时代，加快服务业市场开放与制度创新成为深化经济体制改革的重中之重

中国由工业大国走向服务业大国，关键在于加快服务业市场开放和制度创新。这些年，服务业供给瓶颈问题突出，难以满足社会服务需求，根源不在于国内资本短缺，而在于服务业市场开放的严重滞后。当前，服务业行政垄断的特点仍然突出，市场开放程度较低，不适应转型升级的大趋势。

1. 尽快使社会资本成为服务业发展的主体力量

发展服务业，主体是中小企业，关键是放开市场，重点是激活社会资本。从实践看，以大企业为主做强服务业并不成功，某些大企业靠做大规模进入世界500强，但缺乏对市场需求变化的灵敏反应，在国际市场的竞争力不强。从产业发展规律看，服务业门类繁多，个性化、差异化程度高，中小服务企业更能够灵敏地反映市场需求，并通过公平竞争激活、做大服务业市场。这在客观上要求尽快出台相关政策，加快服务业市场对社会资本的开放。例如：

（1）放开市场准入。在银行、证券、保险、电信、邮政快递等行业进一步放开市场准入，取消某些不合理的经营范围限制，并实现由行政监管为主向法治监管为主的转变。

（2）实质性打破对社会资本的限制。鼓励支持社会资本进入教育、医疗、健康、文化等领域投资。要以发展政府购买服务为重点，支持公益性社会组织在公共服务领域有所作为，发挥其独特的作用。

（3）加快公共资源配置市场化。例如，在城镇公用事业领域特许经营权的出让上全面引入竞争机制；在行政系统服务资源配置方面规范完善政府采购。

2. 重点是打破服务业领域的垄断

加快发展服务业，关键在于打破服务业的行政垄断与行政管制。由于教育、医疗、健康、金融等服务业领域仍然保持一定程度的行政垄断，市场主体难以通过公平竞争来提高供给能力、供给质量和供给效率。

（1）修改《反垄断法》。尽快把十八届三中全会《决定》提出的“进一步破除各种形式的行政垄断”纳入《反垄断法》。

（2）向社会资本推出有吸引力的重大项目。与混合所有制改革相配套，尽快建立国有企业的反垄断审查机制。在已经推出一批重大项目的基础上，尽快在电信、教育、医疗、金融等垄断行业再推出一批向社会资本开放的重大项目。

（3）加大反行政垄断的力度。与推行负面清单管理的改革相配套，尽快对现行行政法规进行系统的反垄断审查，废除各类导致行政垄断的行政法规。

3. 把提高服务贸易比重作为“十三五”对外开放的重大任务

从现实看，由于服务业领域的对外开放严重滞后，服务业难以利用国际先进技术和服务管理经验，制约了服务业的有效供给。其结果是，国内的某些服务消费外流的问题比较突出。未来 6 年提高服务贸易的对外开放度具有紧迫性。这就需要以发展双边、多边自由贸易区为重点，加快服务贸易对外开放进程。

（1）把 2020 年服务贸易占贸易总量比重提高到 20% 作为“十三五”对外开放的重要目标。2013 年，中国服务贸易占贸易总量比重仅为

11.5%，2014年上半年上升到12.3%，但仍低于全球2012年18.7%的水平，更低于印度25%的水平。

（2）实施负面清单管理制度和外商投资准入前国民待遇。加快推进金融市场有序开放，扩大教育、医疗、健康市场开放，推进文化、体育、娱乐市场开放。

（3）逐步把服务业外商投资审批制改为登记备案制。除国家规定的重大和限制类项目外，对外资企业投资项目的审批，逐步实施备案制度。

（4）加快扩大双边和区域服务贸易协定，打破一些国家对中国服务贸易的壁垒。率先在新兴经济体和欧洲等国家和地区取得突破，加快拓展与这些国家在金融、信息、物流业等服务领域的开放合作，把服务业开放和服务贸易自由化作为双边或区域合作的重点。

到2020年，中国实现由工业大国向服务业大国的转型，意味着中国经济的全面转型升级。它不仅是一个经济增长新常态的形成过程，还伴随着经济结构新常态、利益结构新常态、制度创新新常态的形成；不仅涉及经济领域的改革，还涉及到社会、文化、生态等各个领域的改革。

推进服务业主导的转型与改革，不仅对中国未来10年、20年的公平可持续发展有着决定性影响，而且将给包括新兴经济体在内的全球经济带来重大利好。

2020：中国以服务业为主导的经济转型大趋势*

当前，中国经济增长的动力机制正在发生历史性变化，消费主导的增长格局正在形成。“十三五”中国将加快推进服务业主导的转型与改革，到2020年形成服务业主导的经济结构。这不仅对中国经济转型升级有决定性影响，而且对深化中欧合作带来难得的新机遇。

一、未来5年中国服务业发展的总体趋势

1. 服务业年均实现9%～10%的增速

2001—2013年这13年间，中国服务业年均实际增速达到10.6%。随着中国消费结构升级、以及加大服务业市场开放，估计未来5年服务业仍有望保持10%左右的实际增长速度。

2. 服务业规模倍增

2008—2013年，中国服务业市场总量从13.1万亿元人民币扩大到26.2万亿元人民币，实现了规模的倍增。估计到2020年中国服务业市场规模将达到47.3万亿～51.1万亿元人民币，实现再倍增。

---

* 本文系作者在“第五届中欧论坛”上的发言，2015年6月30日。

3. 服务业占比达到55%以上

2014年中国服务业占国内生产总值的比重已达到48.2%，2015年一季度达到51.8%，创历史新高。估计到2020年将超过55%，形成服务业主导的产业结构。

二、服务业主导的经济转型引领经济新常态

1. 支撑7%左右的经济增长

过去10年，中国服务业每增长1个百分点，拉动经济增长0.43个百分点。未来5年，如果服务业增加值继续保持10%左右的年均增长，将带动GDP增长4个百分点左右。这将为中国“十三五”时期实现7%左右的经济增长提供重要条件。

2. 形成消费主导的增长格局

初步估算，到2020年，中国潜在消费规模将达到45万亿～50万亿元人民币，消费贡献率60%左右。

3. 拓展“大众创新、万众创业”的空间

从近两年的情况看，服务业每增长1个百分点能吸纳约100万个新增就业。“十三五”服务业年均增长10%，将吸纳新增就业1000万人左右，成为吸引就业的主渠道。此外，依托“互联网+”的创业潮正在兴起。这是新阶段中国经济增长的重要推动力。

4. 促进利益结构和社会结构优化

估计到2020年，中国服务业就业人口将不少于4亿人，服务业就业比例有望达到50%，由此将带动中产阶层的明显增加。

5. 走向绿色发展

服务业对资源能源的需求较低。初步估算，如果2020年中国服务业占比达到55%，能源消耗量将下降14%左右，SO_2将减排18%左右。这对全球来说，都是一个利好消息。

三、中国服务业市场开放将呈现加快态势

1. 对社会资本的开放

过去几年，中国服务业市场开放政策相继出台。尤其是上海、广东、天津、福建4个自贸区的设立，肩负着服务业开放的重大历史使命。“十三五”时期，中国将加快推进教育、医疗、健康、养老等服务业对社会资本的市场开放，并着力改善研发、物流、销售、信息等生产性服务业市场环境。估计到2020年，以研发为重点的生产性服务业占GDP的比重，将由15%提高到30%左右，并由此拉动中国制造业的转型升级。

2. 服务贸易的较快发展

2014年中国服务贸易规模超过6000亿美元，占外贸比重12.3%，这一比例远低于2013年全球平均19.6%、美国22.1%和印度26.5%的水平。预计未来5年，中国服务贸易将保持10%以上的增长速度，到2020年达到1万亿美元以上，服务贸易占对外贸易比重将提高至20%。

3. 推进服务业主导的结构性改革

比如，全面启动财税体制改革、加快金融体制改革、推动教育结构调整等，以破解服务业发展中的诸多结构性矛盾。

四、中国服务业转型发展为深化中欧合作带来新机遇

1. 中欧服务贸易合作潜力巨大

中欧作为世界两大经济体，相比于中欧经济总量占世界经济总量的1/3而言，双方贸易总量在全球贸易总量中的占比仅为1.5%左右，中欧经贸合作还有很大的拓展空间。到2020年中国服务贸易如果达到1.2万亿美元、中欧服务贸易比重由2013年的13.2%提高到20%，中欧服务贸易总额将达到2000亿～2200亿欧元。

2. 推进中欧自贸区进程

欧盟在电子技术、航空、信息通讯技术、生命科学技术、能源环境等生产性服务业和健康管理等生活性服务业有独特的优势，有先进的技术和成熟的管理经验。如果双方协力促进中国巨大的服务市场需求与欧洲服务业的先进技术相结合、促进中国具有优势的装备制造业与欧洲的基础设施建设相结合，将形成欧洲经济复苏和增长的新动力。前不久，中澳自贸协定签订，形象的比喻是，为 2300 万人打开了 13 亿人的大市场。如果中欧自贸协定签订，那将为 5.7 亿人打开 13 亿人的大市场，其效应不可估量。

3. 中欧合作促进全球经济治理结构变革

当前，全球经济治理进入新阶段，全球投资贸易规则正在重构，全球经济治理以及新秩序和新规则制定主导权的竞争正在多个层面展开。无论是中国也好，欧盟也好，都要通过全球经济治理变革形成可持续发展的保障。我呼吁，作为世界两大经济体，在以 G20 机制化为重点的全球治理体系改革中相互沟通、协调行动，为实现全球可持续发展作出新贡献。

借此机会，我提 3 点建议：

第一，建议中欧双方就“容克计划”与“一带一路”如何融合，尽快形成行动计划并建立工作机制。

第二，建议中欧政府支持中欧相关的智库，开展中欧自贸区可行性研究，并尽快提出框架性建议。我认为，有可能在新形势和新背景下、尤其是整个区域经济合作的大背景下，在投资贸易自由化谈判的过程中启动中欧自贸区谈判。这件事情越早做越好。时间决定行动。我们需要因时而变，打破不合时宜的条条框框，以适应新的背景下全球可持续增长的需求以及中欧深化合作的需求。

第三，建议在双边政府支持下，尽快形成中欧智库合作的工作机制。无论是行动计划还是自贸区的可行性研究，中欧深化合作，在很大程度上取决于中欧智库合作的力度。

"十三五"：形成服务业主导的经济结构 *

习近平总书记近期在听取对"十三五"经济社会发展的意见和建议时明确指出，"各级党委和政府要明大势、看大局，深刻把握国际国内发展基本走势"。"十三五"是我国经济转型升级的关键时期，"明大势、看大局"至关重要。总的判断是："十三五"正处在走向服务业大国的历史节点。把握增长、转型与改革的主动权，适应引领经济新常态，关键是尽快形成服务业主导的经济结构。

一、制定"十三五"规划重在把握走向服务业主导的基本走势

1. 从"中国制造"走向"中国智造"的工业转型升级大趋势

当前，新一轮科技革命与我国转型升级形成历史性交汇。我国已是一个制造业大国，但还不是制造业强国。未来几年，能否抓住新一轮科技革命的时代趋势，加快以信息化为主导的工业产业升级，将决定我国的经济竞争力。在这个背景下，我国出台了"中国制造 2025"的战略规划。从现实情况看，"十三五"工业转型升级面临的突出矛盾是以研发、设计、金融、物流、营销等为代表的生产性服务业发展滞后，严重制约了高端制造业的发展和升级。目前我国生产性服务业占 GDP 只有 15%

* 本文系作者在全国政协座谈会上的书面发言，2015 年 6 月。

左右；相比之下，作为先进制造业强国，德国生产性服务业占 GDP 的比重在 45% ～ 50%。

走向“中国智造”，主要取决于“十三五”能不能加快生产性服务业的发展，推动制造业的全球化、信息化、服务化，实现工业与服务业的深度融合，到 2020 年初步完成从“工业 2.0”向“工业 3.0”的升级，并奠定“工业 4.0”的重要基础。

2. 从规模城镇化走向人口城镇化的城镇化转型升级大趋势

“城镇化红利”仍是“十三五”扩大内需的突出优势。我国正从工业化中后期走向工业化后期，“十三五”城镇化率至少要达到 60% 以上。2014 年我国城镇化率只有 54.77%，估计未来几年仍会以年均 1 ～ 1.2 个百分点的速度增长，到 2020 年达到 60% 左右。从人口城镇化看，2012 年世界人口城镇化率已达到 52% 左右，2013 年我国人口城镇化率仅为 36%，还有相当大的空间。“十三五”时期加快从规模城镇化向人口城镇化转型升级，意味着有近 4 亿农业转移人口进城，为生活性服务业带来巨大市场空间。

3. 从物质型消费走向服务型消费的消费结构转型升级大趋势

我国正处于消费结构转型升级的关键时期，突出表现在城乡居民消费结构正由物质型消费向服务型消费升级。城镇居民服务型消费占比接近 40%，预计到 2020 年占比将提高到 45% 以上，一些发达地区甚至可能达到 50% 以上。服务型消费的快速增长为服务业发展提供巨大市场空间，预计消费总规模有可能从 2014 年的 30.7 万亿元扩张到 2020 年的 45 万亿～ 50 万亿元。

二、把形成服务业主导的经济结构作为“十三五”规划的约束性目标

1. 服务业发展滞后的矛盾问题仍然突出

尽管服务业在过去几年发展较快，但与经济社会发展趋势相比，现

代服务业发展还相对滞后，尤其是服务业市场开放滞后成为突出矛盾。

（1）服务业滞后带来结构失衡的矛盾。2015年一季度，我国服务业占比达到51.6%，但与同等发展国家相比仍然偏低。2013年，巴西、俄罗斯和印度的服务业占比分别为69.3%、60.3%和57%。服务业相对滞后，服务供给短缺，导致“有需求缺供给”的矛盾不断凸显，客观上加剧了投资消费失衡。2014年我国居民消费率仅为37.7%，投资率高达46.1%。

（2）服务业市场开放严重滞后。过去36年的市场化改革，主要是工业开放，服务业虽然也在放宽市场准入，但某些行政垄断尚未打破。社会资本很难进入教育、医疗、通讯、金融等领域。

（3）服务业市场对外开放程度不高。2014年我国服务贸易规模超过6000亿美元，占外贸比重12.3%。这一比例远低于2013年全球平均19.6%、美国22.1%和印度26.5%的水平。服务业市场开放的滞后，严重制约了服务业的发展。

2.“十三五”形成服务业主导的经济结构

（1）到2020年服务业占比达到55%以上。这几年我国服务业占比增长较快，从趋势看，“十三五”服务业占比有可能年均提高1个百分点，到2020年达到55%以上。

（2）生产性服务业占GDP的比重明显提高。“十三五”在“互联网+”的推动下，生产性服务业占比力争实现倍增，从15%提高到30%～40%。

（3）服务业保持两位数增长。2001—2013年，我国服务业年均实际增长10.6%，预计“十三五”服务业仍将保持10%左右的增速。

（4）服务业规模实现再倍增。实现服务业开放的重大突破，服务业规模有望从2013年的26.2万亿元扩大到2020年的48～53万亿元，实现倍增。

3.形成服务业主导新格局牵动影响转型发展全局

（1）形成中速增长的新常态。近几年，我国服务业每增长1个百分点，带动 GDP 增长约 0.4 个百分点。“十三五”服务业年均增长 10%，可以带动经济增长 4 个百分点左右，为保持中速增长奠定重要基础。

（2）形成新增就业不断扩大的新常态。从近两年情况看，服务业每增长 1 个百分点能吸纳约 100 万个新增就业。“十三五”服务业年均增长 10%，将吸纳新增就业 1000 万人左右，成为吸引就业的主要渠道。

（3）形成全社会创新创业的新常态。服务业主导的经济转型不仅是形成新一轮创新创业潮的主要推动力，而且将为创新创业开辟巨大的市场空间。

（4）形成利益结构和社会结构优化的新常态。到 2020 年，如果服务业主导格局基本形成，我国服务业就业人口将不少于 4 亿，服务业就业比例有望达到 50%，由此将带动中等收入群体的倍增。

（5）形成绿色发展的新常态。服务业对资源能源的需求较低，可以有效地摆脱重化工业的路径依赖，形成绿色发展的新常态。如果 2020 年服务业占比达到 55%，能源消耗量将下降 14% 左右，SO_2 将减排 18% 左右。

三、“十三五”实现服务业主导转型改革的重大突破

1. 加快推进服务业的市场开放

我国服务业发展不缺市场需求、不缺资金，关键在于市场开放，重点在于激活社会资本。这就需要确立服务业市场开放的新思路，加快推进教育、医疗、健康、养老等服务业对社会资本的市场全面开放。把破除行政垄断作为加快服务业市场开放的重点，尽快放开服务价格管制；改善研发、物流、销售、信息等生产性服务业市场环境，促进生产性服务业大发展。

2. 以“一带一路”为总抓手加快服务贸易强国进程

抓住“一带一路”机遇，“十三五”从服务贸易大国走向服务贸易强国，重在加快服务贸易开放。

（1）把提高服务贸易比重作为“十三五”对外开放的重大任务。到2020年，服务贸易总额超过1万亿美元，占外贸比重提高到20%。

（2）把加快服务业开放作为双边多边自由贸易的重点。加快与“一带一路”沿线国家和地区商建自由贸易区网络，扩大双边和区域服务贸易协定，打破对我国的服务贸易壁垒。

（3）把教育、医疗、健康、金融和文化娱乐作为加快服务业开放的重点。大力发展服务外包，推动服务业企业“走出去”。

3. 推进结构性改革的重大突破

（1）尽快启动消费税改革，并明确作为地方主体税种。争取更大力度“放水养鱼”，激发社会资本创新创业活力。

（2）加快金融体制改革。支持为中小微企业提供服务的社区银行、互联网金融机构等民间金融创新发展、规范发展。

（3）逐步消除服务业与工业要素价格差异。在用地、用水、用电、用气等方面推进与工业同等价格。

（4）加快教育第二次改革。推动教育结构与经济发展需求和消费需求相适应。

“十三五”基本实现由工业主导向服务业主导的转型，意味着我国经济的全面转型升级：它不仅是形成7%左右经济增速的前提条件，而且也是形成质量效率型经济增长方式的决定性因素；它不仅是经济结构调整的重大任务，而且也是经济增长动力转换的现实出路；它不仅是经济新常态的主要标志，而且也是走向经济新常态时代的战略选择。

“十三五”：以服务业主导适应引领经济新常态*

2015年5月27日，习近平总书记在华东7省市党委主要负责同志座谈会上指出，要深刻把握国际国内发展基本走势，坚持立足优势、趋利避害、积极作为，系统谋划好“十三五”时期经济社会发展。“十三五”是我国经济转型升级、调结构、转方式的“最后窗口期”，2020年是我国转型发展的一个坎：化解短期增长压力的希望在2020；转变经济发展方式的关键在2020；实现全面小康、迈向高收入国家的关节点在2020。在这个特定背景下，“明大势、看大局”，重在从经济转型升级的基本趋势出发，谋划好、把握好2020。

总的判断是：我国正处于走向服务业主导的历史节点，把握增长、转型与改革的主动权，尽快形成服务业主导的产业结构，牵动影响全局。关键是“十三五”在走向服务业主导的经济转型升级上取得决定性成果。

一、“十三五”：经济转型升级的基本趋势与突出挑战

“十三五”我国加快经济转型升级，是内外发展环境深刻复杂变化

---

* 本文载于《学习时报》，2015年7月6日。

背景下的现实性选择、战略性选择和主动性选择。这就要求我们客观把握我国经济转型升级的基本趋势。

1.“十三五”经济转型升级三大走势

（1）“十三五”工业转型升级大趋势——从“中国制造”走向“中国智造”。第一，“十三五”是全球新一轮科技革命与我国工业革命的历史交汇点。当前，我国已经成为一个制造业大国，成为世界工厂，但还不是制造业强国。未来几年，如果加工制造为主的格局不改变，势必在多方面处于被动的状态。这就客观上要求我们牢牢把握新一轮科技革命的重大机遇，实施创新驱动发展战略，加快推动工业的转型升级。第二，“十三五”我国将进入“互联网+”的新时代。依托新信息技术，“互联网+”将带动我国工业信息化的新突破。第三，“十三五”我国将开启一场以智能化为重点实现制造业的革命。预计未来几年以高铁为代表的装备制造业发展将会取得重大突破。

（2）“十三五”城镇化转型升级大趋势——从规模城镇化走向人口城镇化。第一，我国城镇化仍处于较快发展阶段。未来5～10年名义城镇化率仍会以年均1%～1.2%的速度推进，到“十三五”末期名义城镇化率有望提高到60%左右。第二，“十三五”是我国形成人口城镇化新格局的关键时期。2013年我国人口城镇化率仅为36%，与2012年世界平均52%的人口城镇化率水平有较大差距。随着户籍制度改革的突破，未来6年人口城镇化率有望以年均2%～3%的速度推进，到2020人口城镇化率有望达到50%左右。第三，“十三五”有望实现城乡一体化的历史性突破。从经济社会发展的进程看，城乡一体化是一个长期的过程。随着全面深化改革的不断深入，未来几年城乡一体化在制度与政策层面有望实现重大突破。

（3）“十三五”消费结构升级大趋势——从物质型消费走向服务型消费。对此，尽管有不同看法，但从投资主导向消费主导的转变的判断符合经济社会发展的大趋势。我国之所以有巨大的消费潜力，一个重要原因在于城乡居民消费结构正在快速升级：第一，从生存型消费向发展型消费升级。我国已经从生存型阶段进入到发展新阶段，城乡居民的吃饭穿衣等生存型消费需求基本解决，而与人自身发展相关的健康、教育、医疗等发展型消费支出开始全面快速增长。第二，从传统消费向新型消费升级。以信息消费为例，近年来我国信息消费规模以每年 20% ～ 30% 速度快速发展。2012 年我国信息消费为 1.7 万亿元，同比增长 29%；2013 年达到 2.2 万亿元，同比增长 28%；2014 年进一步提高到 2.8 万亿元，同比增长 25%。估计“十三五”新型消费年均增速仍将保持在 15% ～ 25% 的水平。第三，从物质型消费向服务型消费升级。这是消费结构升级最为突出的特点。我国城镇居民服务型消费接近 40%，预计到 2020 年服务型消费占比将提高到 45%，一些发达地区甚至可能达到 50% 以上。农村居民总体上正处于由日用消费品为主向耐用消费品为主转变的阶段。在这个特定背景下，“十三五”我国将形成消费主导的经济增长新格局。

2.“十三五”经济转型升级面临三大挑战

（1）创新不足。根据《2014 年全球创新指数报告》，我国的创新指数在世界排名第 29 位。尽管 2014 年我国全社会研发投入占 GDP 的比重达到 2.1%，超额完成预期目标，但总体上创新不足仍是我国经济转型升级面临的突出矛盾。比如，我国以研发为重点的生产性服务业发展相对滞后，生产性服务业占 GDP 的比重只有 15%，而发达国家德国生产性服务业占服务业的比重在 70% 左右，占 GDP 的比重大概在 30% ～ 40%；再例如，我国企业创新主体尚未形成。尽管我国企业已经成为市场竞争主体，但企业要成为国家创新的真正主体，与发达国家相比仍有较大差距。

（2）产业结构与发展趋势不相适应。突出表现在服务业比重偏低。进入工业化中后期服务业占比明显提高是一个基本趋势。2014 年我国服务业占 GDP 的比重为 48.4%，2015 年第一季度达到 51.6%，这是个历史新高，但仍然远低于 2000 年发达国家 70.1% 的平均水平；与同为金砖国家的巴西（2013 年 69.3%）、俄罗斯（60.3%）、印度（57%）相比，也有较大差距。服务业发展滞后在一定程度上形成投资与消费的结构失衡。目前我国投资仍有巨大空间，问题在于投资结构不合理。这不仅既带来服务业投资短缺的问题，也带来重化工业产能过剩的严峻挑战。

（3）改革尚未实现重大突破。第一，服务业市场开放度不够。服务供给不适应服务需求的重要因素在于服务业市场垄断，尤其是行政垄断。以教育为例，教育体制“考试型、封闭式、行政化”的特点十分突出，不仅有违教育发展规律，而且也很难满足全社会的教育需求。在服务贸易开放上，2014 年我国服务贸易占外贸比重为 12.3%，明显低于 2013 年全球 19.6%、美国 22.1% 和印度 26.5% 的水平。第二，结构性矛盾还相当突出。目前我国财税结构、金融结构、教育结构同经济转型大趋势不相适应矛盾日益突出，“加大结构性改革力度”的要求明显增强。第三，在某些方面制度化、法治化环境尚未有效形成。比如，尽管这些年法治政府建设有明显进展，但还面临相当艰巨的任务，需要加快推进。

二、“十三五”：形成服务业主导的经济结构牵动影响转型发展全局

“十三五”我国基本形成服务业主导的经济结构的客观基础正在形成。实现这一转型，既可以在结构升级的基础上形成 7% 左右的经济增长新常态，又能够为跨越中等收入陷阱、进入高收入国家创造有利条件。

1. 形成服务业主导新格局的需求明显加大

（1）工业转型升级对现代服务业的依赖全面增强。第一，创新对生产性服务业的依赖性增强。在工业化发展初期，生产性服务业的作用并不大。进入工业化中期，尤其是进入工业化中后期，生产性服务业在很大程度上决定了经济增长的速度和质量。第二，制造业转型升级对互联网发展的依赖性增强。“互联网 +”时代，离开信息化，离开“互联网

+”，制造业转型升级就比较困难，形成现代服务业发展的重头戏和突出优势就比较困难。第三，企业发展模式转型对服务型经济的依赖性增强。企业的产品创新很重要，但是更重要的是企业商业模式的创新。苹果之所以能够打败诺基亚，关键在于苹果的服务模式发生了重大变革。只有包括服务模式在内的商业模式变革能够适应新一轮科技革命、产业变革的趋势，企业才能在新阶段的市场竞争中抢占先机。

（2）人口城镇化对服务业发展的需求全面快速增长。进入工业化中期之后，全社会对城镇化的需求和期望发生历史性变化，尤其是对城镇化的就业、居住等需求全面快速增长。“十三五”时期从规模城镇化走向人口城镇化，意味着近4亿农业转移人口将要进城，这带来巨大的教育、医疗等需求，并为生活性服务业释放巨大的市场空间。

（3）消费结构升级对现代服务业需求明显增强。以教育为例，2014年，在美国留学的中国学生30万左右，同比增长16%。中国在美留学生占了全部国际学生的31%，2014年为美国经济贡献了约220亿美元。再以健康为例。根据麦肯锡预测，我国医疗市场规模将从2011年3700亿美元提高到2020年的1万亿美元左右；到2020年健康服务业市场规模将超过医疗市场规模，达到8万亿元人民币左右。按照国家老龄委估算，目前老年人至少有1万亿元人民币的消费潜力，但由于产品供给短缺、服务水平上不来，年实际消费规模仅为2000亿元人民币左右。满足消费结构升级带来的服务型消费需求，客观上要求加快发展现代服务业，扩大服务的有效供给。

2. 以服务业主导释放经济发展的巨大潜力

（1）以服务业释放消费的巨大潜力。城乡居民消费结构的升级，蕴藏着巨大的消费潜力。估计到2020年消费市场的总规模将从2014年的26.2万亿元人民币提高到45万亿～50万亿元人民币，仅用6年时间就可以实现消费规模倍增。

（2）以服务业释放城镇化的巨大红利。我国新型城镇化将释放巨大的投资需求和消费需求。如果名义城镇化率从2014年的54.8%提高到

2020 年 60% 左右，将带来 42 万亿元人民币的投资空间。

（3）以现代服务业发展形成创新发展的巨大动力。服务业尤其是现代服务业的大发展，不仅将带来市场规模的扩大，更会形成创新发展的巨大动力。预计未来几年我国生产性服务业将快速发展。

3. 把形成服务业主导新格局作为“十三五”的基本目标要求

当前，对走向服务业主导的判断，还有某些争议。但从各国发展经验看，随着经济发展水平的提高，经济服务化是一个客观趋势。尤其是是工业化中后期，工业与服务业的深度融合日趋明显，制造业的信息化、服务化、全球化特点十分突出。没有现代服务经济的发展就没有现代工业。从这个意义上说，发展服务业不是不要工业，而恰恰在新一轮工业革命趋势下通过发展以研发为重点的生产性服务业发展带动新型工业发展，推进工业的转型升级。“十三五”是我国加快服务业发展的关键时期，要把形成服务业主导新格局作为“十三五”的基本目标要求：

第一，到 2020 年服务业占比达到 55% 以上，生产性服务业比重从 15% 提高到 30% ～ 40%。这几年我国服务业占比增长较快，力争“十三五”服务业占比年均提高 1 个百分点，到 2020 年达到 55%。第二，服务业保持两位数增长。2001—2013 年，我国服务业年均实际增长 10.6%，预计“十三五”服务业仍会保持 9% ～ 10% 左右的增速。第三，服务业规模实现再倍增。通过服务业开放等重大突破，服务业规模有望从 2013 年的 26.2 万亿元扩大到 2020 年的 48 万亿～ 53 万亿元，实现规模倍增。

4. 以服务业主导适应引领经济新常态

目前我国正处于走向经济新常态的关键时期，形成服务业主导新格局适应引领经济新常态有着决定性的影响。

（1）形成中速增长的新常态。近几年，我国服务业每增长 1 个百分点，带动 GDP 增长约 0.4 个百分点。如果“十三五”服务业增加值年均增长 10%，可以带动经济增长 4 个百分点左右，为中速增长奠定重要基础。

（2）形成新增就业不断扩大的新常态。从近两年情况看，服务业每增长1个百分点能吸纳约100万个新增就业。“十三五”服务业年均增长10%，年均吸纳新增就业将达到1000万人左右，成为吸引就业的主要渠道。在原来的产业结构的背景下，如果GDP的增速达不到8%，就业的压力就会增大。从现在的情况来看，就业既与经济增长速度相关联，更与产业结构相联。此外，服务业主导的经济转型不仅是形成新一轮创新创业潮的主要推动力，而且将为创新创业开辟巨大的市场空间，成为创新驱动的重要条件。

（3）形成利益结构和社会结构优化的新常态。服务业是“白领”就业的主要行业。到2020年，如果服务业主导格局基本形成，我国在服务业就业的人口将不少于4亿，由此将带动中等收入群体的增加。

（4）形成绿色发展的新常态。走向“绿色现代化”，关键是推进服务业主导的产业结构转型。服务业对资源能源的需求较低，可以有效地摆脱重化工业的路径依赖，形成绿色发展的新常态。如果2020年服务业占比达到55%，能源消耗量将下降14%左右，SO_2将减排18%左右。

三、“十三五”：把握走势、突出优势，理顺三大关系

从现实情况看，“十三五”如何立足优势、趋利避害、积极作为，关键在于处理好以下三大关系。

1. 短期与中长期

短期经济增长很重要，但中长期的经济转型升级更重要。这就要把握短期与中长期的关系，在保持短期经济平稳增长的同时，加快经济转型的进程。如果谋划好、把握好2020这个“中期”，加快以经济转型升级为主线、以理顺政府与市场关系为重点的经济转型与改革，不仅能有效化解短期的经济矛盾与风险，而且将为中长期的可持续增长奠定坚实基础。如果错失2020“中期”这个重要历史机遇期，有可能会失去经济转型与改革的主动权。对此，要有客观、清醒的估计。

2. 速度与结构

从实际情况分析，经济增速下滑根本原因在于结构问题。在新的发展趋势的背景下，原有的结构性矛盾成为影响当前经济增速下降的主要因素。主动适应经济新常态，就是要高度重视经济结构的调整。调结构不仅可以化解短期增长的下行压力，也可以防止系统性的、全局性的经济风险。要通过加快结构性改革，形成投资消费关系的新常态、服务业主导的产业结构新常态、以人口城镇化为主线的新型城镇化新常态、创新驱动新常态。不能因为短期内经济增长扰动而放弃中长期转型改革的目标，尤其需要防止以增长速度取代结构调整的倾向。

3. 政策与体制

以往依靠政府主导和全面政策刺激拉动 GDP 增长的边际效应明显递减，难以为继。化解经济下行压力主要不是靠政策刺激，关键在于处理好政府与市场关系，充分发挥市场在资源配置中的决定性作用和更好发挥政府作用；关键在于啃下结构性改革这块“硬骨头”：第一，在财税体制改革上，尽快启动消费税改革，并明确作为地方主体税种；在“放水养鱼”上有更大力度，激发社会资本创新创业活力。第二，加快金融体制改革，支持为中小微企业提供服务的社区银行、互联网金融机构等民间金融创新发展、规范发展。第三，加快教育第二次改革。“十三五”应当把幼儿教育纳入义务教育，加快普及 12 年制基础教育，允许支持有条件的地方实行 12 年义务教育；大力发展现代职业教育，推动高等教育转型升级。

以转型改革加快“十三五”服务型经济发展*

面对国内外经济环境的深刻复杂变化，在增长、转型、改革高度融合的背景下，“十三五”期间要形成良好的增长前景，关键在于把握经济转型升级的大趋势，走出一条以转型改革推动现代服务型经济发展的新路子。

一、经济转型升级重在形成以服务业为主体的产业结构

当前，我国正处在经济转型的历史关节点。从国际产业结构演进的经验看，由高附加值的现代服务业逐步取代低附加值的传统工业，是一个国家由工业化中后期走向工业化后期这个特定历史阶段经济可持续发展的客观趋势，也是发展中国家成功迈向高收入国家的必由之路。“十三五”期间，经济结构的变化趋势，要求我们必须把握增长、转型与改革的主动权，适应并引领经济新常态，尽快形成以服务业为主体的产业结构。

首先，从生产型制造为主向服务型制造为主转变的大趋势，要求我们主动加快现代生产性服务业的发展。当前，新一轮科技革命与我国经济转型升级形成历史性交汇。中国制造在“互联网 +”下，由生产

---

* 本文载于《光明日报》，2015 年 10 月 28 日。

型制造开始向服务型制造转变。从现实情况看，我国发展服务型制造的突出问题是以研发、设计、金融、物流、营销等为代表的生产性服务业发展滞后。目前我国生产性服务业占 GDP 的比重只有 15% 左右，相比之下，作为先进制造业强国的德国的生产性服务业占 GDP 的比重在 45% ～ 50%。我国要实现工业与服务业的深度融合，到 2020 年初步完成从“工业 2.0”向“工业 3.0”的升级，并奠定“工业 4.0”的重要基础，就需要在“十三五”期间把生产性服务业比重从 15% 提高到 30% ～ 40%。

其次，规模城镇化向人口城镇化的转型升级为生活性服务业发展提供了巨大空间。“城镇化红利”仍是“十三五”期间扩大内需的突出优势。实现人的城镇化，关键在于加快从规模城镇化向人口城镇化的转型升级。随着户籍制度改革的加快，未来 5 年我国人口城镇化年均有望保持 2 个百分点左右的增速，到 2020 年达到 50% 左右。这意味着将有近 4 亿农业转移人口进城，这将为教育、医疗、养老等生活性服务业带来巨大市场空间。从近几年的情况看，城镇化率每提高 1 个百分点，能够带动服务业增加值比重提高 0.77 个百分点。以此估算，到 2020 年即使人口城镇化率仅提高 10 个百分点左右，也会带动服务业比重提高 7 ～ 8 个百分点。进入工业化中后期，人口城镇化重在发展现代服务业。

最后，物质型消费为主向服务型消费为主的消费结构转型升级，将形成经济服务化的内在动力。我国正处于消费结构转型升级的关键时期，突出表现在城乡居民消费结构正由物质型消费向服务型消费升级。城镇居民服务型消费占比接近 40%，预计到 2020 年将提高到 50% 左右，一些发达地区可能达到 60% 左右。服务型消费的快速增长将为服务业发展提供巨大市场空间。初步估算，我国的消费总规模有可能从 2014 年的 30.7 万亿元扩张到 2020 年的 45 万亿～ 50 万亿元。保守估计，“十三五”期间服务业占比每年约提升 1 个百分点，到 2020 年，服务业占比将达到 55% 以上，从而基本形成以服务业为主体的产业结构。

二、以服务业市场开放为重点促进服务型经济发展

目前，我国服务业市场的开放程度与经济转型的目标不相适应，一定程度上阻碍了服务业的快速发展。一是服务业市场化程度低。当前，国内居民大量服务型消费需求难以得到有效满足，主要原因在于服务业市场开放程度较低。据统计，我国工业部门80%以上是制造业，属于高度市场化部门，而服务业50%以上仍属于行政垄断部门，服务业市场开放不足越来越难以适应服务型消费需求快速增长的趋势。二是服务业对外开放的程度也比较低。例如，我国自贸区在服务业开放上是走在全国前列的，但即使上海自贸区的负面清单的122项中，就有83项是针对服务贸易的限制。三是服务型水平低。以房地产为例，我国房地产规模已到了相对饱和的状态，面临着规模房地产如何向服务型房地产的转型。未来几年，如果房地产能够以健康服务为重点，不断提高服务水平，就会明显提高房地产使用价值。四是服务价格高。例如，2014年我国宽带的平均上网速度仅为3.8兆，全球排名第75位，而平均1兆每秒的接入费用却是发达国家平均水平的3～4倍。再例如，近年来出国留学、出国旅游呈爆发式增长趋势，就与国内服务价格过高、服务质量不高相关。

基于上述原因，“十三五”期间，需要以破除行政垄断为重点加快推进服务业市场开放。一是打破服务业市场的行政垄断与市场垄断。建议尽快出台垄断行业改革的总体方案，电力、电信、石油、民航、邮政等行业要进一步破除各种形式的行政垄断。二是推进服务业市场的便利化改革，尽快使社会资本成为服务业发展的主体力量，实现教育、医疗、健康、养老等生活性服务业对社会资本的全面开放，充分利用社会资本促进研发、物流、销售、信息等生产性服务业的发展。三是逐步放开服务业市场的价格。除政府必须确保的基本公共服务领域之外，“十三五”时期应争取在绝大多数服务业领域放开价格管制，政府定价

范围主要限定在重要公用事业、公益性服务、网络型自然垄断环节。对基本公共服务领域，政府仍保留定价权，以保障公益性；对非基本的公共服务全面放开价格管制。四是以政府购买公共服务为重点推动公共服务业市场开放。充分利用市场力量、社会力量扩大公共服务供给，争取使政府采购规模占财政支出比重从 2014 年的 11.4% 提高到 2020 年的 15% ～ 20%，服务类占政府采购总额比重从 2014 年的 11.2% 提高到 30% 左右。

开放服务业市场，政府需要有所作为，并对一些改革难点达成共识。首先，服务业市场开放是全面开放，不仅要对外资开放，更要对国内社会资本开放；不仅是生产性服务业的开放，还包括生活性服务业的开放。其次，服务业市场开放比工业领域市场开放更为复杂，既需要形成相关标准，又需要加强监管；既需要相关国有企业、事业单位改变体制，又需要形成大量与国际管理接轨的相关规则。最后，建议尽快形成“十三五”服务业市场开放的顶层设计。

三、以结构性改革创新服务业发展的政策体制环境

近年来，我国已提出社会资本可以进入法律未禁止的领域，但现实情况是，2015 年前三季度，尽管服务业固定资产投资占比达到 56.1%，但如果扣除房地产投资，其他服务业投资占比仅为 24.2%，尤其是与老百姓服务型消费需求释放相关的服务业投资比例严重偏低。例如，教育投资占比仅为 2.46%，卫生和社会工作投资占比为 1.61%，文化、体育和娱乐业投资占比为 2.17%，公共管理、社会保障和社会组织投资占比为 2.34%。究其原因，主要在于结构性的政策与体制矛盾未根本解决。从实践看，现行的某些政策体制带有鼓励工业和重化工业的发展、抑制服务业发展的特征。例如税收，营改增尚未全面完成，以消费税为主体的税种尚未推出，这些都与以服务业为主体的产业结构不相适应。

因此，加快服务业发展，必须实现结构性改革的实质性突破。

第一，破题投资体制改革，加快投资转型，实现投资与消费的互动和融合。当前，服务业发展的突出矛盾是投资消费失衡，适应于服务型消费的投资比例严重偏低。在政策导向上，需要更加突出消费的导向作用，扩大有真实需求的服务业投资比例。

第二，推进以消费税为重点的财税体制改革。把消费税改为地方为主的直接税，由此改变地方政府“重投资、轻消费”的行为模式。在全面普及营改增改革的同时，对服务业领域的中小企业加大定向减税力度，实现工业与服务业税负平等。

第三，深化金融体制改革，促进以社会资本为主体的中小金融机构的发展。着眼于金融支持实体经济，需要支持为中小微企业提供服务的民营银行、社区银行等民间金融创新发展、规范发展，通过发展多层次的资本市场扩大直接融资比例。

第四，调整教育结构，尽快发展与经济转型升级趋势相适应的职业教育。以发展职业教育为重点推进教育第二次改革，实现教育模式由考试型、封闭性、行政化向实用型、开放性、专业化的转型至关重要。

此外，从政府自身来看，还需要继续纵深推进简政放权改革，激活市场、激发企业活力，抓好时机全面实施负面清单管理，并进一步推进监管转型，尽快形成法治化的监管框架。

中国增长创新的新动力*

这次北京 APEC 会议，把“促进经济创新发展、改革与增长”作为三大主题之一，十分重要。这次会议有望制定并通过《APEC 经济创新发展、改革与增长共识》，这将对实现亚太增长带来深远影响。

未来几年，中国增长、转型、创新的动力何在？我的初步判断是：到 2020 年中国走向服务业大国，形成服务业主导的经济结构，将成为中国增长、转型、创新的主要推动力。这里，提出两个问题与大家讨论。

一、到 2020 年中国走向服务业大国的主要条件是什么？

1. 城镇化为生活性服务业发展提供了重要条件。从国际经验看，城镇化进入快速发展阶段，也伴随着生活性服务业的加快。2013 年中国的名义城镇化率为 53.7%，而人口城镇化率仅为 36% 左右。从新型城镇化的进展看，2020 年名义城镇化率有可能达到 60% 左右，人口城镇化率有可能达到 50% 以上。中国城镇化对中国服务业快速发展至关重要。

---

* 本文系作者在外交部主办的主题为“亚太经合组织非正式会议第二十二次领导人非正式会议”的第十届“蓝厅论坛”上的演讲，2014 年 10 月 29 日。

（1）将拉动服务业比重上升。这几年城镇化率每提高 1 个百分点带动服务业增加值比重提高 0.77 个百分点。以此估算，未来 6 年即使人口城镇化率仅提高 10 个百分点左右，也有可能带动服务业比重提高 7 ～ 8 个百分点。

（2）将明显提高服务消费比重。例如，城镇居民人均医疗保健、交通通信、文教娱乐三大消费支出占人均消费比重从 1985 年的 12.8% 上升到 2013 年的 34.1%。估计到 2020 年这个支出比有可能提高到 40% ～ 45%，成为城镇居民的消费大头。

2. 工业转型升级为生产性服务业发展注入内在动力。从国际经验看，进入工业化中后期，经济转型升级的一个突出特点是工业经济向服务业经济的转变。中国作为制造业大国，“中国创造”的优势远未凸显，就是生产性服务业发展严重滞后，其占服务业的比重仅为 15%。未来 6 年，中国生产性服务业占服务业的比重至少需要提高 15 ～ 20 个百分点，达到 30% ～ 40%。这是中国工业转型升级的内在要求，是工业转型升级的必由之路。

二、到 2020 年走向服务业大国对中国增长转型意味着什么？

1. 服务业发展规模有望实现倍增。2008—2013 年，中国服务业增加值从 13.1 万亿元增长到 26.2 万亿元。未来 6 年，如果服务业增加值年均增长保持在 10% 左右，服务业总规模可能扩大到 48 万亿～ 53 万亿元。

2. 形成中速增长的新常态。近几年，中国服务业每增长 1 个百分点，可以带动 GDP 增长约 0.4 个百分点。如果未来 6 年服务业增加值年均增长 10%，可以带动经济增长 4 个百分点左右，为中速增长新常态注入新活力。

3. 顺利跨越中等收入陷阱。如果未来 6 年在转型升级的基础上形成 6.5% ～ 7.5% 的经济增长新常态，到 2020 年中国人均 GDP 将达到 1.1

万美元，从而为进入高收入国家创造有利条件。

4. 形成新增就业不断扩大的新常态。从近两年的情况看，服务业增加值每增长 1 个百分点能创造约 100 万个新的就业岗位。未来 6 年服务业增加值按年均 10% 增长估计，每年新增就业将达到 1000 万人左右。

5. 将加快推进服务业市场开放。不仅会加快服务业领域的反垄断改革，使社会资本逐步成为服务业发展的主体力量，而且服务贸易开放将成为区域合作的重点。估计服务贸易占贸易总量比重有可能从 2014 年上半年的 12.3% 提高到 2020 年的 20% 左右。这样，2020 年中国要向国际市场进口大约 8000 亿美元的服务，是 2012 年 2800 亿美元的 2.86 倍。这会给亚太区域经济合作带来重大利好。

第四章

以经济转型为主线的结构性改革

在我国经济转型时期，结构性改革有其特定的时代内涵：以结构性调整为重点任务，以提高全要素生产率为目标，以制度创新为重大举措，这不仅需要结构调整，更需要结构性改革；不仅需要需求侧结构性改革，更需要供给侧结构性改革。“十三五”，以经济转型为主线的结构性改革取得突破性进展，对未来10年、20年我国经济的公平、可持续发展具有决定性影响。

“十三五”：以经济转型为主线的结构性改革*

一、“十三五”：经济转型的历史关节点

“十三五”，我国经济转型的历史性特点十分突出：增长、转型、改革高度融合，以转型改革促发展是一个基本趋势；转型发展正处在关键时期，经济转型升级蕴藏着巨大的发展潜力与市场空间；经济转型面临诸多矛盾叠加、风险隐患增多的严峻挑战，转型需要“闯关”。抓住机遇、应对挑战，重在以结构性改革破解经济转型的结构性矛盾。由此，释放市场活力，释放转型发展的内需潜力。

1.“十三五”：经济转型的“最后窗口期”

（1）投资主导型的增长方式走到尽头。当前，我国面临着去产能、去库存、去杠杆的严峻挑战。以去产能为例，大部分行业都存在着产能过剩的问题，并且由过去的钢铁、水泥、有色金属、煤化工、平板玻璃等传统产业蔓延至多晶硅、风电设备等新兴产业。再以去库存为例，过去 10 年来大多数省市把房地产作为拉动投资的重要领域和支柱产业，连续多年房地产的高投资带来库存的不断攀升。2015 年末，全国商品房待售面积接近 7.2 亿平方米，[1] 房地产高库存加大了经济的系统性风

---

* 本文载于《转型闯关》，中国工人出版社，2016 年 3 月。

1　2015 年全国房地产开发投资和销售情况 [EB/OL]. 国家统计局网，2016-01-19.

险。客观说，过剩产能、过剩库存、过高杠杆的形成，既是投资主导增长方式的必然产物，又是投资主导增长方式难以为继的实际反映。

（2）经济转型滞后加大经济下行压力。2015 年，我国 GDP 增速为 6.9%，总体经济态势平稳，但经济下行压力继续加大。这有周期性和国际性的因素，但根子在于经济转型滞后。总的看，经济转型滞后不仅加大了短期经济下行压力，而且增大了多方面对我国中长期经济增长前景的疑虑。去产能、去库存、去杠杆的实际成效主要取决于产业结构调整的突破。如果不能在产业结构变革方面取得突破，不仅现有过剩产能很难出清，而且有可能形成新的过剩产能。这就需要把转方式、调结构放到更加重要的位置，并且争取在“十三五”的头两年取得重要进展。

（3）经济转型正处在闯关的历史关口。“十三五”，尤其是未来一、两年如果能够实现经济转型的重要突破，不仅能缓解短期经济下行压力，而且将释放中长期增长的巨大潜力。反之，就有可能失去经济发展的主动权，并由此引发系统性的经济风险和社会风险。

2.“十三五”：经济转型升级的历史拐点

当前，实体经济领域两种情况并存：一方面，经济下行压力增大，实际困难增大；一方面，经济转型升级呈现新的趋势性变化，产业结构、城镇化结构、消费结构正处在加快变革的重要阶段，新趋势、新结构快速形成。在这个特定背景下，关键是谋划好、把握好经济转型的路径选择，以结构性改革破解结构性矛盾和问题，以转型发展释放巨大的增长潜力。

（1）经济转型升级的突出优势。我国是一个超过 13 亿人口的大国，发展战略的回旋余地大。尤其是进入工业化中后期，无论是增长的趋势、结构，还是增长的动力，都呈现出与以往不同的新变化。

——产业结构变革正由工业主导向服务业主导转型。当前，我国经济服务化的趋势正在形成。无论是第一产业还是第二产业，都呈现出经济服务化的鲜明特征。例如，大众创业、万众创新，大都集中在服务型经济领域，并带来产业结构的深刻变革。“十三五”期间，服务业增加值占 GDP 的比重将明显提升，估计由 2015 年的 50.5% 提升到 2020 年的 58% 左右，有可能达到 60%，由此基本形成以服务业为主导的产业结构。

——城镇化结构变革正由规模城镇化向人口城镇化转型。“十三五”，我国的城镇化不仅在水平上会持续提升，而且在结构上也会逐步优化。随着居住证制度的渐次推开，从规模城镇化向人口城镇化转型的速度将大大加快，并由此形成“十三五”转型发展的“最大红利”。

——消费结构变革正由物质型消费为主向服务型消费为主转型。随着城乡居民收入水平的不断提升，对服务型消费、绿色消费等需求明显增加，使全社会消费规模不断扩张，结构明显变化。“十三五”，我国服务型消费将进入全面快速增长的新阶段，由此使消费对经济增长的贡献率明显提升。估计“十三五”期间，我国消费率有可能达到 55% 左右；消费对经济增长的贡献率将保持在 65% 左右，成为推动经济增长的“主力军”。

（2）经济转型升级与新一轮全球化的历史交汇。全球进入“工业 3.0”、“工业 4.0”时代，产业变革风起云涌，正深刻影响着世界经济再平衡的格局。

——我国经济转型升级与全球新一轮科技革命、产业变革呈现历史交汇。能不能抓住新一轮科技革命、产业变革的机遇，在“工业 3.0”、“工业 4.0”的基础上改造传统产业，形成制造业强国的技术优势、产业优势，成为我国“十三五”经济转型升级的重大任务。

——我国开放型经济新格局与全球新一轮自由贸易进程呈现历史交汇。在以服务贸易为重点的全球自由贸易进程明显加快的新形势下，如何把国内产业变革、消费结构升级和推动新一轮全球自由贸易进程有机结合，通过主动参与全球服务贸易形成现代产业体系，成为“十三五”实现经济转型升级的重大课题。

（3）抓住趋势，顺势而为。顺应经济转型升级的大趋势，关键是把握好扩大内需的突出优势，“出好牌”、“打好牌”。

——13 亿人的消费结构升级是转型发展的重大利好。我国经济领域的突出矛盾是产能过剩，根源在于需求不足。如果消费能够在经济增长中发挥重要作用，那么经济增长的持久性就会增强，经济波动就会有所减少，经济增长就会比较平稳，产能过剩等问题就有解决的空间。

——产业结构变革是经济转型升级的核心因素。“十三五”，形成以服务业为主导的产业结构，加快经济服务化进程，将带来经济转型的新动力，形成制造业转型升级的新动能，促进新产业和新业态的不断涌现，并成为支撑“十三五”期间 6.5% 左右经济增速的主要条件。

3.“十三五”：结构性改革的攻坚时期

（1）经济转型面临结构性矛盾掣肘。

——需求与供给的结构性矛盾。当前，经济运行面临着的突出问题是供给结构与需求结构不相适应，需求引导供给的作用没有得到充分发挥，供给释放需求的作用没有得到有效利用。随着消费结构向多样化、高端化、服务化的需求升级，原有的供给结构已不适应市场需求结构的变化，供给过剩与供给不足的矛盾并存。若再用以往扩大投资的办法化解供需矛盾，投资的边际效应就会明显递减，对经济增长的拉动作用也将趋于减弱，还会使经济矛盾和问题后延，更重要的是错过化解风险的最佳时期，使潜在风险进一步积累。为此，要在适度扩大总需求的同时，着力加大供给侧结构性改革的力度，以提高供给体系质量和效率，提高投资有效性，加快培育新的发展动能，改造提升传统比较优势，增强经济持续增长的新动力。

——消费与投资的结构性矛盾。“十二五”以来，我国投资消费失衡的格局有所改善，消费率和消费贡献率开始回升。但是，由于投资驱动的增长格局没有根本改变，投资消费错配的矛盾仍然突出，有效供给不足的结构性矛盾日益凸显。比如，社会消费结构由物质型消费向服务型消费升级的大趋势已经形成，但服务业有效投资和有效供给明显不足，社会资本进入服务业仍然存在着诸多政策性与体制机制性的障碍。

——政策与体制的结构性矛盾。化解经济下行压力，主要不是靠政策刺激，而是需要相应的制度安排与制度创新。以化解产能过剩为例：一是政策刺激要起到“托底”作用，尤其是金融宏观调控，要守住不发生系统性风险的底线；二是要通过行政审批制度改革、要素市场化改革、财税体制改革、金融体制改革等，理顺诱发产能过剩的相关体制机制，逐渐消除产能过剩的制度性因素。

（2）以结构性改革破解经济转型的结构性矛盾。面对经济转型的结构性矛盾，需要以更大的决心和魄力攻坚结构性改革，闯出一条以结构性改革化解结构性矛盾的新路子。

——以结构性改革推动产业结构变革。应当看到，以服务业为主导的产业结构变革是新阶段实现制造业强国的战略选择。我国进入工业化中后期，市场资源配置的重点要由工业领域转向服务业领域，依靠市场力量大力发展现代生产性服务业，以推动制造业的转型升级。

——以结构性改革推动城镇化结构变革。“十三五”，我国将进入人口城镇化发展的新阶段，深化户籍制度改革要有新思路，要以全面实施居住证制度加快人口城镇化进程。

——以结构性改革推动消费结构变革。从当前面临的突出矛盾看，实现消费驱动经济转型的重大突破，关键是创新消费供给，满足人们日益增长的个性化、多样化的消费需求，并且加快投资转型。

（3）经济转型时期结构性改革的突出特点。在我国经济转型时期，结构性改革有其特定的时代内涵：以结构性调整为重点任务，以提高全要素生产率为基本目标，以制度创新为重大举措。从现实情况看，我国经济转型的矛盾与挑战主要是结构性问题：不仅需要结构调整，更需要结构性改革；不仅需要政策调整，更需要相应的制度变革；不仅需要需求侧结构性改革，更需要供给侧结构性改革。

（4）以结构性改革为重点深化全面改革。十八届三中全会对全面深化改革作出了总体部署。从这两年改革的实际进展看，有些领域的改革进展较快，并且有实质性突破，但有些领域的改革滞后，并出现了改革“打滑、空转”的现象。当前，改革已经进入深水区，改革的环境和条件发生了重大变化，改革的难度和复杂性也大大增加。这就需要按照十八届五中全会的要求，在树立创新、协调、绿色、开放、共享的理念上进一步解放思想，突破利益固化的藩篱，形成自上而下的共同改革行动，形成结构性改革的良好氛围。

二、“十三五”：经济转型升级的基本趋势

经济发展的活力在于结构变化和制度创新。“十三五”，我国经济转型将呈现结构升级、内需潜力释放的趋势性变化，这是转型发展的突出优势与独特“资本”。适应、引领经济新常态，实现经济可持续增长，关键在于以结构性改革推动经济转型升级。由此，不仅能缓解或者化解短期经济增长的矛盾和困难，更重要的是将通过转型升级引领经济结构上一个新台阶，为全面建成小康社会奠定坚实基础。

1. 基本形成以服务业为主导的产业结构

（1）“十三五”我国服务业发展空间巨大。“十二五”时期，我国服务业得到快速发展。国家“十二五”规划明确提出，“到 2015 年，服务业增加值占国内生产总值的比重较 2010 年提高 4 个百分点”，即从 43% 提高到 47%。2015 年这一比重已经达到 50.5%，比“十二五”规划提出的目标要求高出 3.5 个百分点。

尽管如此，我国服务业发展仍有很大空间。例如，与印度、俄罗斯等金砖国家相比，我国服务业占 GDP 的比重低 10 个百分点左右；与发达国家相比，低 20 个百分点以上；与进入工业化中后期的实际需求相比，至少相差 5 ～ 10 个百分点。如果到“十三五”末我国服务业占比达到 58% 左右，意味着 5 年内还有约 8 个百分点的增长空间。

有观点认为，当前服务业在 GDP 中占比快速提高，主要不是规律性的，而是工业投资下降、实体经济不景气造成的。从现实情况看，有这方面的因素，但不是主要因素。应当看到城乡居民消费规模的扩张和消费结构的变化、服务型消费全面快速增长带动经济的服务化，已经成

为一个不可逆的基本趋势。在这个趋势下，"十三五"或者更长一段时间内，服务业占比年均提升1.2个百分点左右是完全有可能的。

（2）服务业不仅速度在增长，而且结构也在发生重要变化。从规模看，"十三五"服务业增加值占GDP的比重将明显提升；从结构看，与工业转型升级相适应，由生产型制造向服务型制造的转型初见端倪，以研发、金融、物流等为重点的生产性服务业占GDP的比重将从现在的15%左右提升至2020年的30%以上，由此形成制造业转型升级的内在动力。

（3）以服务业发展推动制造业转型升级。"十三五"，形成以服务业为主导的产业结构是实现制造业强国的战略选择。

——制造业为何大而不强？目前，我国制造业的人均产值只相当于发达国家的1/3，主要原因在于以研发、设计等生产性服务业的比重严重偏低。

——做大做强的关键何在？从发展趋势看，制造业转型升级主要依靠以研发、设计为龙头的生产性服务业，其基本趋势是由生产型制造走向服务型制造。

——形成服务业主导的产业结构对工业意味着什么？形成以现代服务业为主导的产业结构不是不要工业，不是不走工业强国的道路，恰恰是工业转型升级、工业强国的客观需求。2015年，我国新产业增长较快，全年高技术产业增加值比上年增长10.2%，比规模以上工业快4.1个百分点，占规模以上工业比重为11.8%，比上年提高1.2个百分点[1]。这与近几年我国生产性服务业的加快发展直接相关。

（4）以服务业为主导的产业结构将引领经济新常态。有数据显示，2008年GDP每增长1个百分点，新增就业只能达到70万～80万人左

1　国家统计局.2015年国民经济运行稳中有进、稳中有好[EB/OL]. 国家统计局网，2016-01-19.

右；而2013年GDP每增长1个百分点，新增就业能达到150万人左右。[1]也就是说，就业问题既和速度相关联，也和产业结构相关联。随着经济转型升级，以服务业为主导的产业结构将是扩大就业的主要载体。从绿色发展的角度看，环境保护力度加大等因素很重要，但更重要的是产业结构的变革。根据初步测算，如果未来几年服务业占比从50%提高到55%，我国能源消耗总量将下降14%左右，二氧化碳的排放量将下降18%左右。可以说，形成以服务业为主导的产业结构是我国实现绿色发展的重要支撑。

2. 基本形成户籍人口城镇化的新格局

（1）推进规模城镇化向人口城镇化的转型。“释放新需求、创造新供给”的一个重要载体是人口城镇化。按照十八届五中全会提出“十三五”期间加快提高户籍人口城镇化率的要求，深化户籍制度改革、加快推动城乡基本公共服务均等化，“十三五”户籍人口城镇化率有可能每年以不低于2个百分点的速度提升。估计到2020年，我国规模城镇化率将有可能超过60%，户籍人口城镇化率将由2014年的36.6%提高到50%左右。

——户籍人口城镇化率要与产业结构变革的进程相适应。估计到2020年，服务业占比达到58%、60%左右，若户籍人口城镇化率只有45%左右，这与转型升级的大趋势不相适应。

——户籍人口城镇化率要与全面小康社会的进程相适应。到2020年要达到建成全面小康社会的目标，户籍人口城镇化率若只有45%左右，这与全面建成小康社会的目标要求不相适应。

——户籍人口城镇化率要与国际平均发展水平相适应。2011年，全球人口城镇化率平均已经达到52%。如果到2020年，我国户籍人口城镇化率与2011年全球人口城镇化率的平均水平还相差几个百分点，是无论如何说不过去的。

1 李克强：GDP增长1个百分点能拉动150万人就业[N]. 工人日报，2013-11-05.

（2）关键是“让农民工成为历史”。我国是一个城乡二元结构的大国，实现共享发展，首先在于“让农民工成为历史”。这就需要“十三五”期间加快相关政策的落地，实现中央确定的使1亿左右农民工和其他常住人口在城镇定居落户的目标。如果近两年能有效解决这1亿农民工的问题，“十三五”户籍人口城镇化就会有重大突破。

（3）深化户籍制度改革要有新思路。十八届五中全会《建议》中有两个提法特别重要：一是深化户籍制度改革；二是实施居住证制度。“十三五”深化户籍制度改革要在推进三个方面的重要转变：第一，由对人口的控制转向对人口的服务与管理。第二，由城乡二元户籍制度转向全面实施居住证制度。第三，由治安部门管理为主转向人口服务部门的管理为主。

3. 基本形成消费主导的经济增长新格局

（1）“十三五”我国将实现由物质型消费为主向服务型消费为主的转变。消费的本质需求是服务。进入工业化中后期，现代服务需求逐步高于传统物质需求，成为转型升级的大趋势。估计“十三五”末期，我国城镇居民的服务型消费支出占比将由2014年的40%左右增长到2020年的50%左右，一些发达地区可能会达到60%以上。有机构估计“十三五”期间，我国健康服务业的市场消费总规模将高于医疗消费总规模，高达8万亿元人民币；[1]还有机构预测，到2020年我国健康产业产值规模将高达14～16万亿元人民币。就是说，健康服务业将成为我国“十三五”增长速度最快、发展潜力最大的产业之一。

（2）“十三五”我国消费规模将呈现较快的增长趋势。2015年，我国社会消费品零售总额增长10.7%，超过GDP增速3.8个百分点。估计“十三五”期间，我国社会消费品零售总额增长仍保持高于GDP增速2～3个百分点的速度增长，年均增速达到8%～10%。

（3）“十三五”消费对经济增长的贡献率将明显提升。2015年，消

1　王昌林．支撑7%的产业发展新动力[N]. 光明日报，2015-08-05.

费对经济增长的贡献率达到了66.4%。[1]估计“十三五”期间，消费对经济增长的贡献率将稳定在65%左右。也就是说，“十三五”消费成为拉动经济增长的主要推动力。

（4）消费结构变化是经济增长的内生动力。消费是生产的目的，现实生活当中消费又成为拉动经济增长的直接动力，并引发经济结构服务化的重大变化。

4. 基本形成以服务贸易为重点的对外开放新格局

（1）经济转型升级对服务贸易依赖性明显增强。以服务贸易为重点的新一轮全球化方兴未艾。与2001年我国加入WTO时的对外贸易不同，如今我国面临着的突出挑战是服务贸易的双向市场开放。当前，国人到海外旅游、健康体检、求学等已经比较普遍。“十三五”，如果能在以服务贸易为重点的双向市场开放方面有所突破，不仅牵动影响国内的经济结构升级，还将充分发挥我国在新一轮全球自由贸易进程中的重要作用。

（2）以服务贸易为重点优化对外贸易结构。当前，我国已经成为世界货物贸易的第一大国，但服务贸易比重过低。2014年，全球服务贸易占整个对外贸易的比重为20%左右，我国仅为12.3%。这就需要把加快提升服务贸易水平作为优化贸易结构的重点。

（3）以服务贸易为重点加快国内自贸区建设。目前，国内4个自贸区在实施负面清单管理方面取得了明显成效。在全球双边、多边、区域性、全球性自由贸易进程加快推进的特定背景下，自贸区的重要使命是推进服务贸易开放。应当说，目前自贸区在这方面尚未有大的突破，甚至仍是一个“短板”。适应新一轮全球自由贸易与国内经济转型升级的需求，自贸区要在服务贸易上努力实现重大突破，为全国提供可复制、可推广的实践经验。

---

1 国家统计局.2015年国民经济运行稳中有进、稳中有好[EB/OL].国家统计局网，2015-12-12.

（4）以服务贸易为重点推进双边、多边、区域性、全球性自由贸易进程。多边、双边、区域性、全球性自由贸易进程取决于服务业市场双向开放有多大的突破。适应快速上升的全球服务贸易需求，有序推进服务业市场双向开放，打破发达国家服务贸易出口管制，成为扩大服务贸易、加快自由贸易进程的重大任务。

——把提高服务贸易比重作为“十三五”对外开放的重大任务。到2020年，我国服务贸易占对外贸易的比重至少要达到20%。

——把加快服务业市场开放作为双边、多边自由贸易的重点，加快与“一带一路”沿线国家或地区共建自由贸易区网络，扩大双边和区域服务贸易协定，打破对我国的服务贸易壁垒。

——大力发展服务外包，推动服务业企业“走出去”。在积极参与新一轮全球化与国际分工中做大现代服务业，培育服务业领域竞争的新优势。

——推动中欧自贸区的可行性研究。以加强服务贸易合作为重点，推动中欧服务业领域的合作共赢，争取“十三五”中欧自贸区建设有实质性突破。

三、“十三五”：结构性改革的重大任务

“十三五”转型发展，挑战与机遇并存，关键取决于改革的选择；取决于结构性改革在多大程度上能适应经济转型的需求与趋势破题发力；取决于能否以结构性改革破解经济转型的结构性矛盾；取决于尽快推出一批具有重大牵引作用的供给侧结构性改革举措。“十三五”的“转型发展”，就是要按照十八届三中全会精神，深入推进市场化改革进程，打破经济转型的政策与体制性掣肘。这个过程，必然伴随着放松管制、简政放权、扩大对外开放等重大改革举措。这就需要正确处理好市场、企业和政府的关系，更大程度上发挥市场在资源配置中的决定性作用，进一步激发企业活力，加大更有效的制度供给，以实现经济转型的实质性

突破。

1. 服务业市场开放是结构性改革的“重头戏”

从现实情况看，当前服务业供给瓶颈矛盾突出，根源不在于国内资本缺失，而在于服务业行政垄断、市场垄断的特点仍然突出，市场开放程度较低。推进供给侧结构性改革，“重头戏”在于推进服务业的市场开放，并由此充分释放市场的活力与空间。

（1）从工业市场开放到服务业市场开放是大趋势。改革开放以来，工业领域的市场开放在推动我国工业化进程中扮演了重要角色。“十三五”，无论从新一轮全球自由贸易的大趋势看，还是从国内经济转型升级的客观要求看，服务业市场双向开放是大势所趋：一方面，以服务贸易为重点的自由贸易进程正在提速。“十三五”，我国要形成服务贸易为重点的开放型经济新格局，需要有序扩大服务业的对外开放；另一方面，把握我国经济转型升级的大趋势，关键是以服务业市场开放为重点发展现代服务业。

（2）服务业市场开放滞后是市场化改革的“突出短板”。多年来，由于市场开放的重心主要在工业领域，服务业市场开放滞后成为市场化改革的“突出短板”。“十三五”推动市场化改革，重点是服务业领域的市场开放。总的看，目前的服务业市场状况大体可以概括为“三低一高”。

——服务业市场化程度低。例如，现在工业部门的市场开放程度至少在80%以上，而服务部门50%左右的垄断格局尚未打破。

——服务业对外开放的程度较低。例如，国内自贸区122项的负面清单中，有80余项针对服务贸易领域，也就是说对服务贸易的限制仍然较多。

——服务型经济水平低。以房地产为例，应当说房地产从规模上看已经到了一个相对饱和的状态，现在面临着规模房地产如何向服务型房地产的转型问题。如果房地产能够以健康服务为重点，不断提高服务水平，由此就会提高房地产的使用价值，从而为去库存闯出一条新路。

——服务价格高。例如，2014年我国的宽带平均上网速度全球排在第75位，仅为韩国的15%。但是，平均一兆每秒的接入费用却是发达国家的3～5倍。[1]

（3）服务业市场开放是市场化改革的"最大红利"。

——服务业领域社会资本投资增速将超过工业。近两年受宏观经济下行的影响，工业与服务业民间投资增速均出现大幅下降，但服务业投资增速仍高于工业，在稳定经济增长中发挥了重大作用。据统计，2015年1～11月，服务业的民间投资同比增长9.7%，高于工业0.3个百分点。[2]

——服务业固定资产投资中社会资本投资占比过半。据统计，服务业民间固定资产投资由2012年的10.1万亿元增长到2015年的16.4万亿元，占全社会固定资产总额的比重由51.3%上升到52.7%。[3]

——服务业市场开放将给社会资本带来巨大的投资空间。以教育市场为例，截至2014年底，全国共有各类民办学校（教育机构）15.52万所，各类在校生达4301.91万人。[4]有机构预测，到2018年我国民办教育市场规模将超过1万亿元人民币。[5]

（4）服务业市场开放牵动影响转型发展全局。形成服务业为主导的产业结构，需要通过服务业市场开放，形成有效投资；形成消费拉动经济增长的格局，需要通过服务业市场开放，扩大服务供给能力；推进双边、多边自由贸易进程，需要有序扩大服务业对外开放，并通过服务业市场的双向开放，形成以服务贸易为重点的开放型经济新格局。就是说，落实十八届五中全会提出的"开展加快发展现代服务业行动"，关键在于尽快制定"十三五"服务业市场开放的行动计划。

1　迟福林."十三五"改革应以服务业开放为主[N].经济参考报，2015-10-29.

2　国家统计局.2015年1—11月份民间固定资产投资增长10.2%[EB/OL].国家统计局网，2015-12-12.

3　根据2012—2015年国家统计局民间固定资产投资数据计算。

4　教育部.2014年全国教育事业发展统计公报[EB/OL].教育部网，2015-07-30.

5　数据来源：《2016—2020年民办教育行业竞争格局与投资战略研究咨询报告》.

（5）实现服务业市场开放的重大突破。改革开放以来，我国在工业领域放开市场，引入竞争，从而有效做大了工业“蛋糕”。“十三五”，通过开放服务业市场做大服务业“蛋糕”，成为供给侧结构性改革的重大课题。

——打破服务业市场的行政垄断与市场垄断。推动服务业领域国有资本的战略性调整，全面推进垄断行业竞争环节向社会资本开放。从现实情况看，无论是生产性服务业还是生活性服务业，都在一定程度上存在着行政垄断或市场垄断。

——推进服务业市场的便利化改革，使社会资本成为现代服务业发展的主体力量。“十三五”，加快服务业市场开放，将为“大众创业、万众创新”打开产业空间和制度空间，为服务业发展提供源源不断的新动能。

——全面放开服务业市场价格，以形成统一开放、公平竞争的市场体系。从实践看，某些服务业价格管制的效果并不理想，在相当大程度上束缚了企业竞争，并扭曲了供求关系。

（6）以政府购买公共服务为重点加快公共服务业市场开放。从国际经验看，公共服务的契约化、社会化、市场化是一个大趋势。这就要求充分利用市场力量、社会力量扩大公共服务供给。适应13亿人公共需求变化的大趋势，要把形成多元供给主体、多元竞争主体作为发展和完善政府购买公共服务的基本目标，争取使政府采购规模占财政支出比重从2014年的11.4%提高到2020年的15%～20%，服务类占政府采购总额比重从2014年的11.2%提高到30%左右。

（7）推进服务业市场开放的相关政策调整。“十三五”形成服务业为主导的产业结构，需要尽快消除服务业发展的某些不合理政策，实现服务业与工业政策平等。

——加快调整服务业与工业用地政策。要加大服务业用地供给，提高现代服务业用地比例，新增建设用地向生产性服务业倾斜。

——以促进服务业市场开放为导向加快税收政策调整。形成服务业为主导的产业结构，需要尽快完成“营改增”，全面推进消费税改革，使消费税成为地方的主体税种。

2. 以优化企业发展环境为重点的结构性政策调整与结构性改革

经验证明，市场经济条件下，供给革命的主角是企业和企业家。企业既是经济转型的主体，也是推动结构性改革的主体。从现实情况看，企业发展的环境总体并不宽松，不仅一些国有企业开始陷入经营困境，而且一些民营企业也面临着诸多的困难。为解决经济结构调整中企业、尤其是实体经济的困难，十八届五中全会要求“优化企业发展环境，开展降低实体经济企业成本行动”。应当说，在当前经济转型的特定背景下，需要把优化企业发展环境、激发企业活力、倡导企业家精神作为结构性改革优先解决的重大问题。

（1）经济转型时期优化企业发展环境具有紧迫性。从当前经济下行压力增大与经济风险因素增多的情况看，未来 1 ～ 2 年，并不是大规模进行企业改革的最佳时期。在这种情况下，要努力寻求短期应对危机与中长期转型相结合的有效路径。例如：加快企业结构调整，优化企业的技术结构、产品结构和组织结构，促进企业转型升级；加快发展新兴企业，要以信息产业为重点，改造提升传统产业、培育发展适应企业转型升级的新兴产业；鼓励引导企业兼并重组，对“僵尸企业”要建立差异化处置的甄别机制，对确实需要淘汰的企业，要逐步退出市场，以降低经济社会风险。

（2）重在优化企业转型与改革的经济社会环境。例如，全面实行负面清单制度，保证各类生产要素的自由流动；加强知识产权保护力度，保证企业尤其是中小企业创新收益，提高企业创新的积极性；形成企业兼并重组的市场环境；部分行业企业产业集中度低，导致行业恶性价格竞争、重复建设严重，有效去产能的办法是通过做优、做大、做强企业来提质增效。

（3）“激发企业家精神，依法保护企业家财产权和创新收益”。在市场经济中，“企业是企业家的企业”。没有一个优秀的企业家，就很难产生一个竞争力强的企业。在经济转型的关键时期，激发企业活力，首先是激发企业家精神。这就需要尽快建立并完善有利于创新型企业家的选拔机制、培养机制、激励机制和约束机制，依法保护企业家财产权和创新收益，形成企业家健康成长的宽松环境。

3. 以监管转型为重点的简政放权与结构性改革

我国仍是一个转型大国。推进供给侧结构性改革的实质是处理好政府与市场的关系，释放市场经济活力，有效地发挥政府作用。从实际情况看，激活市场、激励企业关键是以监管转型为重点纵深推进简政放权改革。当前，在加快经济结构调整、尤其是经济下行压力增大的背景下，需要的是加大放权、减权的力度，需要的是进一步开放市场，激发市场活力，严防“把市场关进权力的笼子里”。

（1）向企业“放权”要有新突破。着眼于激活市场、解放企业，不仅要“放权”，还要实质性“减权”。

——借鉴国际商事制度经验，全面实施企业自主登记制度。总的看，“互联网 +”时代，实现企业自主登记注册的技术条件和时机已经成熟：一方面，在四大自由贸易试验区实施企业一站式登记注册的基础上，尽快建立全国统一的企业自主登记注册网络平台，在企业注册时间上与国际接轨；另一方面，加快推进企业简易注销制度改革。在目前试点的基础上，尽快在全国实施个体工商户、未开业企业以及无债权债务企业简易注销程序。

——适时取消企业一般投资项目备案制。客观地看，从投资审批制到备案制是行政审批制度改革的一项重要突破。但由于多种因素，实践中备案制仍被变相“审批”。建议除政府投资之外，企业一般投资项目一律由企业依法依规自主决策，将投资决策权还给企业。

——以公平竞争政策取代产业政策。应当看到，华为、阿里巴巴等一批创新型企业的成长并不是靠政府产业政策扶持的结果。市场经济条件下，政府的主要职责之一是营造公平竞争的市场环境。除农业等特殊产业外，尽可能少用或不用产业政策干预企业的经营行为。

（2）市场监管体制转型要有新举措。过去以行政审批取代市场监管的传统模式增大了企业的制度成本，并且难以确保监管的有效性。着眼于“降成本”与增强监管的有效性，需要建立统一的、综合性市场监管机构。

——实现行政审批与市场监管严格分离，以保障市场监管机构的独立性、权威性、专业性。行政审批与市场监管不仅在职能上要分开，机构上也要分开，由此形成以法治为基础的监管体制。

——调整优化市场监管的行政权力结构。适应金融市场混业经营的大趋势，建议：尽快组建国家金融监管总局，形成“统一领导、分级负责、条块结合”的金融监管新体制；整合国家食品药品监督管理总局、国家质量监督检验检疫总局和国家工商行政管理总局的消费品安全监管职能，组建专司消费市场监管的国家市场监督管理总局；整合商务部反垄断局、国家发改委价格监督检查与反垄断局、国家工商行政管理总局的反垄断执法权，尽快建立统一的国家反垄断局。

——形成政府与社会协同的市场治理新格局。维护市场秩序是全社会的共同责任。在强调政府市场监管主导作用的同时，积极引导各类市场主体自治，提升企业社会信用，促进市场主体自我约束，诚信经营，充分发挥行业组织的自律作用、舆论和社会公众的监督作用，逐步形成统一开放、竞争有序的市场生态环境，尽快建立起与市场经济发展阶段相适应的市场治理体系。

——推进市场监管的法治化进程。“十三五”推进监管转型，要采取立法先行的办法，依法梳理和公布各级政府监管权力清单。同时，加快金融领域、消费品领域、反垄断领域、城市管理领域等重点领域监管立法修法，完善市场治理的法律体系。

——以大数据为重点创新市场监管方式。建立社会信用体系，推动市场监管的标准化、专业化、技术化，实现市场监管方式的现代化。

（3）简政放权重在确立以人为本的公共服务理念。经济转型升级的根本目标是促进人的发展。无论是释放 13 亿人的潜在消费需求，还是形成服务业为主导的产业结构，都要立足于人的发展。在公共需求全面快速增长的今天，告别政府主导型经济增长方式，使各级政府真正成为公共服务的主体、市场环境创造的主体。这既是社会各方面的共同期待，也是“十三五”时期政府在转型改革中应当承担的历史责任和历史担当。

攻坚结构性改革*

攻坚结构性改革是我国“十三五”实现转型发展的重大举措。我理解，李克强总理作的政府工作报告，结构性改革是一条主线：

（1）报告中一再提到结构性改革。例如，在谈到2015年的工作时提出“我们不搞‘大水漫灌’式的强刺激，而是持续推动结构性改革”；在谈到“十三五”时期主要目标任务和重大举措时提出要大力推进结构性改革，突出抓好供给侧结构性改革；在谈到2016年重点工作时提出2016年是推进结构性改革的攻坚之年。

（2）提出结构性改革面临的矛盾和困难。当前，国内外对我国经济下行议论很多。应当说，我国经济发展确实面临着相当复杂的外部环境和内部环境变化，确实面临着相当大的困难，下一步的发展确实有很多不确定性因素。对此，报告提出要“闯过这个关口”、“没有过不去的坎”。如何越过坎，在我看来，思路很明确，关键是结构性改革、尤其是供给侧结构性改革。

（3）提出2016年结构性改革攻坚的八项具体任务，以着力解决当前经济转型升级面临的结构性政策体制矛盾。

如何有效地推进结构性改革，我认为要处理好4个关系：

---

* 本文系作者在全国政协第十二届全国委员会第四次会议分组讨论上的发言，2016年3月6日。

1. 速度和结构

报告中谈到“当前发展中总量问题与结构性问题并存”。我认为实际就是速度和结构问题。总的看，当前我国转型发展的特点比较突出：一方面，不转型很难找到新的发展路子；另一方面，宏观经济波动性比较大。增长是有波动、有区间的，既要稳增长、又要调结构，稳增长很重要，调结构对中长期更重要。从现实情况看，为了保增长尤其是短期增长采取了不少的措施，我想这种倾向应当值得关注和警惕。如果2016年把过多的精力放在保持6.5%～7%的增长，但结构性改革没有取得突破，那么即使今年实现了6.5%以上的增长，恐怕对“十三五”的转型发展都很不利。今年是结构性改革攻坚之年，上下要高度关注结构调整，在结构调整上要取得一定突破，这对“十三五”转型发展将产生重大影响。

2. 政策和体制

当前，供给侧的政策调整有若干措施，例如，财政政策要加大力度；货币政策要灵活适度；金融监管要全覆盖。

（1）货币政策灵活适度需要严格把握，适度中灵活而不能过于灵活。比如房地产，最近几个一线城市的房地产火爆销售，不能不说与货币政策“过于”灵活是有关联的。现在，这个倾向值得关注和警惕。同时，货币政策要与金融监管改革有机结合，把防止系统性风险摆在突出位置。

（2）财政政策加大力度，重要的在于要加快财税体制改革。政府工作报告提出，“合理确定增值税中央和地方分享比例。把适合作为地方收入的税种下划给地方，在税政管理权限方面给地方适当放权”，这有利于调动地方的积极性。财税体制改革和财政政策要很好地结合，适应经济转型升级实现提升财政公共性的重大突破。这样，在把握短期的时候才能更好地兼顾中长期。

3. 政府和市场

推动结构性改革的主要动力来源于市场。政府是推动者、促进者，重要问题是要发挥市场的活力。我一再主张加快服务业市场开放，原因就在于服务业领域市场垄断、行政垄断比较突出，这些问题不解决，仅加大供给、加大服务业投资，最后遗留下来的问题将会很多。包括去产能，都需要采取综合措施，做好统筹安排。所以，结构性改革攻坚要落实十八届三中全会提出的“使市场在资源配置中起决定性作用”，在这个前提下，更有效、更充分、更好地发挥政府的作用。

4. 顶层设计和基层创新

政府工作报告提出，对基层的改革创新要“健全激励机制和容错纠错机制”，而且特别提出“给改革创新者撑腰鼓劲”。现在很大的问题是，基层改革创新的氛围尚未真正形成。有专家提出改革“空转”，说的是改革在文件中提的特别多，而实际落地的并不是太多。中央从十八届三中全会、十八届五中全会到经济工作会议，一再强调改革，为什么会出现改革“空转”？为什么中央这些年一再强调改革要落地却难以落地？我想，重要的是对改革创新的官员要建立有效的激励机制。报告提出“给改革创新者撑腰鼓劲”，这个提法很好，应当尽快出台具体的制度安排，这样才能把中央的顶层设计与依靠基层改革创新相结合，以尽快形成结构性改革的大氛围。

“十三五”：推进结构性改革重点突破的4点建议 *

当前，我国转型发展的特点突出：一方面，经济结构调整的矛盾与风险日益增多，经济下行压力明显加大；另一方面，经济转型升级蕴藏着巨大的内需潜力与市场空间。在这个特定背景下，不仅需要宏观经济政策的调整，更需要结构性改革的重点突破；不仅需要需求侧结构性改革，更需要供给侧结构性改革。对此，提出以下 4 点建议：

1. 以服务业市场开放为重点推进市场化改革

“十三五”经济结构调整的重点是推动服务业主导的产业结构变革。到 2020 年服务业增加值占 GDP 比重努力达到 60% 左右，不仅能够为去产能、去库存、去杠杆创造有利条件，还能够推进制造业的转型升级，释放巨大的消费需求，走出一条转型发展新路子。“十三五”降低制度交易成本，形成结构调整新动力，关键是在服务业市场开放上要破题发力：一是进一步鼓励、支持社会资本进入服务业领域。当前，尽管某些服务业领域出台了鼓励社会资本进入的政策，但缺乏具体操作办法，行政垄断和市场垄断在服务业领域还比较突出，这就需要在服务业领域形成新的市场准入制度。二是有序扩大服务业对外开放。适应新一轮全球化新特点与国内经济转型升级的新趋势，国内自贸区需要把重点

* 本文系作者为全国政协十二届四次会议提供的大会发言材料，2016 年 3 月。

放在服务贸易对外开放先行先试上，打破目前对服务贸易的较多限制，形成可复制、可推广的重要经验。三是实现服务业与工业的政策平等。例如，缩小服务业与工业的用地价格差距，实现工商业“同地同价”；加快推进工商业水、电、气“同网同价”；加大服务业领域中小企业减税力度。

2. 以破题去产能为重点，调整优化国有资本布局

“十三五”以结构性改革推进结构调整，关键是国有企业去产能要有重大突破，并且在推动产业结构变革中发挥重要作用。建议尽快形成新阶段国有资本战略布局调整的分类改革方案：一是部分国有资本需要通过优化重组实现去产能和转型升级，对于钢铁、煤炭、有色金属等产能严重过剩领域的国有资本，加大国企并购重组力度，提升产业集中度在整体优化国家生产布局上发挥重大作用；二是部分国有资本转移到公共服务领域，一些确实需要从所在产业领域退出的国企，可以采取国家扶持、转换为公益性国企等办法推进改革。争取到 2020 年，形成国有资本合理配置的新格局，明显提高国有资本使用效率。

3. 加快以居住证制度取代城乡二元户籍制度

人口城镇化蕴含着释放新需求、形成新供给的巨大潜力，仍是我国转型发展的“最大红利”。“十三五”深化户籍制度改革不能把“暂住证”换个名变成“居住证”，而是要着力推进居住证取代城乡二元户籍制度进程和省际间居住证制度的相互衔接，到 2020 年基本建立以身份证号为唯一标识、全国统一的居住证制度，并力争使户籍人口城镇化率（居住证率）达到 50% 以上，由此基本形成人口城镇化的新格局。这就需要推进三个重要转变：一是实现由人口控制向人口服务与管理的转变；二是实现由城乡二元户籍制度向全面实施居住证制度的转变；三是实现由“条块分割”的人口管理向人口综合服务管理系统的转变。

4. 以监管变革为重点深化简政放权改革

我国经济转型发展的最大潜力在于处理好政府与市场关系。近两年，简政放权改革在释放市场潜力、激发企业活力上取得重要进展，但监管转型滞后成为制约政府向市场放权的“最大短板”。当前，无论从哪方面看，深化简政放权改革最突出、最急迫的问题是监管变革要有实质性突破：一是实现行政审批与市场监管严格分离，在这个前提下，建立独立性、权威性的专业化市场监管机构；二是调整优化市场监管的行政权力结构，在金融领域、消费领域、反垄断等领域，尽快建立全国统一的综合性市场监管机构；三是积极引导各类市场主体自治，充分发挥行业组织的自律作用与舆论和社会公众的监督作用，着力推进由传统市场监管方式向市场治理的监管转型。

“十三五”：以服务业市场开放为重点的结构性改革 *

“十三五”，把握经济转型升级的大趋势，加大经济结构调整力度，关键是以服务业市场开放为重点发展现代服务业。这既是适应经济转型趋势、转方式、调结构的关键，又是下一步结构性改革的重大任务。

一、服务业市场开放牵动转型增长全局

以往 30 多年的改革开放，由于抓住了工业化发展的重要机遇，主动推进工业领域的市场开放，从而形成了我国成为全球制造业第一大国的政策及体制环境。“十三五”适应现代服务业发展的新趋势，推进服务业市场开放，将为我国走向服务业大国、实现可持续增长提供新动力。

1.“十三五”经济转型升级的大趋势

第一，中国制造在“互联网 +”的背景下，加快由生产型制造业为主开始向服务型制造业为主，从而形成新型制造业的竞争优势。第二，在户籍制度改革的推动下，规模城镇化加快向人口城镇化转型。估计到 2020 年我国规模城镇化率有可能达到 60% 以上，人口城镇化率有

* 本文载于《行政管理改革》，2016 年第 2 期。

望从现在不到40%提高到50%左右，从而使城镇化仍然成为“十三五”发展的“最大红利”。第三，在消费结构升级的拉动下，“十三五”有望从物质型消费为主向服务型消费为主的转型，估计2020年城镇居民的服务型消费将由现在的不到40%提高到50%左右，一些发达地区这个比例将达到60%以上，从而使消费在拉动经济增长中的作用明显提升。

2.“十三五”经济转型升级的新结构

首先，基本形成以服务业为主体的产业结构。估计到2020年我国服务业比重将由2015年前三季度的51.4%提升到58%左右。其次，加快形成消费拉动经济增长的新格局。估计未来5年消费每年还会以8%～10%的速度增长，到2020年消费对经济增长的贡献率将稳定在60%～65%的区间。再次，初步形成以服务贸易为重点的对外开放新局面。实施“一带一路”战略要以基础设施的互联互通为依托，以扩大自由贸易区网络为目标，以服务贸易为重点。从以货物贸易为主转向以服务贸易为重点，是一个国家或地区开放水平和现代化水平的重要标志。估计到“十三五”末期我国的服务贸易占对外贸易比重将由2014年的12.3%提高到20%左右，从而使我国在推进双边、多边，以及区域性、全球性的自由贸易进程中形成新的竞争优势。

3.“十三五”推进经济转型的新动力

毫无疑问，我国的经济转型蕴藏着巨大的内需潜力，并成为实现可持续增长的突出优势。问题在于，“十三五”既有经济转型升级的历史机遇，又是经济结构调整的“最后窗口期”。抓住机遇，加快结构调整，不仅能明显缓解短期经济下行的压力，而且将为未来5～10年保持6%～7%的经济增长奠定重要基础。问题的关键取决于改革，改革在多大程度上能适应经济转型趋势破题发力。在这个特定背景下，服务业市场开放是激活市场、推进调结构、转方式的关键，并成为牵动转型增长全局的重要因素。

二、服务业市场开放是深化市场化改革的"重头戏"

现代服务业发展直接依赖于服务业市场开放：形成服务业发展的市场环境，靠的是服务业市场开放；吸引社会资本投资服务业，靠的也是服务业市场开放；发展服务贸易，靠的更是服务业市场开放。

1. 发挥市场在资源配置中的决定性作用，重在服务业领域

总的看，目前的服务业市场状况大体可以概括为"三低一高"：一是服务业市场化程度低。例如，现在的工业部门的市场开放程度至少在 80% 以上，而服务部门 50% 的垄断格局尚未打破。二是服务业对外开放的程度较低，对服务贸易政策性、体制性的限制仍然较多。三是服务型水平低。以房地产为例，应当说房地产从规模上看已经到了一个相对饱和的状态，现在面临着规模房地产如何向服务型房地产的转型的问题。如果房地产能够以健康服务为重点，不断提高服务水平，由此就会大大提高房地产的使用价值。四是服务价格高。例如，2014 年我国的宽带平均上网速度全球排在第 75 位，仅为韩国的 15%。但是，平均一兆每秒的接入费用却是发达国家的 3 ～ 5 倍。由此看来，"十三五"推动市场化改革，重点是服务业领域的市场开放。

2. 以破除垄断为重点加快推进服务业市场开放

一是打破服务业市场的行政垄断与市场垄断，无论是生产性服务业，还是生活性服务业都面临着行政垄断或市场垄断；二是推进服务业市场的便利化改革，使社会资本可以进入相关的服务领域，激发服务领域的市场活力；三是加快放开服务业市场价格。

3. 以政府购买公共服务为重点推动公共服务业市场开放

如何充分利用社会资本的力量扩大公共服务供给，取决于政府的采购规模。建议政府的公共服务采购规模占财政支出的比重由 2014 年的 11.4% 提高到 2020 年的 20% 左右，服务类政府采购比重从 2014 年的 11.2% 提高到 2020 年的 30% 左右。由此，提高政府在公共服务购买当中的总量与质量。客观说，在这方面还面临着某些政策性和体制障碍，以及某些思想观念障碍。

三、推进以服务业市场双向开放为重点的自由贸易进程

适应快速上升的全球服务贸易需求，有序推进服务业市场双向开放，打破发达国家服务贸易出口管制，成为扩大服务贸易、加快自由贸易进程的重大任务。

1. 服务贸易大而不强有着多方面的原因

从实际情况看，当前我国服务贸易大而不强与服务业市场开放不足紧密相关。第一，服务业市场对外开放不足。第二，发达国家对服务贸易出口管制还相当多。第三，服务业市场开放不足关键是对国内社会资本开放不够。

2. 以服务贸易为重点加快自由贸易进程

第一，是以服务贸易为重点加快国内自贸区建设。目前，国内 4 个自贸区在实施负面清单管理中取得了明显成效，但是在新一轮全球化过程中，自贸区的重要使命是以服务贸易开放为重要目标。在新一轮全球自由贸易进程中适应国内经济转型升级的需求，需要国内 4 个自贸区在服务贸易上实现重大突破，为全国提供可复制、可推广的重要实践经验。第二，以服务贸易为重点推进双边、多边、区域性、全球性自由贸易进程。多边、双边、区域性、全球性自由贸易进程取决于服务业市场双向开放有多大的突破。适应快速上升的全球服务贸易需求，有序推进服务业市场双向开放，打破发达国家服务贸易出口管制，成为扩大服务贸易、加快自由贸易进程的重大任务。第三，助推服务业企业“走出去”。“十三五”加快实施企业“走出去”战略，需要高度重视服务业企业“走出去”，在参与国际市场竞争、打造服务贸易新品牌上取得重要突破。

四、推进服务业市场开放的关键是破题结构性改革

改革开放以来形成的某些政策和体制，带有激励工业发展、抵制服务业发展的特点。在这种情况下，“十三五”推进服务业主导的产业转型升级，面临着多方面结构性矛盾的挑战。为此，加快推进投资、金融、财税、教育等方面的结构性改革，成为经济转型升级的改革选择。

1. 服务业市场开放面临着政策与体制的结构性矛盾

比如说土地政策，服务业用地跟工业用地的价格至少相差几倍；再比如税收，“营改增”到现在尚未全面完成，以消费税为主体的税种现在还没有全面推开，这与形成以服务业为主体的产业结构的现实需求严重不相适应。就是说，走向服务业为主导的产业转型升级面临着一系列的政策性、体制性、结构性矛盾的重大挑战。不解决这些政策性、体制性、结构性的矛盾，形成以服务业为主体的产业结构是比较困难的。

2. 推进结构性改革的重大任务

（1）破题投资体制改革。加快投资转型，实现投资与消费的互动和融合。不讲条件，强调“投资是关键、消费是基础”是不符合经济转型升级趋势的。在一定条件下，投资可能是关键。在一定条件下，消费可能是关键。问题在于，进入服务型经济发展的新阶段，投资要适应消费结构升级的大趋势。例如，北京再建几所儿童医院都是有需求的。我国进入人口老龄化阶段，有估计指出，老年人的消费潜力到目前为止至少在 1 万亿元左右，而实际的供给还不到两千亿元。无论从哪方面看，适应消费结构变化的投资转型都十分重要。当然，改变投资结构，关键是改变政府主导型的增长方式。

（2）加快金融体制改革。加快发展以社会资本为主体的中小金融机构。着眼于全面支持实体经济，使金融资源能够流向具有创新能力的中小企业，需要加快发展民营银行、社区银行等民间金融机构，并使其创新发展、规范发展。

（3）深化财税体制改革。尽快推进消费税改革。形成以消费税为主体的税种，以适应服务业发展的新趋势。

（4）加快调整教育结构。加快发展以转型升级趋势相适应的职业教育。很多企业家都说，找一百个大学生很容易，但是要找十个高级技工却很困难。“十三五”职业型、技术型人才的供给，主要是一个结构问题。从短期、中期来看重在调整教育结构。如果“考试型、封闭性、行政化”为特点的教育体制不转向“能力型、开放性、专业化”的教育体制，教育结构就难以适应经济社会转型升级的客观需求。

3. 服务业市场开放关键是纵深推进简政放权改革

（1）激活市场、激发企业。例如，要尽快实行企业自主登记制度，适时取消企业一般投资项目备案制，不用或者少用产业政策干预企业的行为。

（2）全面实施负面清单管理。形成有利于市场平等竞争、透明度高的市场经济发展大环境。

（3）推进监管转型。比如说 2015 年股市异常波动的问题，不能不说同监管体制转型不到位直接相关联。适应混业经营发展的大趋势，建议尽快组建国家金融监管总局。

4. 实现发展理念的深刻转变

由工业大国走向服务业大国，无论企业、社会、还是政府，都将面临前所未有的考验，尤其是需要改变某些传统的发展理念。例如，走向服务业大国，形成服务业主导的新格局，不是不要制造业，不是不要工业，而恰恰是通过生产性服务业提升传统工业，推动“中国制造”向“中国智造”的升级。更根本的在于，要改变过去政府主导的经济发展方式、终结 GDP 为中心的增长主义、以增长代替发展的理念。

“十三五”我国正处于转型改革的历史关节点。把握经济转型升级大趋势，以服务业市场开放为重点实现结构性改革的重大突破，就能释放经济增长的巨大内需潜力，走向公平可持续发展。

以结构性改革破解结构性矛盾 *

2014 年以简政放权为重点的政府改革，在理顺政府与市场关系、激发市场活力上取得明显成效，并成为实现 7.4% 增长的重要因素。2015 年，在增长、转型、改革高度融合的背景下，更需要加快政府改革，破题结构性改革，以解决深层次的结构性矛盾，实现结构性转型的重大突破。正如李克强总理在今年的达沃斯论坛提出的，把更多精力放在结构性改革上。对此，提以下 4 点建议：

1. 以结构性改革破解结构性矛盾到了关节点

当前，经济增长动力正在发生趋势性的重大变化，消费对经济增长的贡献率连续 4 年超过 50%，更重要的是服务业发展开始成为稳增长、转方式、调结构的重中之重。问题在于，实现从工业主导向服务业主导的转型升级，面临着多方面的结构性矛盾。例如，服务业与工业公平税负、公平资源配置的大格局尚未形成；作为服务业主体的中小微企业融资仍比较困难；现代服务业发展缺乏相应的专业技术人才等。就是说，结构性改革不破题，服务业发展面临的结构性矛盾、问题是难以解决的。未来 1 ～ 2 年，以结构性改革为重点破解结构性矛盾、推进结构性转型，不仅对缓解短期经济下行压力有重大作用，而且对“十三五”经济转型升级具有决定性影响。

---

* 本文系作者在全国政协十二届三次会议上的书面发言，2015 年 3 月。

2. 从多方面破题结构性改革

从当前的实际情况看，宏观经济政策的有效性直接依赖于结构性改革的突破，结构性改革不突破，宏观经济政策的有效性就会大打折扣，宏观调控的作用空间也会越来越小。这样，就需要在多方面推进结构性改革。例如，尽快启动消费税改革，并明确作为地方主体税种，这有利于形成激励地方政府的“正能量”；财税体制改革在“放水养鱼”上要有更大力度，这有利于激发社会资本创新创业的活力；对小微企业设置更低的增值税税率，提高企业所得税小规模纳税人标准，形成小微企业的自动减税机制；支持为中小微企业服务的社区银行、互联网金融机构等民间金融创新发展、规范发展；从经济转型升级的角度看，调整教育结构十分迫切，要进一步放宽社会资本进入职业教育的门槛，提高技术应用型高校的比例；尽快把学前教育纳入义务教育，加快普及高中阶段教育。

3. 全面推进服务业市场开放

消费的本质是服务。这些年，国内消费潜力难以释放，而大量消费外流的重要原因在于消费供给不足和服务业市场开放滞后。创新消费供给重在发展服务业。当前，服务业发展既不缺市场需求、也不缺资金，关键在于形成市场开放的大环境。近年来，服务业领域正处在由放宽准入到市场开放的进程中。问题在于，市场开放的程度与全面快速增长的服务需求仍不相适应。适应全社会消费结构升级大趋势，尤其是从物质型消费向服务型消费的大趋势，尽快实现教育、医疗、健康、养老等服务业领域对社会资本的全面放开。把破除行政垄断作为加快服务业市场开放的重点，在加强服务业领域反垄断的同时，尽快放开服务业领域的价格管制，形成市场决定服务业领域资源配置的新格局。过去工业发展有园区作为抓手，可以有效吸引外资集聚发展，今天发展服务业同样要有得力的抓手。从改革实践看，服务外包是个比较好的抓手。建议以打造生产性服务业聚集区为重点推进国家级、省级产业园区提质升级，争取形成一批上规模、高水平的服务业外包基地，使其成为新阶段服务业领域对外开放的重要平台。

4. 以政府改革带动结构性改革的突破

结构性改革涉及到政府理念的深刻变革，涉及到部门利益、地方利益、行业利益的深刻调整。这就需要继续加大政府改革的力度。随着行政审批制度改革和上海自贸区负面清单管理的深入推进，未来3～5年全面实施负面清单管理的条件基本具备。建议：第一，未来1～2年全面推行负面清单管理在中央和省一级政府有重大突破。第二，尽快实现行政审批和市场监管的分离，需要实现市场监管由以行政为主向以法治为基础的转型，建设法治型的市场监管体制，组建综合性、强有力的市场监管机构。第三，新阶段创新公共服务体制，重在全面推行政府购买公共服务。建议尽快把建立公益法人制度提上改革日程，形成政府购买服务与事业单位改革、公益性社会组织发展的联动改革方案，形成多元供给的公共服务新体制。

推进规模城镇化向人口城镇化的转型*

随着内外发展环境的深刻变化，未来5～10年，我国的新型城镇化面临重大机遇、拥有巨大潜力，并将在推动经济社会转型发展中扮演重要的历史性角色。当前的突出问题是，如何解决城镇化质量不高、不可持续的矛盾和问题。我们的主张是，推进规模城镇化向人口城镇化的转型，以人口城镇化为主要载体、以政策和体制创新为重点，有效释放城镇化的内需潜力，争取到2020年基本形成人口城镇化的新格局。

一、规模城镇化发展已难以为继

改革开放以来，城镇化在拉动经济快速增长中扮演了重要角色。问题在于，以往的城镇化由于与传统的经济发展方式直接相关，其规模城镇化的特点比较突出。例如，以工业化为主导、以做大经济总量和承载投资为主要目标、以土地批租为重要手段。这种城镇化模式在推动经济增长的同时，也积累了产能过剩、资源浪费、环境破坏等突出问题。进入发展型新阶段，这种规模城镇化的矛盾问题日益凸显，

* 本文系作者提供给《国家新型城镇化规划（2014—2020）解读及地方实践探索》的文章，2014年4月10日。

难以为继。

1. 城镇化约束条件发生深刻变化，低成本扩张模式难以为继

规模城镇化依赖于低成本的资源要素、环境等主要条件。以土地为例，1990—2000年，土地城镇化的速度是人口城镇化速度的1.71倍；2000—2010年，这一指标上升到1.85倍。人均耕地面积由10多年前的1.58亩减少到目前的1.38亩，仅为世界平均水平的一半。[1]再以资源为例，2010年我国单位国内生产总值能耗是世界平均水平的2.2倍，主要矿产资源对外依存度逐年提高。[2]此外，环境破坏严重。我国目前大部分城市的地下水不同程度地被污染，城市的空气质量问题十分突出。总的来说，随着发展新阶段资源要素与环境约束条件的深刻变化，规模城镇化的代价和风险逐步增大。

2. 全社会对城镇化的需求和期望发生深刻变化，低质量的城镇化难以为继

进入发展型新阶段，人们对城镇化的就业、安居、生活品质等需求全面快速增长。能否适应全社会的需求变化，决定城镇化的质量。从就业需求的变化看，以往人们能够忍受"候鸟式"、"两地分居"的就业。而今天，人们更加追求在城镇稳定的就业以及享受到完整的家庭生活；从居住需求的变化看，80后、90后的农民工已经成为农民工的主体，他们中的大多数回不了农村，也不想回农村，更希望在城镇安家。无论从哪方面看，全社会对城镇化的需求开始发生质的变化。

3. 城镇化的角色发生深刻变化，规模城镇化难以担当

从国际经验看，进入工业化中后期，城市的角色和功能逐步发生变化。一是从生产主导转向生活（消费）主导。规模城镇化与生产主导的城镇化正相关。工业化中后期，生活（消费）型的城市兴起是一个客观

1　我国人均耕地不到世界平均水平1/2[N]. 人民日报（海外版），2012-12-26.

2　张平：中国单位GDP能耗是世界平均水平2.2倍[EB/OL]. 中国新闻网，2011-12-28.

趋势。二是由工业主导转向服务业主导。工业化中后期，工业项目容纳的就业呈减少的趋势，而服务业的发展成为就业的主要渠道。三是由城乡分割转向城乡融合。工业化中后期，城镇空间的拓展成为农业文明走向工商文明的重要条件。新型城镇化承担着统筹城乡发展、实现城乡一体化的重大使命。

未来 5 ～ 10 年，随着我国城镇化面临的条件、需求、角色的深刻变化，新型城镇化主要不在于铺摊子、造新城，而重在适应人的发展需求提升城镇品质。

二、人口城镇化是最大的潜力

城镇化是我国的最大潜力，主要是指城镇化所蕴含的巨大内需潜力。这个潜力的释放主要在于人口城镇化，在于人口集聚效应而带来的服务业等相关产业的发展。我们说，我国的城镇化有其他国家难以比拟的优势，就在于虽然开始进入工业化中后期，但是城镇化率仍有很大的提升空间，尤其是人口城镇化的发展空间巨大。

1. 人口城镇化有倍增的空间

2012 年，我国城镇化率为 52.57%，实际的人口城镇化率仅为 35%，远低于 2011 年世界 52% 的平均水平。如果能打破政策与体制掣肘，每年就有可能提高 1.5 ～ 2 个百分点。到 2020 年，人口城镇化率就有可能接近目前的世界平均水平；到 2030 年，有望进一步提高到 65% ～ 70% 的峰值，基本实现人口城镇化。就是说，未来的 20 年左右，我国人口城镇化率有望实现倍增。

2. 人口城镇化拉动内需的潜力巨大

人口城镇化能够有效释放消费潜力并引致相关的投资需求。初步估算，到 2020 年我国人口城镇化进程将带来百万亿级别的内需规模，成为 7% ～ 8% 中速增长的重要支撑。以农民工为例，农民只进城务工，人均消费支出将提高 171%；但如果农民进城务工并且成为市民，人均消费支出将提高214%。[1] 初步测算表明，1.3亿～1.5亿新增农业转移人口如果能顺利实现市民化，到2020年有望释放至少5万亿元的潜在消费需求。此外，人口城镇化的消费需求还能够带来巨大的投资需求。

3. 把人口城镇化作为新型城镇化的出发点、落脚点

一是坚持以人口城镇化带动工业化的转型升级，带动产业结构调整，由此将形成服务业发展的大环境。估计到2020年，我国服务业的比重有望提高到55%左右。二是坚持以人口城镇化带动城乡一体化。客观说，前些年新农村建设投入不少，但总体看成效不明显，并且难以持久。为什么？重要原因在于没有把城镇化的因素综合考虑在内。就是说，新农村建设不能脱离城镇化进程，通过人口城镇化拉动城乡一体化，应当成为城镇化转型发展的重大任务。

三、以人口城镇化为主线的结构调整

我国经济已进入拉动消费、扩大内需的历史新阶段，城镇化的作用有其特殊性。从发展的客观趋势看，新型城镇化将在未来10～20年的经济社会转型与发展中扮演重要的历史性角色。

1. 以人口城镇化拉动消费结构升级

城镇化是消费释放的主要载体。以往35年城镇化的快速发展，主要通过工业化和产业化来拉动。当前，我国进入发展型新阶段，虽然工业化、产业化发展对拉动城镇化仍在发挥着重要的作用，但这个“作用”有逐步减弱的趋势；13亿人消费结构的变化和消费潜力释放推动的城镇化有逐步加大的趋势。就是说，工业化、产业发展与消费结构变化、消费释放成为推动城镇化的双重驱动力。但是，后者推动的作用呈现出越来越快、越来越强的趋势。由此，需要充分估计人口城镇化带来

1　根据中国人口和计划生育委员会流动人口服务管理司《中国流动人口发展报告2012》及国家统计年鉴2012年相关数据测算。

的消费需求和消费结构升级的大趋势。

（1）城镇化与消费结构变化。当前，我国消费结构出现以下变化：生存型消费需求减少，发展型消费需求增多；物质型消费需求减少，服务型消费需求增多；一般私人产品短缺矛盾减少，基本公共产品短缺矛盾增多。这些变化说明，要适应消费结构升级和消费释放的大趋势，以人口城镇化为载体推动消费主导的转型与改革。

（2）人口城镇化与中等收入群体的扩大。推进人口城镇化的目的是使越来越多的人成为中等收入群体，人口城镇化的重要标志是中等收入群体的扩大，新型城镇化就是相当比例的人口逐步成为中等收入群体。从这个意义上说，中等收入群体的比重是衡量人口城镇化发展程度的重要标准之一。第一，人口城镇化的快速发展阶段是中等收入群体快速形成的过程。未来 10 年，以农民工市民化为重点的相关改革能够取得突破，新增城镇人口将达 4 亿左右，成为新增中等收入群体的“后备军”。第二，以人口城镇化带动中等收入群体的持续增加。由于工业收益与服务业收益远高于农业收益，发达国家历史上中等收入群体的形成，主要源于人口城镇化及其经济结构的转型升级。从我国城镇化的历史来看，城市扩张和城镇人口增长为中等收入群体的扩大创造了良好的基础条件。第三，未来 10 年，随着人口城镇化的发展，中等收入群体有望实现倍增。目前，我国中等收入群体规模只占总人口的 23% ～ 25% 左右。加快人口城镇化进程，到 2020 年，就有可能使中等收入群体比重达到 40% 左右，人口规模扩大到 6 亿。这样，经过 8 ～ 10 年的努力，我国将形成以中等收入群体为主体的消费结构和社会结构。

2. 以人口城镇化推进投资转型

（1）人口城镇化与投资需求。毫无疑问，人口城镇化不仅不排斥投资，还能够带来巨大的投资需求。问题的关键在于，如何适应人口城镇化的大趋势，着力推进投资转型尤其是投资结构的转型。国家城镇化规划中将户籍制度改革作为政策制度创新中的一个重点，农民工市民化的速度将有所加快。如果到 2020 年 4 亿农民工能够实现市民化，按最低口径，农民工市民化以人均10万元的固定资产投资计算，就能够增加40万亿元左右的投资需求。就是说，人口城镇化蕴藏着巨大的投资需求。

（2）人口城镇化与投资结构转型。投资结构需要加快转型。我国产能过剩的特点和市场变化是其主要原因。一是目前我国的产能过剩，具有全面性、长期性、某些行业具有绝对性特点。对此，需要高度关注。当前，收入增长跟不上生产扩张的速度；有支付能力的消费跟不上生产扩张的速度，这说明我国增长方式的问题，投资消费失衡是经济运行的突出矛盾。二是市场的变化。如果说前一阶段投资拉动增长还有战略回旋余地的话，那么在欧美等外部市场需求萎缩呈现中长期趋势、国内产能过剩的今天，回旋余地已明显缩小。在这个大背景下，如果不启动国内消费，不实现投资主导向消费主导的转型，不实现投资消费的动态平衡，继续靠投资拉动经济增长，不仅会导致投资边际效益下降，还会继续加大产能过剩的危机，甚至有可能引发经济危机。此外，要以人口城镇化促进投资结构转型。人口城镇化需要加大公益性项目投资和消费供给能力的投资。以文化产业投资需求为例，要实现我国文化产业增加值由目前占GDP的3%上升至2020年8%的目标，估计需要累计投资20万亿元左右。再以城镇的公用设施投资为例，有专家估计：到2020年城市内部的轨道交通至少有3万亿元的投资需求，供气系统有4.4万亿元的投资需求。

（3）调整投资结构重要的是国有资本的转型。适应人口城镇化发展的大趋势，需要推动国有资本从做大总量向以公益性为目标的配置转变。改革开放35年，国有资本在缓解私人产品短缺、做大经济总量等方面功不可没。当前，进入公共产品短缺时代，全社会对公共产品的需求发生了重要变化。在这个大背景下，推动国有资本从一般竞争性领域退出，重点配置到义务教育、基本公共医疗以及基本住房保障等与民生相关的公共产品领域，给社会资本投资腾出更大的市场空间，以发挥国有资本在提升中小城镇基础设施、公共服务水平上的重大作用，在解决公共产品短缺中的独特作用。

3. 以人口城镇化促进服务业发展

（1）产业城镇化与城镇产业化。城镇化进程与产业结构调整直接相关。问题在于，我们不仅要强调产业支撑的城镇化，更要强调人口城镇化对产业结构调整的重要作用，尤其是对服务业发展的巨大需求。一方面，产业结构调整的方向和重点，在很大程度上决定着城镇发展的可持续性；另一方面，城镇化进程、尤其是人口城镇化的发展，也往往决定着产业结构调整的方向和重点。例如，服务业比重的上升就是城镇化拉动产业结构调整的必然趋势。问题在于，我国过去 30 多年总体上走了一条以工业城镇化为主要特点、依靠重化工业拉动城镇发展的道路。高度依赖资源开采和重化工业而形成的“工业城镇”、“工厂城镇”的发展模式，如果不能适应人口城镇化的需求变化尽快转型，城镇支柱产业的衰退必然导致城镇的衰败。

（2）人口城镇化与服务业发展。在工业化、城镇化的过程中，人口集聚、人们生产方式的变革，居民生活水平的提高，都会带来生活性服务业的需求；城市发展要素的配置，社会分工的细化，不同产业的衔接，也会带来生产性服务业的需求。从国际经验看，城镇化率达到 50% 以后是服务业大发展的时期。例如，日本服务业是工业产值的 3 倍，德国是 2.68 倍，我国仅有 0.98 倍。为什么这些年我国服务业比重长期徘徊在 40% 左右？原因之一是人口城镇化发展的严重滞后。比如，到北京协和、301 等医院看病，经常比菜市场还“热闹”。出现这种情况，我认为主要是两个原因：一是医疗、教育等服务业发展滞后于人口城镇化带来的消费需求变化进程；二是公共资源配置的严重不均衡，尤其是中小城镇的公共资源配置严重滞后。

总体看，我国加快服务业发展有其内在的需求和条件：第一，市场需求巨大。麦肯锡咨询公司一份报告显示，2011 年我国的医疗支出超过 3570 亿美元，到 2020 年，我国医疗市场价值预计将高达 1 万亿美元。我国将是全世界增长最强劲的医疗市场之一，现在很多国际服务业企业要进入我国，就是看到了这样一个巨大的市场需求空间。第二，有先进制造业的支持条件。发展服务业，不是不要工业，不是“去工业化”，而是需要工业的转型升级。例如，现代服务业的发展在很大程度上依赖先进制造业。应当说，我国进入工业化中后期，依赖先进制造业发展现代生产性服务业是有条件的。

（3）人口城镇化与服务业发展的政策体制创新。面对巨大的需求增长，我国服务业发展潜力巨大。未来10年，服务业比重有望达到60%左右，服务业占比达到50%以上，可新增1.12亿个就业岗位。从现实看，关键是加快服务业的市场开放，加快服务业发展的政策与体制创新。以用地为例，根据《我国国土资源统计年鉴2012》计算，2011年全国105个主要城市的工业用地价格仅相当于商业用地、居住用地价格的11.53%和14.43%。服务业用地价格长期高于工业用地价格，既导致工业转型升级动力不足，又制约了服务业的发展，降低了土地的整体使用价值。实现服务业用地与工业用地“同地同价”，不仅能推进服务业的发展、工业的转型升级，也会在一定程度上解决房价贵的问题。

四、人口城镇化重在农民工市民化

人口城镇化的过程，是农民进入城镇就业并融入城镇生活的过程。就是说，农民工市民化是推进人口城镇化的核心。城镇化要实现包容性增长，“重头戏”是解决好农民工市民化的问题。

1. 实现农民工市民化到了临界点

一方面，农民工在城镇居住呈长期化趋势，他们中的八成即使不放开户籍也要留在城镇。就是说，实现农民工市民化有很强的现实需求。另一方面，农民工长期融不进城市社会，长期享受不到应有的权利，累积了大量的社会矛盾和风险。面对利益关系的失衡，面对社会矛盾凸显，解决农民工市民化的时间空间约束明显增强。

2. 尽快出台农民工市民化的国家规划

到2020年总体解决农民工市民化，需要财力等相关条件。综合多方面的情况看，关键在于战略判断和政治决心。我的建议是：用 2 ～ 3 年时间，初步实现有条件的农民工市民化；用 3 ～ 5 年时间，通过放开户籍制度和城乡基本公共服务均等化的制度安排，基本解决存量农民工的市民化；用 8 年时间，即到 2020 年总体解决农民工市民化，初步形成人口城镇化的格局。

3. 多种方式解决农民工基本公共服务均等化

农民工市民化的过程，实质是基本公共服务均等化的过程。有专家建议：以农民工整体融入城市公共服务体系为核心，推动农民工“个人融入企业、子女融入学校、家庭融入社区、群体融入社会”，即实现“四个融入”。从现实的情况看，推进基本公共服务对农民工全覆盖，需要充分发挥国家和社会两个积极性。以住房保障为例，在各级政府将符合条件的外来务工人员纳入公共租赁住房保障范围的同时，对招用农民工比较多的企业，在符合规划的前提下，可以考虑出台政策鼓励支持企业在依法取得的土地上建设农民工的宿舍楼。

农民工市民化牵动影响全局。推进农民工市民化，让农民工在城镇安家，享受与城镇居民同等的权利和义务，不仅有利于经济社会稳定，而且由此会赢得转型与发展的主动权。

五、推进以放开户籍为重点的制度创新

当前，城镇化进程中的许多矛盾、问题，大都与人口城镇化的体制机制改革滞后相关。充分释放城镇化巨大的内需潜力，需要以更大的决心和魄力推进户籍制度、土地制度、公共服务制度等方面的改革创新。

1. 创造条件，让户籍制度退出历史舞台

我国城乡二元分割的户籍制度始于 20 世纪 50 年代末，至今已有 50 多年的历史，成为横亘在城乡居民之间的一道难以逾越的制度“鸿沟”，并由此形成城乡居民之间权利的不平等、享有公共资源和社会福利的不平等。对户籍制度，不是一般的改革创新问题，而是要明确提出

取消的目标，并且有时间表。例如，1 ～ 2 年内剥离户籍制度的福利分配功能，在中小城镇全面取消户籍制度，建立人口登记制度；3 ～ 5 年内，除了某些特大城市外，其他大中城市的户籍制度基本放开，全面实施居住证制度；5 ～ 8 年内，全面实行以身份证代码为唯一标识的人口登记制度。

2. 实现农地物权化的制度创新

这些年，城镇化中暴露出来的农地问题，与法律尚未赋予农地使用权完整的物权性质直接相关：第一，农村征地强拆、补偿标准过低等问题，深层次的原因在于农地实际上为债权而非物权，农民难以成为征地中的谈判主体。第二，农业产业化、规模化经营受制于农村土地交易市场发育滞后。第三，企业可以通过自身资产抵押获得银行贷款，但按照《物权法》规定，“耕地、宅基地、自留地、自留山等集体所有的土地使用权不得抵押”，使得农民通过土地使用权抵押获得银行贷款面临法律障碍。第四，由于农地和宅基地的物权性质不完整，农民难以通过承包地和宅基地流转，带着资本进城，由此导致人口城镇化严重滞后。

为此，尽快修改相关法律法规，赋予农地使用权以物权性质，可以收获多方面的改革红利：

（1）有利于使农民带着土地财产权或流转所得的资本进城，加快人口城镇化进程。

（2）有利于推动农地流转，推动农业产业化、规模化、集约化经营。

（3）有利于提高农民在土地出让中的主体地位，保护农民土地权益，提高农民的土地收益。

这里，需要指出的是，土地不是国家无偿给农民的一种福利，不能把“双放弃”（放弃承包地和宅基地）作为农民进城落户的先决条件，更不能强制性要求农民退地。就是说，农民工的市民权利不能以土地权利换取。从法律上保障农地使用权的物权性质，在严格用途管制的前提下，赋予农民工对承包土地、宅基地、农房和集体资产股权更大的处置权，是实现农民工市民化的重要保障。

3. 推进城乡基本公共服务制度对接

近一个时期，又有讨论警惕“高福利”倾向的问题。我国仍是一个发展转型的大国，确实需要考虑公共服务的可持续性。目前面临突出的矛盾在于：一是福利结构不合理。一部分人的确享受了过分的“高福利”，但更多的中低收入者是“低福利”甚至“负福利”。例如，2011 年农民工参加养老保障的比重仅为 13.9%，[1]明显低于城镇户籍居民，形成了“中高收入有保障、中低收入缺保障”的“负福利”现象。二是公共财政支出比例仍然偏低。以社会保障和就业支出占财政支出的比重为例，2010 年金砖国家中的巴西和南非分别为 35.5% 和 13%，我国仅为 10.2%。[2]

面对着这个现实，我们需要坚定到 2020 年城乡基本公共服务均等化总体实现的目标，尽快出台全国统一的基本公共服务均等化政策，解决农民工面临的最急迫的子女教育、养老与医疗保险、基本住房保障等问题，推动城乡基本公共服务制度的对接、融合。

4. 推进大、中、小城镇公共资源配置的均等化

人口城镇化严重滞后于规模城镇化，深层次的原因在于公共资源按行政级别配置，而非按人口规模配置，并由此形成了公共资源配置向大城市集中，中小城镇公共资源配置严重不足。例如，一、二线城市的高房价，背后是公共资源、优质公共服务在中心城市的集中配置。目前，大城市集中了我国 80% 的优质医疗资源，其中的 80% 又集中在大医院。其结果是，大城市公共服务质量高和就业机会多、但农民工市民化安置成本高；中小城镇农民工市民化安置成本低，但对农民工缺乏吸引力。即使放开中小城镇户籍，由于缺少优质的公共资源和就业机会，农业转

---

1 国家统计局 . 2011 年中国农民工调查监测报告 [EB/OL]. 国家统计局网站，2012-04-27.

2 国家统计局 . 金砖国家联合统计手册（2013）[EB/OL]. 国家统计局网站，2013-03-29.

移人口还是会涌向大中城市。为此，需要实现公共资源由按照行政级别配置向按照人口规模配置的转变，按照人口在城镇集聚的规模测算不同城镇公共资源配置标准，按照基本公共服务均等化的原则，实现大中小城镇公共资源配置的均等化。

推进规模城镇化向人口城镇化的转型，伴随着深刻复杂的利益关系调整和政府发展理念的重大变革。对此，需要进一步约束政府自身利益倾向，需要进一步解放思想，打破传统城镇化的旧观念、旧框框，需要进一步改变政府的增长主义倾向，以加快推进规模城镇化向人口城镇化的转型，充分、持续释放人口城镇化的“最大潜力”。

以转型改革破题新型城镇化 *

我国规模城镇化的突出缺陷，是城镇化率明显大于人口城镇化率。2013 年，我国的名义城镇化率为 53.7%，人口城镇化率仅为 35%，低于 2011 年世界 50% 的人口城镇化的平均水平。在这种情况下，实现人的城镇化，首先要使人口城镇化率达到一定水平。没有较高的人口城镇化率，何谈人的城镇化。

未来 5 ～ 10 年，加快推进规模城镇化向人口城镇化转型，即以人口城镇化为主要载体、以政策和体制创新为重点，有效释放城镇化的内需潜力，争取到 2020 年基本形成人口城镇化的新格局，即人口城镇化率不低于 50%。如果到 2020 年人口城镇化率仍然低于 2011 年世界的平均水平，那就是不成功的城镇化，也很难实现全面建成小康社会的发展目标。

一、从人口城镇化到人的城镇化的转型

要实现到 2020 年人口城镇化率达到 50%，最终实现人的城镇化的发展目标，有两个问题很重要：一是从城乡二元的基本公共服务制度到城乡一元的基本公共服务制度安排，实现城乡基本公共服务对接；二是

---

* 本文载于《学习时报》，2015 年 4 月 16 日。

从按行政级别配置公共资源到以人口规模为基准配置公共资源，加快大中小城市公共资源配置均等化进程。

建立城乡统一的基本公共服务体制。十八大报告提出，到2020年总体实现城乡基本公共服务均等化。从现实情况看，由于公共服务制度安排不同，城市和农村的公共服务水平和实际收入差距进一步拉大。根据中国社科院发布的2014年《社会蓝皮书》，2012年，城镇职工人均养老金水平已达2.09万元，新农保为859.15元，两者相差24倍之多。2013年城乡居民收入差距是3.03:1，比过去有所缩小，但是如果把公共服务的因素算进去，可能实际收入差距在4.5～5倍左右。为此，推进城乡基本公共服务均等化首先要实现制度上的统一，在此基础上，实现底线水平上大致相当。这样，人的城镇化才有基本条件。

推进公共资源配置均等化。从我国现实情况看，公共资源配置不均成为中小城市和小城镇发展严重滞后的突出因素。当前的公共资源配置是按行政级别而非按照人口规模配置，公共财政投入倾向于行政级别高的城市，中小城市财政投入少。

如何推进公共资源在大中小城市均衡配置，使得中小城镇能够有能力、有条件吸引一部分农民工就业居住。我提五点建议：一是根据人口规模配置公共资源；二是改革财税体制，把大中小城镇公共资源配置均等化作为中央地方财税体制改革的重点之一；三是推进行政区划体制改革；四是推进公共资源配置的市场化改革，发挥社会资本在中小城镇公共资源配置中的重要作用；五是重点改善中小城镇的公共基础设施。

二、让农民带着土地财产权进城

以转型与改革破题新型城镇化，毫无疑问是和农村土地连在一起的。农村土地问题不破题，要实现人口城镇化是很困难的。

农民土地使用权是物权，还是债权？近年来，城镇化中暴露出来的农村土地问题，与法律尚未赋予农地使用权完整的物权性质直接相关。

例如，农村征地强拆、补偿标准过低等问题，深层次的原因在于农地实际上为债权而非物权，农民难以成为征地中的谈判主体；由于农地和宅基地的物权性质不完整，农民难以通过承包地和宅基地流转，带着资本进城。建议尽快修改相关法律法规，赋予农村土地使用权以物权性质，使农民真正从法律上享有支配土地使用权的权利。

能不能尽快从法律上赋予农民长期而有保障的土地财产权？十八届三中全会《决定》提出“赋予农民更多财产权利”。土地权益是农民最大的财产权，赋予农民更多财产权重在保障农民的土地权益，从法律上把农民土地使用权纳入财产保护范畴。

市场应不应该在农村土地资源配置中起决定性作用？这是近段时期争论相当激烈的一个问题。我认为，农村土地资源配置虽然具有一定的特殊性，但中央提出建立城乡统一的土地市场，目的就是让市场在农村土地资源配置中发挥决定性作用。农村存在的各种土地乱象，主要是土地规划和土地用途没有管住、管好。农村土地制度改革很复杂，也很敏感，但不能以此为由不去主动推动，而应积极组织试点。为此建议，在严格规划管制和用途管制的前提下，发挥市场在农村土地资源配置中的决定性作用。

农村土地市场化改革的基本目标是不是实现城市用地和农村集体经营性建设用地市场的统一？为什么城市居民房子有产权证，可以买卖、抵押，而农民祖祖辈辈留下的房子却没有房产证，也不能上市交易。同是公有制，城市的土地是国有，农村的土地是集体所有，但二者所具有的法律内涵却相差很大，核心仍是城乡二元分割。按照十八届三中全会《决定》提出的“建立城乡统一的建设用地市场”的要求，应当尽快出台具体的实施方案，以严格规划和用途管制为前提，建立公开、公正、公平的统一交易平台和交易规则，实现“同地同权、同地同价、同地同市场”，打破目前地方政府独家垄断供地的格局，活跃土地二级市场，促进土地抵押、租赁、出让市场的发展和完善。

关键是不是相信农民。在农村土地资源配置的市场化改革中，关键是相信农民。只要把土地使用权作为物权交给农民，农民就会有自觉的行动，会有中长期的行动，而不会轻易放弃土地。

最后，综合概括为三句话：第一，以规模扩张为主要特点的城镇化道路难以为继，要以公平可持续发展为基本目标来推进新型城镇化。第二，人口城镇化是发展转型的最大红利。未来 5 ～ 10 年，以人口城镇化为支撑，推进转型与改革，充分释放国内巨大的需求潜力，推动经济结构转型升级，形成我国转型发展的突出优势和主要动力，并由此支撑 7% 左右的中速增长。第三，推进人口城镇化的转型与改革，关键在打破城乡二元制度结构，建立城乡一体化的体制机制。

尽快从法律上赋予农民长期而有保障的土地财产权的建议 *

十八届三中全会提出“赋予农民更多财产权利”、“赋予农民对集体资产股份占有、收益、有偿退出及抵押、担保、继承权”，这给亿万农民带来信心和期盼，也是深化农村改革的重大举措。

（1）土地权益是农民最大的财产权，赋予农民更多财产权利重在保障农民土地权益。

（2）由于法律保障不到位，侵犯农民权益的现象比较普遍，在某些地方比较突出。

（3）深化农村土地制度改革的核心和关键，是从法律上赋予农民长期而有保障的土地财产权。为此建议：

一、从法律上把农民土地使用权纳入财产保护范畴

1. 把家庭承包土地纳入财产权法律保护范畴

在《土地管理法》第二条中增加一款“赋予农村土地使用权人的土地用益物权，使其拥有对土地使用权依法享有占有、使用、收益的权利”；第十四条规定“土地承包经营期限为三十年”，建议修改为“实现

* 本文系作者提交全国政协十二届二次会议的提案，2014 年 3 月。

农村土地承包关系稳定并长久不变”；法律将其界定为“农民财产权”，纳入财产保护范畴。

2. 从法律上赋予农民住房财产权的完整产权

尽快结束现行法律限定农民宅基地“一户一宅”、转让限于本村的半商品化状况，赋予农民宅基地及其房屋所有人以完整的财产权；从法律上赋予农民对宅基地使用权用益物权性质，赋予其占有、使用、收益、转让、抵押的完整权利。

3. 实现农村建设用地平等入市

建议在《土地管理法》第九条中增加一款“县级以上地方人民政府应当建立城乡统一的土地市场，主要通过市场配置土地资源”，为农民土地使用权的流转提供法律依据和制度保障；年内出台建立城乡统一建设用地市场的实施方案，以严格规划和用途管制为前提，建立公开、公正、公平的统一交易平台和交易规则，打破目前地方政府独家垄断供地的格局，活跃土地二级市场，促进土地抵押、租赁、出让市场的发展和完善。

二、强化农民在征地中主体地位

1. 按市场价格补偿

修改《土地管理法》第四十七条，将“征收土地的，按照被征收土地的原用途给予补偿”改为“征收土地的，应当依照合法、公正、公开的原则制定严格的程序，按照市场价格给予公平补偿”；删除“土地补偿费和安置补助费的总和不得超过土地被征收前三年平均年产值的三十倍”；在征收耕地的补偿费用中增加“社会保障补偿”，尽快叫停“土地换社保”等做法，将被征地农民纳入城镇社保体系；探索留地安置、土地入股等多种模式，确保农民的长远受益；新增“补偿资金不落实的，不得批准和实施征地”的条款。

2. 进一步完善征地程序，保障被征地农民的知情权、参与权、申诉权、监督权

废除《土地管理法实施条例》第二十五条规定："对征地补偿标准有争议的，由县级以上人民政府协调，协调不成的，由批准征地的人民政府裁决。征地补偿、安置争议不影响征收土地方案的实施。"建立完善论证和听证制度，听证论证的范畴从补偿标准扩大到是否具有公益性。论证或听证结果认为不符合公共利益的，不允许征地。

3. 保障被征地农民申诉权

尽快赋予农民就征地决定向诸如法院之类的独立机构提出申诉的权利。农户对征地内容有异议时，可向省级政府申请行政复议、向省级土地庭申请裁决，或向县级法院提起行政诉讼。

三、立法禁止政府从事商业性土地经营

对政府从事商业性经营土地，世界上绝大多数国家法律都是禁止的。我国政府经营土地，虽然有其历史的原因和贡献，但其弊端日益凸显。建议修改《物权法》、《土地管理法》，明确禁止政府从事商业性土地经营。

四、鼓励地方改革试点

农村土地虽然有一定的特殊性，但在严格规划和用途管制的前提下，其配置应主要由市场决定。建议鼓励地方推进农村土地资源配置的市场化改革，及时将地方成熟的改革做法全面推广并适时上升为法律。

“互联网 +”时代的农村金融创新与变革 *

在我国经济进入新常态、转型与改革进入攻坚期的特定背景下，围绕农村改革与互联网金融的融合等话题进行深入研讨，具有很强的现实意义。

一、经济转型升级倒逼金融改革

未来几年，我国经济增长的前景与经济转型趋势越来越受到各方面高度关注。总的看，2020 年是我国经济转型升级的历史节点，也可以说是经济结构调整取得实质性突破的最后“窗口期”，也是深化金融体制改革、加快金融结构调整的关键时期。在这个特定时期，需要客观估计农村互联网金融的特定需求。总的看法是，农村互联网金融正处在大发展的“风口”。

1. 农村金融存在巨大的供求

农村金融一直是金融领域最为薄弱的环节，农民贷款难等问题并没有得到根本性解决。农村金融机构覆盖率低，金融供给供不应求，竞争不充分的局面并没有打破，农村金融供需缺口巨大。

* 本文系作者在“2015 中国农村互联网金融论坛”上的致辞，2015 年 5 月 30 日。

2. 互联网金融发展的空间在农村大市场

目前，一线城市是互联网金融平台的主战场，行业竞争十分激烈。形成鲜明对比的是，农村互联网金融还处于起步阶段，但呈现快速发展的趋势。估计未来5年，随着信息基础设施在农村地区的逐步健全，广大农村居民对互联网技术的认知逐步提高，将进一步提升农村金融普惠程度，释放农村市场的巨大需求潜力。

3. 以互联网金融释放农村消费大市场

中国农村消费市场是世界经济版图上少有的亮点，但这个巨大的市场潜力真正释放，重要的依托之一是加快互联网金融向农村拓展。例如，互联网使城乡居民面对同一个消费品供给市场，互联网金融使农民足不出户就可以购买到全国、全世界的消费品。近年来，阿里巴巴、京东、苏宁等电商纷纷将业务向农村加快拓展，正是看到了农村巨大的消费潜力。

二、互联网金融助推农村金融结构性改革

大数据、云计算、物联网、移动互联网等对信息的整合，打破了传统金融模式时间、空间、成本约束，对创新金融模式和服务、完善金融市场、推动金融结构性改革具有积极意义。发展农村互联网金融，不仅仅是在农村金融前面加上“互联网”的要素，更是对原有农村金融模式的重构。

1. 农村信息化正在加快

当前我们的信息化社会建设，不仅在城镇中初步实现，而且在农村中也在加快推进。据中国互联网络信息中心发布的中国互联网发展状况统计报告显示，截至2014年12月，农村地区互联网普及率为28.8%，相比2013年提高了0.7个百分点。尤其是农村移动端网民增速更快，2013年农村网民使用手机上网的比例已达到84.6%，高出城镇5个百分点。有人形象地说，2013年我国农村网民总数相当于一个俄罗斯。这

个趋势说明新一代农民已经成为互联网的原住民。

2. 农村经济正走在互联网化

第一，过去 3 年，农村居民对网购模式接受度达到 84.41%，人均网购消费金额在 500 ～ 2000 元之间，并且仍有增长空间。一些地方的淘宝村、淘宝镇发展迅速，已经成为农村新的经济形态。第二，全国电商巨头正在布局农村电商，有许多地方正在加快打造互联网小镇。由此看来，农村经济的电商化将会持续加速，并加快推动农村经济的信息化进程。

3. 农村互联网金融发展方兴未艾

估计未来几年，农村互联网金融将迎来巨大的历史机遇，发展潜力巨大。一方面，农村互联网金融适应了农村非标准化的金融需求。依托大数据，农村互联网金融可以为农户提供更多的增信服务，为解决农村市场主体贷款难的问题提供新的方案。另一方面，农村互联网金融可以低成本地推广。农村互联网金融以手机为金融基础设施，覆盖同样规模的农村人群，边际成本几乎为零。

三、加快形成农村互联网金融的制度保障

加快农村互联网金融发展，需要有相应的制度保障。除了加大相关的政策支持外，更需要加快“互联网 +”时代的金融体制改革。

1. 加快市场导向的农村金融改革

发展农村互联网金融，最为重要的是市场开放。例如，加快推进农村金融开放。鼓励社会资本进入农村，依托互联网、大数据等为农民提供新型金融服务；鼓励传统电商在为农村提供商品服务的同时，加快农村互联网金融的产品创新、模式创新，充分发挥互联网金融多样化、个性化等方面的突出优势，丰富农村金融市场等。

2. 完善互联网金融的监管机制

这个监管是以市场开放为基础，以事中事后为主。这就需要明确互

联网金融的监管主体，实施统一监管。

3. 加快互联网金融相关立法

通过立法规范互联网金融的发展，厘清互联网金融发展涉及的主体地位、业务范畴、发展方向、监管体制机制等基本问题，系统构建相关的配套法律制度。

教育需要第二次改革

——“十三五”教育结构调整与改革的思考*

1985年《中共中央关于教育体制改革的决定》(以下简称《决定》)，对过去30年的教育改革发挥了重大作用，至今仍对深化教育改革有着指导意义。这不仅在于教育改革仍处在攻坚克难的关键阶段，而且“十三五”经济社会转型升级大趋势对深化教育改革提出新的要求。

2020年是我国转型发展的一个坎：化解短期增长压力的希望在2020；转变经济发展方式的关键在2020；实现全面小康、迈向高收入国家的关节点在2020。跨越这个“坎”，对转型改革提出多方面的需求。在这个特定背景下研讨谋划“十三五”教育结构调整与改革的新思路、新举措，需要“跳出教育看教育”。

一、“十三五”教育结构调整与改革面临着新形势

在《决定》出台的1985年，我国还处于生存型阶段，属于低收入国家，全社会温饱问题尚未解决，经济社会体制还有比较浓的计划色彩。今天，我国已经进入到发展型新阶段，教育改革面临着与以往有着重大

---

* 本文系作者在纪念《中共中央关于教育体制改革的决定》颁布三十周年论坛上的发言，2015年5月6日。

不同的新形势。总的看，“十三五”经济社会转型升级和全面深化改革，对教育第二次改革提出更高、更迫切的需求。

1. 工业转型升级大趋势对教育改革的现实需求

未来 5 ～ 10 年，新一轮科技革命与我国工业转型升级的历史性交汇成为客观趋势。把握好新一轮科技革命的重大机遇，迫切需要各类专业技术人才和创新型人才，为实现我国制造 2025 的战略目标提供人力资本支撑。

制造业的转型升级直接依赖于劳动者的受教育程度。2012 年我国制造业劳动生产率仅相当于美国的 4.38%、日本的 4.37% 和德国的 5.56%。根据第六次人口普查数据，我国制造业从业人员平均受教育年限为 9.8 年，比 2006 年美国制造业从业人员 13.0 年的人均受教育年限少了 3 年；我国制造业从业人员主要以初高中毕业生为主，具有大专及以上文化程度的仅有 9.8%，相比之下美国达到 32.0%。要从“中国制造”走向“中国智造”，需要把加大教育结构调整力度、加快提升教育质量和创新，作为教育第二次改革的重要目标。

2. 城镇化转型升级大趋势对教育改革的现实需求

“十三五”正处在从规模城镇化向人口城镇化转型升级的历史节点。从国际经验看，教育与人口城镇化水平高度关联，其相关系数在 0.7 左右。教育水平的提高是农村人口走进城市、加快城市化进程的一个先决条件。美国学者米凯· 吉瑟的研究表明，农村居民教育水平每提高 10%，能多引导 6% ～ 7% 的农民迁出农业进入城镇从事非农产业。未来几年，我国城镇化率每增加一个百分点，就将涉及一千多万的人口流动，其中六分之一左右是教育适龄人口的青少年儿童。目前，我国义务教育适龄儿童有五分之一是处于流动和被流动状态。保障进城务工人员子女、包括随迁学龄儿童和留守儿童，在“有学上”之后要“上好学”，迫切需要把优化义务教育的区域和空间布局作为第二次教育改革的重要任务。

3. 消费结构升级大趋势对教育改革的现实需求

我国正在经历一场消费结构升级的“大革命”，集中反映在服务消费需求的全面快速增长上。预计我国社会消费品零售总额将从2014年26.2万亿元提高到2020年的45万亿～50万亿元。其中，服务型消费增长更快。2005—2010年我国城镇居民人均服务型消费支出从3116元提高到了5260元，年均增长11.04%，服务型消费支出在总消费支出中的比重均保持在40%左右的高位，其中相当比例是教育培训、医疗健康等发展型服务消费支出。估计到2020年，服务型消费能接近或超过50%。当前的主要问题是，服务供给与全社会消费结构升级的大趋势严重不相适应，"有需求而缺供给"的矛盾不断凸显。以健康教育为例，按麦肯锡的估计，2020年我国健康服务业市场的总规模有可能高达8万亿元左右。目前的实际情况是，健康管理的职业教育滞后，健康服务人员严重短缺，仅亚健康管理师、儿童健康管理师等人才的缺口就接近2000万。由此可见，消费结构升级大趋势对第二次教育改革提出新的现实需求。

4. 服务业主导大趋势对教育改革的现实需求

"十三五"形成服务业主导的经济结构，牵动和影响我国经济转型升级的全局。2014年，我国第三产业增加值占GDP比重达到48.2%，2015年一季度首次突破50%，达到51.7%。估计到2020年服务业增加值占比有望达到55%以上。问题在于，以研发为重点的生产性服务业占GDP的比重太低，只有15%，与发达国家50%的平均水平有较大差距。"十三五"努力把生产性服务业占GDP比重从15%提高到30%～40%，对我国经济转型升级将产生决定性影响。有学者研究提出，如果劳动者从第二产业的劳动密集型就业转向第二产业的资本密集型产业，需要把受教育水平提高1.3年；转向第三产业技术密集型就业，需要把受教育水平提高4.2年。即使仅转向第三产业的劳动密集型产业，也需要把受教育水平提高0.5年。也就是说，加快教育事业发展、提高劳动者的受教育程度是第二次教育改革的重大任务。

5. 对外开放大趋势对教育改革的现实需求

我国已成为全球货物贸易第一大国和服务贸易第三大国，但服务贸易占贸易总量的比重偏低，2014 年仅为 12.3%，与全球 20% 的平均水平、甚至与同为金砖国家的巴西（25%）相比，仍有较大差距。从服务贸易大国走向服务贸易强国，到 2020 年实现服务业贸易占比提高到 20% 左右的目标，迫切需要大量国际型服务贸易人才。尤其是在“一带一路”战略实施进程中，如何培养更多具有国际视野、拥有国际化运营管理人才，成为第二次教育改革的一大新课题。

二、“十三五”深化教育改革面临着的突出矛盾

教育是全社会最关注的话题，也是广为诟病的领域之一。无论是学生、家长、广大教师还是教育主管部门，对教育改革都有很大期望与诉求。总的看，教育做大总量的特点比较突出，与经济转型和社会发展不相适应的矛盾比较突出。这就需要尽快全面超越以做大总量为特征的教育发展模式，加快推进以优化结构、提升质量为基本目标的第二次教育改革。

1. 全面调整教育结构

从现实看，教育与经济社会发展还有明显差距。第一，虽然我国 15 岁及以上人口平均受教育年限达到 9.5 年，但与美国的 13.3 年、日本的 11.6 年、德国的 12.2 年、俄罗斯的 11.7 年的水平相比仍有较大差距。第二，自 2010 年以来，我国就业市场总体求人倍率一直在 1 左右，2015 年一季度为 1.12，表明劳动力供不应求；但每年 700 多万大学生的就业难问题，却牵动各方。这在一定程度反映了教育供给结构与经济发展的不适应性。第三，技术技能型职业人才的需求全面增长但短缺严重。例如，制造业高级技工缺口每年高达 400 余万人。有企业家形容，“找 100 个大学生不难，找 100 个高级钳工却是难上加难”。这说明，经济结构的变化要求教育结构要做出相应的调整。

2. 创新是深化教育改革的出发点

质量不高、创新不足是教育发展面临着的突出矛盾。尽管我国教

育总量不断扩张，但创新成果较少，创新不足的矛盾比较突出。例如，2011年美国信息服务业的整体劳动生产率是我国的4.1倍。其结果是，我国关键技术自给率低，对外技术依存度在50%以上，而发达国家对外技术依存度平均在30%以下，美国和日本只有5%左右。面对全球新一轮科技改革，面对我国经济社会转型升级大趋势，特别是面对“互联网+”的时代，最重要的是培养有创新思维、批判思维、创新能力的人才。这就需要着力打破以应试为导向的教育模式，创新教育方式，激发学生的好奇心和想像力，形成以创新为导向的教育新格局。

3. 加大教育市场的开放力度

从现实看，我国教育市场的开放程度与教育发展不相适应。过去36年的市场化改革，我国放开的主要是工业领域，80%以上制造业高度市场化。而包括教育在内的服务业领域，社会资本和外来资本进入还面临着比较多的政策制约和繁琐的行政审批。例如，谁都知道职业教育是我国的教育短板，但发起设立一个职业教育学院，面临着行政许可、土地、资金、人事制度等一道道难关。为此，优化民办教育发展环境，鼓励社会力量兴办教育，形成民办教育与公办教育平等竞争、共同发展的新格局，成为第二次教育改革的重大任务。

4. 深化教育体制改革需要攻坚克难

目前的教育管理中，行政主导的特点仍然相当突出。各级学校在很大程度上还是教育行政主管部门的下属机构，落实学校办学自主权、实现专家治校，还有很长的路要走。在高等教育资源配置上，行政主导的资源配置更多地向普通高等教育倾斜，对高等职业教育投入不足。这就需要加快推进教育权力结构调整，扩大学校办学的自主权，进一步明确中央地方教育职能分工，改革公共教育机构，形成与提高教育质量、加快经济转型升级相适应的教育体制。

5. 转变教育发展理念

当前，教育领域的一些问题，与教育理念的滞后直接相关。尽管强调素质教育多年，但实际上应试教育仍然占主流位置，考试成绩仍然是评价老师、评价学生的硬指标。开家长会，说的主要事情就是学生成绩，师生都成为成绩的“奴隶”。这不仅使学生苦不堪言，也加大了老师的负担。这种教育理念忽视文化传承、忽视学生的人文熏陶。为此，要把转变教育理念、解放思想作为第二次教育改革的关键，不仅要转变学校、教师“以分数”为指挥棒、以“灌输知识”为主要职能的教育理念，而且也要引导社会转变教育理念，为深化教育改革创造良好的社会大环境。

三、“十三五”加快推进第二次教育改革的重大任务

“十三五”是教育改革的关键时期。从现实突出矛盾看，教育结构、教育市场和教育体制三个方面的改革是“十三五”教育第二次改革的重大任务。

1. 加快教育结构的战略性调整

（1）把发展职业教育作为一个大战略。“十三五”应当把发展现代职业教育放到更加突出的位置，推进产教深度融合、校企深度合作，形成政府、企业、社会资本共同推动现代职业教育发展的合力。

（2）加快普及学前义务教育与高中阶段教育。各方面高度关注，“十三五”能否将幼儿教育纳入义务教育？能否普及高中教育？建议“十三五”把幼儿教育纳入义务教育，加快普及12年制基础教育，允许支持有条件的地方实行12年义务教育。

（3）调整高等教育结构。推进高等教育体系多元化，尽快把高等学校分成综合型大学、研究型大学、应用型技术大学，确立不同类型高等学院的发展定位、人才培养目标和培养模式。要以提高技术应用型高校占比为重点调整高等教育结构，“十三五”加快推动一批高校转型为应用技术型高校，选择一批高等职业学校升级为应用技术型高校，不断提高技术应用型高校在校生的占比。

2. 加快教育市场开放

(1)在坚持政府保基本的同时，推进教育市场全面开放。当前推进教育市场开放，是在各级政府继续加大教育投入，保障教育公平的基础上，充分利用社会资本和外来资本发展教育的重大举措。北京已经出台了包括教育在内的服务业扩大开放综合试点总体方案，建议尽快出台教育市场全面开放的总体方案。

(2)在有条件的地区设立义务教育阶段、高中教育和职业教育的国际合作改革试验区。积极引进世界知名院校开展中外合作办学，允许并支持国外和港澳台地区知名大学、职业教育机构以控股在国内设立合资分校，在特定地区设立独资分校；鼓励外商投资设立外籍人员子女学校，支持外商通过中外合作办学方式投资设立教育培训机构及项目，优化配置内外教育资源优势互补、良性互动。

(3)降低社会资本办职业教育的准入门槛。实施民办学校非营利性和营利性的分类管理；放宽办学市场准入；探索职业教育领域、高等教育领域的“混合所有制”；建立健全民办学校退出机制；鼓励上市公司和科技企业投资兴办技术技能型大学；进一步完善民办学校法人治理结构；加大社会力量举办教育的政策扶持力度，对民办教育和公办教育一视同仁。

3. 实现教育体制改革的实质性突破

(1)明确政府在教育管理中的职能。改变政府“包打天下”的教育发展格局，明确政府保障基本教育服务供给的责任；强化教育行政部门在教育决策中的主导地位及其教育政策制定和教育监督职能，减少和消除教育行政部门对各类学校的微观干预。

(2)以“公益性、专业性和独立性”为导向改革公共教育机构，形成专业、高效的教育执行系统。坚持教育的公益性和普惠性，加快教育基本公共服务均等化；加快推进学校去行政化，取消学校行政级别，建立专业导向的学校治理结构，推进专家治校；进一步推进简政放权，扩大学校的办学自主权，重点是全面扩大学校在招生规模、专业设置创新、教师评聘等方面的自主权。

（3）明确中央地方教育职责分工，扩大地方教育自主权。进一步明确各级政府在建设教育基本公共服务体系中的责任，细化中央到地方每一级政府的职责分工。鼓励地方在教育改革上积极探索、先行先试。

第五章

全面激发企业活力的制度安排

“十三五”，在经济转型的关键时期，重点是正确处理好市场、企业和政府的关系，更大程度地发挥市场在资源配置中的决定性作用，进一步激发企业活力，加大有效的制度供给，以实现经济转型的实质性突破。

全面激发企业活力的制度安排 *

我理解，推出负面清单、权力清单、责任清单“三张清单”，目的是激发企业的活力、市场的活力，并更好地发挥政府作用。从现实情况看，向纵深推进的行政审批制度改革要真正惠及企业，真正反映在企业投资便利化上，需要深入研究激发企业活力的体制机制安排。这里，提出以下三个问题与大家讨论。

1. 适时取消企业一般投资项目备案制

应当说，从投资审批制到备案制是个重要突破。问题在于，实践中备案制仍被变相“审批”。实际操作中有些部门仍采用审批制那套流程标准，一些审批“明放暗不放”。隐晦地实行“备案”，看起来是备案，实际上是审批，使得备案制效果大打折扣。客观地看，企业投资项目备案制仍属于前置性的行政控制，并不能有效减少企业的不正当竞争和违法行为，而且有可能成为变相审批。

建议取消企业投资项目备案制。主要的理由是：市场经济条件下，在政府严格管理规划、土地利用、环保等事项的前提下，企业一般投资项目一律应当由企业依法依规自主决策，不再需要备案。从增强行政审批体制改革的实际效果出发，应当取消企业一般投资项目备案制，打通

* 本文系作者在国家行政学院召开的“简政放权 放管结合 优化服务”座谈会上的发言，2015 年 6 月 18 日。

简政放权的最后“一公里”，对企业有可能发生的违法行为重点放在事后的市场监管环节，并由此加快推进市场监管由行政监管为主向法治监管为主的转型。

2. 尽可能不用或少用产业政策干预企业投资行为

客观讲，在我国经济起飞的特定阶段，产业政策能够有效推动对整个国民经济拉动效应较大的重点领域和关键环节的产业快速发展。并且，政府通过财政、税收等优惠政策，可以对重要支柱产业发展起到调节作用。问题在于，某些产业政策在推动产能过剩中起到推波助澜的作用。例如，在2008年的国际金融危机中，我国出台了某些产业振兴规划，它在扩大投资规模、保持经济稳定增长中有重要作用。但不能不说，近些年我国产能过剩在很大程度上与这些产业政策相关。另外，一些开发区、产业园区为了招商引资出台“零地价”、“税收返还”等产业政策，进一步加剧地方政府间的恶性竞争。

在现代市场经济条件下，一些特定产业，如农业，各国都有保护政策，但不能每个产业都实行优惠的产业政策，这样容易妨碍市场公平竞争，人为地导致供求关系失衡，不利于利用市场机制自动调节供求关系和消化过剩产能。

建议尽可能少用或不用产业政策。我的看法是，发挥市场在资源配置中的决定性作用，应当尽可能少用产业政策去干预企业投资行为。从实践看，华为、小米等一大批创新型企业的成长不是靠政府产业政策扶持的结果。相反，一些企业长期依赖政府政策扶持在创新方面往往走不了长路。

3. 尽快全面实施企业自主登记制度

近两年来，加快了企业工商登记制度改革步伐，在全面实施注册资本认缴制、先照后证、年检改年报等一系列降低市场准入门槛的举措之后，今年又开始实施“三证合一”试点，明显简化了企业注册登记流程。问题在于，“三证合一”仍需要工商、税务、质监三个部门并联审批，改革仍不到位。与此同时，企业注册登记时间仍然过长。例如，新加坡的企业注册登记只需 3 小时就能在网上完成；我国香港公司注册处于 2011 年建立了“注册易”一站式服务网站，企业登记最快仅需要一小时，大幅提升了企业登记效率。

建议从“十三五”开始，全面推行企业自主登记制度。与发达国家或地区相比，我国企业登记仍不够便利。进入“互联网 +”时代，实现企业自主登记注册的技术条件和时机已经成熟，建议借鉴新加坡、香港等地的经验，在“三证合一”、“一证一号”的前提下，率先在四大自由贸易试验区实施企业一站式登记注册，尽快建立全国统一的企业自主登记注册网络平台，在企业注册时间上与国际接轨。

关于全面实施企业自主登记制度的建议 *

近两年来，为了培育大众创业、万众创新的市场环境，各级政府开始全面推行商事登记制度改革，尤其是“三证合一、一证一码”的全面实施，赢得了市场主体的广泛支持。从实践看，这项改革在一定程度上降低了企业制度性交易成本，优化了企业发展环境，激发了市场主体的活力。但与各类市场主体的实际需求相比，我国商事登记制度仍有较大的改革空间。

（1）我国企业注册登记仍不够简便。例如，新加坡的企业注册登记只需 3 小时就能在网上完成；我国香港公司注册处于 2011 年建立了“注册易”一站式服务网站，企业登记最快仅需要 1 小时。目前，我国在全面实施“三证合一”后企业注册登记在相关资料齐全的情况下仍需要 3 个工作日左右。

（2）个体工商户尚未纳入“三证合一”。2015 年，我国商事登记制度全面实施“三证合一、一证一码”。由于多方面的原因，个体工商户办理组织机构代码证却被相关部门“拒之门外”。

（3）企业注册登记容易，但企业注销变更程序仍较为繁琐。当前，企业注销仍需要国税、地税、工商、银行、质监等多个部门的审核，而每个部门都有审核周期。例如，一些地方公司注销需要两个月之久。

---

* 本文系作者提交全国政协十二届四次会议的提案，2016 年 3 月。

从“十三五”时期全面实施企业自主登记制度：一是为了全面降低企业制度交易成本，进一步激发市场活力，加快形成“大众创业、万众创新”的新局面；二是进入“互联网 +”时代，全面实现企业自主登记注册的技术条件和时机已经成熟。为此，建议：

1. 尽快建立全国统一的企业自主登记注册网络平台

一是借鉴国际经验，在企业注册登记方式上充分运用大数据，最大限度的实现企业登记注册便利化，切实降低企业制度性交易成本，促使企业集中精力开展生产经营活动；二是在四大自由贸易试验区实施企业一站式登记注册的基础上，近 1 ～ 2 年内尽快建立全国统一的企业自主登记注册网络平台；三是进一步缩短企业登记注册时间，争取“十三五”中期全面实现企业登记注册当日办结。

2. 尽快将个体工商户纳入“三证合一”

一是加快相关部门间的政策协调，在个体工商户暂未纳入“三证合一”的情况下，仍为其办理组织机构代码证，为其从事相关经营活动提供便利；二是经过 1 ～ 2 年的过渡，争取在“十三五”中期全面将个体工商户纳入“三证合一、一证一码”，扩大政策受益面，使该项政策尽快覆盖到所有市场主体。

3. 加快推进企业简易注销制度改革

一是“十三五”加快推动企业简易注销改革试点，并在试点的基础上，不断总结经验和教训，尽快形成全国统一的企业简易注销方案；二是“十三五”头 1 ～ 2 年率先在全国全面实施个体工商户、未开业企业以及无债权债务企业简易注销程序；三是争取在“十三五”中后期在全国全面实施企业简易注销制度，彻底改变企业“出生容易死亡难”的局面。

关于适时取消企业一般投资项目备案制的建议 *

2013年以来，我国两次对《政府核准的投资项目目录》进行修订，中央层面核准的项目数量减少约76%。从实践看，这两年来从上到下各级政府加大以简政放权为重点的行政审批制度改革力度，全面推行企业投资项目备案制，进一步为企业"松绑"。但由于多种因素，这项改革仍难以满足市场主体的实际需求。尤其是某些备案"走形变样"，不仅增加了市场主体的制度性交易成本，而且不利于全面激发市场主体的活力。例如：

（1）有些备案成为变相审批。在实际操作中，有些项目审批虽然名义上取消了，但受传统行政审批体制的影响，一些地方把审批改为前置性备案，不完成备案就不能做，有些备案甚至比审批需要耗费更多的时间。

（2）有的部门仍按照审批制的流程标准实行备案。一些行政审批"明放暗不放"，隐晦地实行"备案"，看起来是备案，实际上是行政审批，使得备案制的效果大打折扣。

（3）备案制仍是企业投资项目的前置条件之一。我国实行备案制的初衷是尽可能减少行政审批环节，缩短企业到政府相关部门办事时间，提高政府办事效率。从实践看，企业一般投资项目备案制仍属于前置性

* 本文系作者提交全国政协十二届四次会议的提案，2016年3月。

的行政控制，并不能有效减少企业的不正当竞争和违法行为。

“十三五”，随着我国全面推行负面清单管理，进一步优化企业发展环境，需要深化备案制改革，最大限度地减少企业的制度交易成本。为此，建议：

1. 深化企业投资项目备案制改革

真正的备案制就是“我告知你，我做了这件事”，不是企业投资决策的前置性条件。“十三五”，全面激发市场主体活力，形成“大众创业，万众创新”的新格局，首要任务是确立企业投资主体地位。为此，与全面实施负面清单管理相适应，统筹推进备案制改革，尽快形成企业投资项目备案制改革的总体方案，将项目投资决策权彻底交还给企业。

2. 适时取消企业一般投资项目备案制

市场经济条件下，在政府严格管理城乡规划、土地利用、环境保护、安全生产等事项的前提下，除关系国家安全和生态安全、涉及全国重大生产力布局、战略性资源开发和重大公共利益等项目之外，企业一般投资项目一律应当由企业依法依规自主决策，不再需要备案。

3. 加快出台各级政府的权责清单

现代市场经济是透明经济，不仅要求市场行为透明，还要求权力运作透明。这就需要加快在全国范围内普及实施权力清单制度，真正把权力关进制度的笼子里，而不是把市场关进权力的笼子中。建议在全面推进负面清单管理的同时，争取在 2018 年年底前出台各级政府的权力清单和责任清单，规范、减少政府干预企业的自由裁量权。

以公益性为重点调整优化国有资本配置 *

“积极发展混合所有制经济”是《中共中央关于全面深化改革若干重大问题的决定》(以下简称《决定》)的一大亮点，它有利于放大国有资本功能，深化国企改革，也有利于各种所有制经济平等竞争、共同发展。当前的主要情况是，各方面普遍重视混合所有制，而对《决定》提出的“国有资本加大对公益性企业的投入，在提供公共服务方面作出更大贡献”，客观讲强调的还不够，也很少见这方面有实质性的改革举措，而这也是市场决定资源配置下深化国有企业改革的重点任务之一。

一、明确公益性国企定位

一般来说，国有资本可以划分为公益性和商业性两大类。也有专家提出还有介乎二者或二者兼有的国企。我的看法是，新阶段要特别强调公益性国企的功能。因为进入发展型新阶段，面对公共产品短缺的突出矛盾，国有资本公益性明显不足的问题凸显，国有资本在一般竞争性领域规模过大、范围过宽的格局没有多大改变。目前，大概是 80% 左右，显然过宽。

---

* 本文载于《北京青年报》，2014 年 9 月 12 日。

新阶段社会对国有资本作用发生重大变化。我认为，新阶段老百姓关心的重点主要不在于国有资本规模增大了多少、利润增长了多少，而在于能够在多大程度上让广大社会成员普遍分享国有资本增值创造的社会福利，在多大程度上有利于国计民生。

《决定》更强调国有资本的公益性。前些年，中央强调国有资本布局的四大领域："涉及国家安全的行业、自然垄断的行业、提供重要公共产品和服务的行业、支柱产业和高新基础产业"等，这次《决定》非常明确的提出来，"国有资本投资运营要服务于国家战略目标，更多投向关系国家安全、国民经济命脉的重要行业和关键领域，重点提供公共服务、发展重要前瞻性战略性产业、保护生态环境、支持科技进步、保障国家安全"。我认为，同以往相比，《决定》强调今后要逐步把更多的国有资本投向公益性方面，应当说在强调国有资本公益性上比以往有重大突破。

二、推进国有企业分类监管

在准确界定不同国有企业功能的基础上，根据国有企业不同业务性质实行分类监管：根据企业属性和产业特征，按公益类、功能类和竞争类三个类别对国有企业实行分类管理；在界定功能定位并分类的基础上，对国有企业实施分类评价和考核；在确保国有资本保值增值的前提下，针对不同类型的企业以及企业的不同发展阶段，设定不同的发展目标；建立"国资监管机构—国有资本运营、投资公司—国有企业"三层架构的监管模式。

三、增大公益性国有资本的比重

落实《决定》中"国有资本加大对公益性企业的投入，在提供公共服务方面作出更大贡献"，首先要加大公益性国有资本的比重。

第一，国有资本从一般性竞争领域退出。设立国有资本运营公司，推动国有资本战略布局调整；国有资本从房地产、酒店等一般竞争性领域退出；国有资本从自然垄断行业、城市公用事业的可竞争环节退出。

第二，要重点增加三类公益性国有资本投资。明确界定涉及国家安全的行业，设立投资目录，增加国家安全类国有资本投资；明确界定国家必须重点支持的技术和产业创新领域，增加基础创新类国有资本投资；与到2020年实现基本公共服务均等化目标相适应，增加社会公共服务类国有资本投资。

第三，将部分国有资本划归社保基金。建议尽快出台国有资本划转社保基金的具体方案，并从上市的国有企业入手，提高国有股划拨社保基金的比例，规定国有资产在首次发行股票时，将划拨给社保基金的比例由目前10%提高到2020年的30%左右。同时，将部分竞争性领域国有资本直接划归社保基金。

四、提高国有资本收租分红上缴国家财政比例

严格落实十八届三中全会“完善国有资本预算制度，提高国有资本收益上缴公共财政比例，2020年提高到30%”的要求，明确各个领域国有资本收租分红的约束性指标。建议：将烟草类国有企业收益上缴比例由目前的20%提高到2020年的40%；将资源类国有企业收益上缴比例由目前的15%提高到2020年的40%；将一般竞争类国有企业收益上缴比例由目前的10%提高到2020年的30%；将军工科研类国有企业收益上缴比例由目前的5%提高到2020年的10%。与此同时，强调部分国有资本逐步从一般竞争性领域退出，重点投入到公益性领域。

要制定出台国有企业支付国有资源使用租金和利润分红的法律法规。建议尽快修改《预算法》，把国有资本收租分红明确纳入《预算法》

的范畴，逐步把国有企业的资源使用租金和利润分红纳入全口径财政预算收入体系。对《预算法》第十九条中预算收入的第二条，由“依照规定应当上缴的国有资产收益”改为“使用国有资产的国有企业依法上缴的资源使用租金和利润分成”。

在转型中谋求国企改革的新空间、新机遇 *

总的来看，关于深化国企改革的几份文件都很好，提出了国企改革的基本方向与重点任务。当前的突出矛盾是，这些文件精神的具体落地还比较困难，面临多方面的掣肘。在这里，我从“十三五”转型发展大趋势下如何深化国有企业改革提出三点不成熟的考虑。

一、对当前深化国企改革大环境的初步判断

总的判断是，国企改革是我国实现转型发展的重大任务，但目前不是大规模进行国企改革、大规模进行重组的最佳时机。无论从社会层面看，还是从国企的现状看，总体上看都不具备这个条件。

1. 国家财政收入中的国企作用

在经济下行压力加大的背景下，国企普遍面临着结构调整的挑战，普遍面临着效益不高、亏损面加大的突出矛盾与问题。为此，建议近一两年重在为国企改革创造有利条件，从现实出发，暂时不宜提高竞争性领域国有资本经营收益上缴财政比重。

2. 国企改革面临的成本问题

当前，国有企业改革面临的问题远比以往要复杂得多、深刻得多，

* 本文系作者在国务院国资委国有企业改革座谈会上的发言，2016 年 3 月 7 日。

改革不仅经济成本会比以往更大，而且社会成本与社会风险会更大。

3. 国企改革中的“僵尸企业”问题

从现实情况看，不能笼统地谈“僵尸企业”，不能为了去产能而去产能，也不能大面积地推进企业破产。如果为了短期的 GDP 效应而大规模推动国有企业兼并、破产，有可能造成经济社会更大的风险，为中长期发展带来更大的隐患。短期内解决产能过剩问题很重要，但促进转型升级更重要。要抓住转型发展的趋势，把去产能与促进国企改革有机结合起来，在转型中谋求可持续发展的新路子。

二、经济转型升级为深化国企改革提供重要条件

目前，我国经济增长面临的矛盾困难很多。但是，未来几年转型发展的空间很大。在这个背景下，关键是国有企业改革要出好牌。

1. 产业结构变革

“十三五”时期，我国推进以现代服务业为主导的产业结构变革空间很大，估计至少还有 10 个百分点左右的提升空间。这就为国企调结构、转方式提供了重要的空间。在产业变革的大背景下，一部分国有企业需要着力提升以研发为龙头的生产性服务业，超越简单的加工制造，实现提质升级。

2. 城镇化结构变革

城镇化是“十三五”转型发展的“最大潜力”。今年政府工作报告提出，到 2020 年，常住人口城镇化率达到 60%、户籍人口城镇化率达到 45%。我认为，深化户籍制度改革已经到了全面实行居住证制度、取消城乡二元户籍制度的时候了。这涉及到中央和地方的成本分担等问题，可以在新一轮财税改革中作为一个大课题去解决。“十三五”推进新型城镇化需要大量的公共投资，将为国企提供巨大的投资空间。

3. 消费结构变革

2015 年，我国消费对经济增长的贡献率已达到 66.4%，消费率也

小幅反弹到50%以上。从发展趋势看，我国城乡居民消费结构正在发生深刻变革，服务型消费占比明显提高。预计“十三五”时期，我国城镇居民服务型消费支出占比每年至少提升2个百分点，将由2014年的40%左右增长到2020年的50%左右，服务型消费将成为城镇居民消费支出的大头。消费结构变革为制造业服务化发展提供了广阔空间和强大动力。例如，机器人有可能在未来5～10年左右进入中产家庭。此外，生产性服务业比重将大幅提高，搞得好，“十三五”生产性服务业占GDP的比重有可能提高10～15个百分点。这些变化都会为制造业转型升级创造重要条件，也为国有企业改革拓展重要空间。

4. 外贸结构变革

2014年全球服务贸易占对外贸易比重为20%左右，我国仅为12.3%。“十三五”规划纲要中提出，到2020年服务贸易占对外贸易的比重提升到16%以上。“十三五”形成以服务贸易为重点的外贸结构，需要加快推进服务业双向市场开放。目前，我国服务业市场化程度还比较低。例如，我国制造业市场开放程度已经达到80%以上，而服务领域仍有50%左右的垄断尚未打破。服务业市场开放，既对深化国企改革提出新的要求，又为深化国企改革提供新的市场空间。

总的看，“十三五”我国正处于经济转型发展的历史关节点，国企改革的空间很大，机遇很多，关键是要具体化。国企要把握“十三五”供给侧结构性改革的机会，寻求转型闯关的新路子。

三、“十三五”国企转型发展的重点问题

当前，深化国企改革面临多方面的矛盾困难。有的矛盾困难的解决可能需要一段时间，有的矛盾问题的解决取决于客观判断，需要改革举措的具体落地，需要相关政策的出台。

1. 解决人的问题

人的问题不解决，推动国企改革会很难。当前，有的企业以不出事

故为前提，这种状态下很多事情是做不成的，改革是难以落地的。解决人的问题，关键是以今年政府工作报告提出来的“市场化选聘经营者”、“职业经理人制度”为突破口，把相关的选聘机制、治理结构、工资待遇、反腐机制等制度建立起来。在这些方面要有具体措施，才能使改革措施尽快落地，才能尽快扭转现在的被动局面。我认为，当前对国有企业而言，人的使用管理是阻碍国企改革落地最关键、最紧迫的问题。政府工作报告提出了“激励机制和容错纠错机制，给改革创新者撑腰鼓劲”，建议在国企率先推行。

2. 在混合所有制上破题

十八届三中全会的《决定》明确提出，积极发展混合所有制经济，允许更多国有经济和其他所有制经济发展成为混合所有制经济。但从实践看，目前尚未取得明显进展。需要视不同领域国企的具体情况，尽快以多种方式去破题混合所有制发展。

3. 对企业“走出去”给予更大支持

2016 年 2 月 22 日，我赴葡萄牙里斯本为葡萄牙外交部和我国驻葡萄牙大使馆主办的“中国大讲堂”做报告。从交流的情况看，葡萄牙高度关注中国的转型发展。目前包括葡萄牙在内的欧盟对中国有巨大的需求。在推进“一带一路”的大背景下，建议更多地发挥企业的作用，鼓励企业“走出去”。关键是在多方面创造条件，调整优化政策，实施更有效的办法。

在当前转型改革发展的背景下，国企改革到了亟需破题的时候了。应当深入研究转型发展时期国企改革的重大问题并谋划破题之策，从长计议，为深化国企改革创造一个好的制度环境。

消费新时代如何激活社会资本 *

进入消费新时代，消费需求个性化、差异化是个大趋势，这使得社会资本在提高消费供给能力中的地位和作用全面凸显。这就需要：(1)以激活社会资本为重点，推动服务业发展；(2)以激活社会资本为重点加快市场化改革；(3)适应公共需求全面快速增长的大趋势，明确国有资本的公益性角色。

一、消费新时代对社会资本有新要求

进入消费新时代，城乡居民消费需求个性化、差异化是个大趋势，这使得社会资本在提高消费供给能力中的地位和作用全面凸显。无论是稳增长还是调结构，都应当把激活社会资本作为重中之重。

1. 更多依靠社会资本满足社会个性化、差异化消费需求

(1)我国进入大众消费时代，消费个性化、差异化成为主流。改革开放以前，由于人均收入水平低，加上商品短缺，人们只能买到生活必需品，消费呈现单一化的特征。但是今天，我国已进入中上等收入阶段，无论是私人产品还是公共产品，都出现了消费个性化、差异化的特征。尤其是随着 80 后、90 后成为最重要的消费主体，消费者更注重品

* 本文系作者主持形成的报告，载于《上海证券报》，2014 年 5 月 20 日。

牌价值和消费体验，崇尚与众不同的个性表达。

（2）个性化、差异化消费需求更需要通过分散的社会资本投资满足。与过去工业主导时代资本需要集中、需要规模化运作有很大的不同，今天个性化、差异化的消费需求，将引发商业模式的根本性转变，绝大多数难以通过政府资本满足，而是更多需要大量分散的社会资本进行各种各样的创新来得到满足。

（3）个性化、差异化消费为社会资本提供巨大商机。比如手机市场普及到城乡居民，哪怕只有 1% 的市场需求也能达到百万数量级的大需求，这为社会资本提供了巨大的市场机会。例如像小米手机，通过个性化、差异化的创新，成立仅 4 年，在 2014 年就进入全球前十畅销手机榜。

2. 主要依靠社会资本稳增长

（1）新消费时代需要发挥国有资本与社会资本各自的优势。国有资本应当主要集中在公益性领域，提供普遍的、无差异的服务；个性化、差异化的大众消费需求，都应当由社会资本来满足。

（2）社会资本投资空间巨大。不仅在私人产品领域，在公共产品领域也出现了需求分化的趋势。不同收入社会群体在教育、医疗、文化等各方面都出现了多层次的需求，这些多层次的需求很难通过国有资本“一刀切”地满足。这就需要社会资本在新阶段投资中扮演主力军和生力军的角色。

（3）主要依靠社会资本保增长才能实现良好的经济和社会效益。通过社会资本分散化的投资实现充分竞争、优胜劣汰，既可以最大限度地满足人民日益增长的物质文化需求，又有利于实现资源的优化配置，减少无效投资，提高经济效益和运行质量。有数据显示，目前，我国非公有制经济税收贡献超过 50%，GDP 所占的比重超过 60%，就业贡献超过 80%。

（4）激活社会资本的潜力巨大。我国经济下行和经济的危机因素与欧美国家不同，主要在于我国居民的资产负债表不仅没有赤字，还积累了大量的家庭储蓄。2003 年，城乡居民的人民币储蓄存款为 10 万亿元左右，2012 年突破 40 万亿元，10 年间总额扩张了 4 倍多。这意味着如果激发市场活力的相关政策创新与体制改革到位，社会资本完全可以成为稳定经济增长的重要力量。

3. 更多依靠社会资本调结构

（1）消费主导经济转型的关键是激活社会资本，由此实现投资消费的动态平衡。当前经济转型的困难，从表面看是经济结构升级困难，更深层次的矛盾在于政府主导资源配置所导致的投资消费关系扭曲。例如，社会的消费向服务消费升级，而政府主导的增长方式，过于依赖投资，过于偏向重化工业，使得投资结构与消费结构不匹配。振兴实体经济，加快经济结构的转型升级，关键是以激活社会资本为重点加快投资结构转型。也只有激活社会资本，让社会资本自主决定投资方向，才能确保投资结构与消费结构相匹配，从而达到提高投资效率、优化经济结构，提升经济质量和预期目标。

（2）确立依靠社会资本调结构的战略目标。2013 年，我国社会资本在全社会固定资产投资中的比例为 63.7%。考虑经济结构调整的现实需求，建议：争取到 2016 年，使社会资本在全社会固定资产投资中的比例达到 65% 以上；到 2020 年，达到 70% 以上。

二、发展服务业关键是激活社会资本

从工业主导走向服务业主导，关键在于激活社会资本，发展中小企业，从根本上打破服务业领域的行政垄断。在这个前提下，才能真正激活服务市场、做大服务市场、提高服务业的效率和创新能力。

1. 市场化程度低是制约服务业发展的主要矛盾

（1）服务业领域行政垄断的矛盾十分突出。目前民间投资在传统垄断行业和领域所占比重非常低。在电力、热力的生产和供应业中占 13.6%，在教育中占 12.3%，在卫生、社会保障和社会福利业中占

11.8%，在金融业中占 9.6%，在信息传输、计算机服务和软件业中占 7.8%，在交通运输、仓储和邮政业中占 7.5%，在水利、环境和公共设施管理业中占 6.6%，在公共管理和社会组织中占 5.9%。

（2）市场化程度低导致服务质次价高。以电信领域为例，是我国国有资本控股比例最高的领域之一，但由于缺乏竞争，服务不仅价格高，而且质量难以保证。截至 2010 年，我国宽带上网平均速率位列全球 71 位，不及美国、英国、日本等 30 多个经济合作组织国家平均水平的 1/10。但是，平均一兆每秒的接入费用却是发达国家平均水平的 3 ～ 4 倍。

（3）行政垄断导致服务需求外流。在教育、医疗、文化等公共服务领域表现十分突出。以教育为例，由于在国内难以得到优质教育服务，出国留学的人数有逐步增多的趋势。

2. 以激活社会资本为重点发展服务业

（1）以社会资本为主才能形成有竞争、有效率的服务市场。服务业门类繁多，个性化、差异化程度在三次产业中是最高的。以政府为主投资容易形成垄断，严重压抑服务市场的形成。以社会资本为主投资服务业，有利于形成公平竞争的服务大市场，提高服务业发展质量。

（2）以社会资本为主才能实现服务业的创新驱动。从国际经验看，高盛、微软、苹果等都是通过社会资本从小企业到大企业成长起来的。国内的腾讯、阿里巴巴、华为等也都是如此。靠行政垄断难以做大服务业，只有以社会资本为主，经过市场充分竞争的洗礼，实现优胜劣汰，才有服务业的创新发展。

（3）以社会资本为主才能放大服务业的创业、就业效益。近年来，我国大学生就业难的一个突出矛盾在于国有垄断的服务业部门能够容纳的就业优先，民间的服务部门又没有真正做大。据调查，我国大学生毕业后 3 年内创业率不到 2%，比发达国家低 18%。服务业发展只有以社会资本为主才能实现充分就业。

三、激活社会资本为重点的市场化改革

当前，我国正处于增长转型的关节点。一方面，社会资本在稳增长、促转型上有巨大潜力；另一方面，由于政府主导的经济运行机制未根本改变，这种潜力还难以表现为现实的增长潜力。在这个特定背景下，检验市场化改革成就的关键是能否在激活社会资本上集中破题。

1. 全面实施企业自主登记制度

放宽市场主体经营场所登记条件，尽快落实“先照后证、宽进严管、网络管理”企业登记管理制度；对鼓励类、允许类项目的内外资企业一律实行直接登记制。在中央各部委率先公布权力清单的基础上，使权力清单制度尽快普及到地方层面，真正实现清单之外的事项都由市场、社会主体依法自主决策。

2. 破除服务业领域的行政垄断

（1）加强服务业领域的反行政垄断。服务业领域多年来难以对社会资本放开，关键问题是服务业领域的行政垄断没有真正被纳入到反垄断的范围。其结果是民间资本大多集中在低端服务业领域，高端服务业领域民间资本占比非常小。

（2）服务业领域对社会资本全面放开。服务业领域的对外开放是个大趋势，但需要把握一个原则：能够对内开放的应当首先对社会资本开放，最大限度地利用国内社会资本满足多元化的服务业需求。

（3）以社会资本为主，培育服务大市场。以教育、医疗、社会保障、文化、金融、信息通讯、商务服务等行业为重点，放开市场价格，广泛引入竞争，建立公平竞争的服务业市场环境，维护中小企业平等参与市场竞争的权利。

3. 建立服务于中小企业的金融市场体系

（1）以社会资本为主发展小微金融。从改革实践看，靠大型国有商业银行很难解决中小企业融资难的问题，而且，以政府投资为重点的小

微金融投资往往会使小微金融演变为政策性金融业务，并不利于小微金融市场的形成。

小微金融发展要以民营担保公司、小额贷款公司为主。进一步减少对民营信贷机构设立和发展过程中的种种限制，简化进入程序，降低成立门槛，降低准入标准。

鼓励社会资本发展消费型金融。以余额宝为例，消费型金融有利于扩大消费，又是社会资本进入金融领域的捷径。在出台优惠政策支持社会资本进入小额消费信贷业务的同时，允许这些机构对中小企业发放贷款。

（2）发展面向中小企业的债券市场。我国目前中小企业直接融资比例大约为 5% 左右，而国际平均水平为 70% 左右。在提高股票市场服务于中小企业融资力度的同时，建议尽快出台专项改革方案，积极探索小额贷款公司等非吸收存款类放贷机构的债券融资方式，鼓励发展中小企业私募债，通过债券市场的发展提高中小企业的直接融资比例。

（3）做大做实国家中小企业发展基金。早在 2012 年 4 月国务院出台的《关于进一步支持小型微型企业健康发展的意见》中就提出设立国家中小企业发展基金。从 2012 年起，中央财政设立国家中小企业发展基金，共 150 亿元，分 5 年到位。

考虑到我国中小企业的数量和全局性，建议扩大国家中小企业发展基金规模，支持和鼓励更多的地方政府设立中小企业发展基金，引导地方、创业投资机构及其他社会资金支持处于初创期的中小企业和微型企业，提高创业扶持、技术创新、基金支持、市场开拓和服务保障水平。对企事业单位、社会团体和个人等向基金捐赠资金的，准予在计算缴纳所得税税前扣除。

4. 以降低中小企业宏观税负为重点加快财税体制改革

（1）扩大民营企业税收优惠范围。对特定群体（如待业人员、下岗职工和残疾人等）、特定性质（如高新技术企业、新办企业等）、特定规模（如年销售额 30 万元以下的企业等）、特定地区（如少数民族地区、贫困地区、偏远山区等），可以通过放宽税前费用列支范围和标准、缩短固定资产折旧年限等途径，减轻民营企业税收负担。

（2）逐步增加直接税比例，降低间接税比例。从发达国家经验看，以财产税为重点的财税体制有利于调节收入分配差距，并有利于减轻企业宏观税负。建议把增加直接税比例，降低间接税比例作为新阶段财税体制改革的重要目标。

（3）大幅度减少行政机关对中小企业收费。当前，中小企业负担过重。根据周天勇教授的测算，2009 年，进入预算内的收费罚款收入为 8962.2 亿元，有统计的预算外收费罚款收入大约为 7900 亿元，而无统计的预算外收费罚款收入估计在 5100 亿元左右，共计约为 21962 亿元，超过了税收的 1/3。进一步的估算表明，行政收费和各种罚没收入中有 3000 亿元来自个体工商户、微型和中小企业。如果按 2 万元容纳一个劳动力就业测算，3000 亿元的行政收费和罚没收入造成了 1500 万个就业机会的损失；通过促进中小企业发展提高居民收入和消费能力，要求尽快实行轻税无费少审批，这样每年至少可以再增加 900 万个就业机会。

为此，建议取消对企业不适当的年检、评比、检查等项目，凡是可以不收费的项目，行政机关都不应向企业收费。减少办事环节，简化办事程序，逐步取消行政事业性收费。

四、消费新时代国有资本角色

适应公共需求全面快速增长的大趋势，将一部分国有资本配置在公益性领域，不仅可以使国有资本加大公益性企业投入，在提供公共服务方面作出更大贡献，还有利于为社会资本投资创造更大的制度空间。

1. 公共产品短缺时代国有资本的公益性角色

（1）国有资本需要在克服公共产品短缺中扮演重要角色。随着我国进入公共产品短缺，社会各方面对国有企业提高公益性抱有极大的期待。以可比的、比较基础的教育、医疗卫生、社保和保障性住房四个指标为例，2003—2011 年我国这四项财政支出占财政收入的比重由 20% 增长到 30.6%，而 2011 年美国这四项支出占比为 52%，日本为 63%。当前，“学区房一房难求”、“三甲医院一床难求”、“十面霾伏”等现象都与公共产品的配置与供给不到位有关。社会对国有资本作用的关注和期待，主要不在于国有资本规模增大了多少、利润增长了多少，而在于能够在多大程度上让广大社会成员普遍分享国有资本增值创造的社会福利，在多大程度上有利于国计民生。

（2）国有资本的本质特征是公益属性。国有资本作为全民共有的资本，最本质的特征是公益属性。全民共同出资设立企业的目的不是为了让其与自己争利，而是为了社会共同的目标。回归公益性，国有资本才能真正成为社会主义国家的经济基础。即使在竞争性领域，也要反应国有资本的公益性，即要强调国有资本投资收益的公共性。国有资本以公益性为目标才能走向共同富裕。国有资本以追求公益性为目标，才有利于调整优化国民收入分配结构，有利于走向共同富裕。

（3）把国有资本重点配置在公益性领域。国有资本主要通过公益性克服市场失灵。现代市场经济条件下，国有经济的公益性，主要体现在它所提供的社会产品（服务）具有正的经济外部性（Positive Externality）：经济效益不明显，但社会效益比较大，能够给公众带来较多福利。由于这些领域的特殊性，私人部门进入的积极性不足，该领域的产品（服务）供给往往低于社会最优水平，从而出现市场失灵。二战以来，发达国家的国有资本更多地从竞争性领域退出，更多向公益性领域转移和集中，就是要使国有资本更多发挥公益性优势，有效克服市场失灵。

实现国有资本与社会资本的优势互补。社会资本的突出优势是追求效率、锐意创新，这是市场经济有竞争、有活力的基础。国有资本主要配置在公益性领域，重要的是给民营经济创造出更好发挥创新优势的市场环境，从而实现国有经济和民营经济的优势互补。

2. 以发展公益性国有企业为重点调整优化国有资本配置

（1）增大公益性国有资本比重。尽管目前我国拥有庞大的国有资本，但国有资本公益性不足的特点明显。发挥国有资本公益性角色，首先要加大公益性国有资本的比重。国有资本从一般性竞争领域退出。设立国有资本运营公司，推动国有资本战略布局调整；国有资本从房地产、酒店等一般竞争性领域退出；国有资本从自然垄断行业、城市公用事业的可竞争环节退出。

重点增加三类公益性企业投资。明确界定涉及国家安全的行业，设立投资目录，增加国家安全类国企投资；明确界定国家必须重点支持的技术和产业创新领域，增加基础创新类国企投资；与到 2020 年实现基本公共服务均等化目标相适应，增加社会公共服务类国企投资。

（2）部分国有资本划归社保基金。这是国有资本实现公益性回归，在公共服务领域作出更大贡献的重大举措。建议，出台未来 10 年国有资本划转社保基金的具体方案。国有资本划转社保基金对资产证券化程度的要求比较高，建议从上市的国有企业入手，实现国有资本划转社保基金与繁荣资本市场的兼顾：提高国有股划拨社保基金的比例，规定国有资产在首次发行股票时，考虑将划拨给社保基金的比例由目前 10% 提高到 30% 左右；部分竞争性领域国有资本直接划归社保基金。

（3）提高国有资本收租分红上缴国家财政比例。目前，根据行业性质不同，我国国有资本红利上缴比例分为四类：烟草类上缴比例为 20%；资源类企业是 15%；一般竞争类企业是 10%；军工科研类企业是 5%。平均国有企业的上缴财政比例大致是 12% ～ 13% 左右，而在国际上国有企业平均分红率在 30% ～ 50% 左右，我国明显偏低。

发挥国有资本公益性角色，建立常态化的国有企业收租分红机制迫在眉睫。这既是切实维护出资人权益的必然要求，也有助于降低居民和非公经济税负，促进混合所有制经济发展。建议：严格落实中共十八届三中全会“完善国有资本预算制度，提高国有资本收益上缴公共财政比例，2020 年提高到 30%”的要求，明确各个领域国有资本收租分红的约束性指标。

3. 尽快形成分类推进国有企业改革的行动方案

（1）以公益性为重点。按照国有资本涉及的不同行业属性，严格区分公益性与非公益性领域，依据强化公益性的方向确定国有资本布局调整方案。

（2）政府购买公共服务。公益性领域还可划分为可竞争性环节与不可竞争性环节，竞争性环节尽可能对社会资本放开，不可竞争性环节可由国有资本控股，但要尽可能鼓励社会资本参股投资。

（3）明确规定国有资本控股的范围和比例。在公益性领域不追求绝对控股，可以扩大国有资本的杠杆效应，尽可能撬动更多的社会资本投资。

4. 鼓励非公有制企业通过并购和控股、参股等多种形式，参与国有企业改革

（1）发展以民营资本为主的混合所有制。明确规定国有资本控股的范围和比例，增大社会资本控股的领域。国有资本不追求绝对控股，可以扩大国有资本的杠杆效应，尽可能撬动更多的社会资本投资：

——将国有独资形式的企业严格限定在对涉及国家安全的少数国有企业和国有资本投资公司、国有资本运营公司。

——将国有绝对控股的企业严格限定在涉及国民经济命脉的重要行业和关键领域。

——在某些需要国有资本特殊支持的支柱产业和高新技术产业等行业，主要采取相对控股，国有股权比例尽可能不超过51%。

——没有国有资本参与也能更好发展的领域，视具体情况国有股逐步退出，最终实现由社会资本控股。

（2）实现非公有制企业参与国有企业改革的新突破。鼓励非公有制企业通过并购和控股、参股等多种形式，参与国有企业改革。尽快形成具体的行动方案，发展国有资本、集体资本和非公有资本等交叉持股、相互融合的混合所有制经济：

——对于一般竞争性行业，国有企业通过出让股权、兼并重组等方式大力吸引非公有制资本投资入股。

——国有资本投资项目允许非国有资本参股。

——尽快出台相关实施细则，发展企业员工持股形式的混合所有制经济。

2020：青年企业家创新创业的历史新机遇 *

到 2020 年，我国增长、转型、改革高度融合的特点凸显，大转型时代对全面深化改革的依赖性全面增强。在这个特定背景下，未来几年如何把握发展的大趋势，抓住发展的新机遇？这里，我以“2020：青年企业家创新创业的历史新机遇”为题简要提五个问题，与大家讨论。

一、2020 年是不是经济转型升级的历史关节点？

2020 年是我国经济转型的最后窗口期，是跨越中等收入陷阱的临界点，是全面深化改革的时间节点。由此，增长、转型、改革高度融合成为未来 5 ～ 6 年全面深化改革最为突出的特点。其中，转型是主线，增长靠转型才有前景，改革以转型为主线才能为发展提供不竭的动力。如果这一判断符合实际，就需要立足 2020 年这个中期来化解短期、谋划长期。总的来看，2020 年将是经济转型升级的历史关节点。如果把握好了，我们就把握了转型、发展、创新的主动权。

* 本文系作者在中国青年企业家协会会员座谈会上的发言，2014 年 11 月 26 日。

二、2020 年转型升级的重点何在？

经济转型升级涉及多个方面，这是大转型时代背景下对转型升级的特定要求，重点体现在以下三个方面：

1. 工业的转型升级

当前，我国经济总量已跃居世界第二位。经过 36 年的改革开放，我国已经进入了工业化中后期阶段，但是总体上工业发展水平仍然相对滞后。全球化、信息化、服务化是工业转型升级最为突出的特点。工业的转型升级面临的核心问题是生产性服务业发展严重滞后。我国当前生产性服务业仅占服务业比重 15% 左右。而有统计显示，2010 年发达国家生产性服务业占全部服务业的比重普遍在 60% ～ 70% 之间。到 2020 年，我国生产性服务业占服务业的比重至少需要提高 15 ～ 20 个百分点，达到 30% ～ 40%，才有可能实现“中国制造”向“中国创造”的升级。

2. 城镇化的转型升级

2013 年我国的名义城镇化率为 53.7%，而人口城镇化率仅为 36%，远低于 2011 年 52% 的世界人口城市化的平均水平。到 2020 年，城镇化转型升级的关键是加快农民工市民化，着力推进中小城镇的发展。

3. 消费结构的转型升级

当前，我国正处于消费需求释放与升级的重要历史时期。第一，从物质消费向服务消费升级。城镇居民人均医疗保健、交通通信、文教娱乐三大消费支出占人均消费比重从 1985 年的 12.8% 上升到 2013 年的 34.1%。预计到 2020 年这个支出占比有可能提高到 40% ～ 45%，成为城镇居民的消费大头。第二，消费总规模不断扩大。中国社会消费品零售总额 2011 年仅为 18.4 万亿元，2013 年增长到 23.8 万亿元，估计到 2020 年将达到 45 万亿～ 50 万亿元。这就为我国扩大内需、促进经济增长奠定坚实基础。

三、2020 年能不能形成服务业主导的经济结构？

我的看法是，只要转型与改革相关举措能够落实到位，2020 年完全有可能形成服务业主导的经济结构。

1. 我国经济转型升级正处于重要的历史拐点

一方面经济下行压力增大。2014 年第三季度 GDP 同比增速放缓至 7.3%，创 2009 年一季度以来的新低。但另一方面，经济结构升级的态势初步形成。2014 年前 3 季度，服务业增加值占国内生产总值的比重达到 46.7%，创历史新高。

2. 近些年来服务业增加值都以年均两位数增长

2001—2013 年，扣除价格因素后服务业增加值年均增长 10.6%。估计未来 5 ～ 10 年服务业增加值仍会以 10% 左右的速度增长，搞得好有可能会达到 10% ～ 15% 左右。这意味着到 2020 年我国服务业占比达到 55% 以上是有条件的、有可能的，将会初步形成服务业主导的经济结构新格局。

3. 形成服务业主导的经济结构牵动影响经济社会转型全局

比如，近几年，我国服务业每增长 1 个百分点，可以带动 GDP 增长约 0.4 个百分点。如果未来 6 年服务业增加值年均实际增长不少于 10%，可以带动经济增长 4 个百分点左右，为中速增长的新常态奠定重要基础。再比如，2008 年 GDP 每增长 1 个百分点，新增就业约 70 ～ 80 万；而 2013 年 GDP 每增长 1 个百分点，新增就业 177 万。由此看，只要初步形成了服务业主导的经济结构，就能为我国经济新常态奠定具有决定性意义的基础。

四、走向服务业大国关键是不是加快服务业市场全面开放？

未来 6 年我国的转型、创新关键在于服务业市场全面开放方面有实质性突破。总的看，服务业市场开放有三大目标：

1. 尽快使社会资本要成为服务业发展的主体力量

发展服务业，重点是激活社会资本。社会资本能否成为主体力量，将决定服务业发展的前景。

2. 打破垄断

尤其是服务业领域的行政垄断与行政管制，形成公平竞争的市场环境。

3. 明显提高服务贸易的比重

2013 年，我国服务贸易占贸易总量的比重仅为 11.5%，2014 年上半年上升到 12.3%，但仍低于全球 2012 年 18.7% 的水平。如果到 2020 年我国服务贸易占贸易总量比重能提高到 20%，那么当年服务进口总需求将达到 8000 亿美元，是 2012 年 2800 亿美元的 2.86 倍。

五、经济转型升级对青年企业家的需求何在？

在当前经济下行压力不断增大的背景下，对广大青年企业家来说，把握转型与改革的大趋势，就可以抓住创新创业的重要历史性新机遇。青年企业家在创新驱动、增长转型中的责任加大。为此，这就需要国家为青年企业家的创新发展提供进一步的支持。建议采取多种形式，创立青年企业家创新创业基金。

1. 加大对中小企业尤其以青年创新创业为主体的中小企业的支持力度。比如，在结构性减税方面更加有利于中小企业发展。

2. 给予支持青年企业家发展的中小金融机构特殊的政策扶持。当前，我国的民间银行、中小银行发展严重滞后，与转型升级不相适应。

3. 鼓励支持青年企业家投资教育发展，尤其是职业教育。这将为带动更多的青年人就业和创新创业带来重大利好。

4. 通过建立行政法规，鼓励青年企业家成为公益性事业发展的主体。当前，越来越多的青年企业家想要参与公益性事业，而我国在公益性法人方面的立法仍然严重滞后。

到 2020 年，我国的经济转型升级是一个大趋势。顺应发展趋势，青年企业家不仅是转型升级的主体，而且也是发展现代服务业的主体。青年企业家的责任重大，国家应该在支持青年企业家成长等方面进一步创造经济社会的大环境。

品牌走出去，突破口在哪里？*

近年来，以服务贸易为重点的新一轮全球化方兴未艾，中国企业“走出去”并形成品牌优势，服务贸易是必然突破口。随着我国服务贸易以两位数的增速不断发展，国内一些教育、传媒、互联网等服务业企业也纷纷开始“走出去”，有些实力比较强的企业甚至在海外上市，形成了一批具有一定世界影响力的品牌。同时，受国内产业基础和国际环境的影响，我国服务业“走出去”并形成品牌集群优势，还面临着多方面的困境。在这个背景下，中国企业“走出去”不仅面临重大历史机遇，也面临严峻挑战。

目前，制约我国服务业形成国际品牌优势的基础因素是行业发展水平不高。2015 年我国服务业占 GDP 的比重达到 50.5%，与发达国家相比相差 20 个百分点左右，同时，我国服务进出口总额占对外贸易总额的比重为 15.4%，同样处于世界较低水平。其次，我国企业的品牌知名度不高。目前，像阿里巴巴、华为等一些大企业开始“走出去”，但总体而言，我国企业的海外知名度还有待提升。2015 年品牌咨询公司 Interbrand 的全球品牌价值百强榜中，中国仅有华为、联想两家公司上榜。同时，我们也应看到，国际环境也存在诸多不利于我国服务业“走出去”的因素。发达国家对服务贸易出口管制较多，欧美国家常常通过

* 本文载于《人民日报》（海外版），2016 年 3 月 28 日。

技术壁垒、国家安全审查等手段限制外国企业进入。例如，目前如火如荼的 **TTP** 和 **TTIP**，对我国服务贸易发展形成客观挤压，影响品牌优势的形成。

当前，我国已经站在由货物贸易为主到服务贸易为重点实现开放转型的历史关口，相对于货物贸易，服务贸易“走出去”更需要“强品牌”的支撑。在全球服务贸易增速明显快于货物贸易的背景下，我国服务业市场双向开放与全球自由贸易进程形成了历史交汇。

因此，适应国际国内发展的新形势，在“十三五”期间打造在国际具有影响力的“中国品牌”，推进企业“走出去”，重点在服务行业。

首先，应提升我国服务业发展水平。以服务业市场开放为重点，使社会资本成为服务业发展的主体力量，同时加快生产性服务业发展，树立工匠精神，在转型升级中打造中国服务品牌。

其次，加快推进双边、多边、区域性、全球性自由贸易区建设。包括加快与“一带一路”沿线国家或地区商建自由贸易区网络；推动中欧贸易合作，加快中欧自贸区可行性研究；扩大双边和区域服务贸易协定，提高我国制度性话语权，打破发达国家对我国服务贸易的壁垒等。

最后，还需加大推进国内服务企业“走出去”的鼓励措施。一是建立支持企业“走出去”的服务平台，建设一批出口产品“海外仓”，促进外贸综合服务企业发展，创建具有国际影响力的服务品牌；二是支持金融、保险、民航、电信、物流等生产性服务业企业“走出去”，鼓励企业到境外设立研发中心和营销中心；三是鼓励“中华老字号”服务业企业利用品牌效应，带动中医药、中餐等产业开拓国际市场。

在转型升级中打造中国制造全球品牌 *

我国的经济转型升级正处在重要历史拐点。加快推进由中国制造向中国智造的经济转型，实现“中国制造 2025”的战略目标，重在把握经济转型升级的大趋势，打造中国制造的全球品牌。

一、“十三五”经济转型升级的大趋势

一个国家企业品牌的形成与本国经济发展阶段密不可分。总的判断是：“十三五”是我国从工业化中后期走向工业化后期的关键 5 年。打造企业品牌，需要立足于我国由制造业大国走向以智能化为重点的先进制造业强国这个战略目标。

1.“十三五”是我国经济发展方式转变的历史节点

当前，内外环境发生深刻变化，经济下行压力增大，主要矛盾在于调结构、转方式尚未取得突破性进展。从国家层面看，如果调结构、转方式有了突破性进展，就能够掌握经济增长的主动权；从企业层面看，如果能够把握国家经济发展方式转变的历史机遇，加快自主创新，就会形成打造企业品牌的源头活水，就会为企业的成长和发展插上创新的“翅膀”。从这个意义上来说，我国企业品牌建设，离不开经济转型升级

---

* 本文载于《经济参考报》，2015 年 7 月 16 日。

的大环境，需要抓住经济转型升级提供的新机遇。

2.“十三五”是我国制造业转型升级的关键阶段

由中国制造走向中国智造，制造业服务化的特点尤为突出。在生产性服务和生活性服务需求都在全面快速增长的特定背景下，“十三五”期间将形成新的增长格局。

（1）消费主导的增长格局。服务消费需求的增长推动消费结构的升级，消费结构升级带来潜在消费需求的释放，“十三五”期间的最终消费率和居民消费率都有望加快反弹。到2020年，最终消费率有望提高到60%左右，居民消费率提高到50%左右。

（2）形成以服务业为主导的产业结构。随着从物质型消费为主向服务型消费为主的消费结构升级，我国城镇居民服务型消费比重已接近40%，预计到2020年服务型消费占比可能提高到45%，一些发达地区甚至可达到50%～60%。消费结构升级带来巨大的消费需求，将为服务业主导的经济转型提供内生动力。近几年，我国服务业每增长1个百分点，带动GDP增长约0.4个百分点。如果“十三五”服务业年均增长10%，可以带动4个百分点的经济增长，为7%左右的中速增长奠定重要基础。

3.“十三五”是我国创新消费市场品牌的重要时期

打造企业品牌，不能忽略13亿中国人的新消费。例如，这几年尽管经济下行压力大，但信息消费需求增长快，今年1—5月份信息产业仍然实现了20%的增长，这为打造新的消费品牌创造了巨大空间。再比如，健康服务业发展潜力巨大，但是我国的健康产业缺乏品牌。按照国家老龄委的估算，现在老年人的当期消费至少有1万亿元人民币的潜在需求。但是，由于产品供给短缺、服务水平上不来，年实际消费大约只有2000亿元人民币左右。

二、生产性服务发展滞后是企业品牌建设滞后的突出矛盾

2010年，我国已成为全球第一制造业大国。尽管有220多种工业品产量居世界第一，但总体上看，我国仍是一个品牌小国。2014年全球企业最有价值的100个品牌中，美国有59个，日本有7个，作为新兴经济体的韩国也有3个，而我国仅有华为入围，排在第94位。总的来看，我国企业品牌建设有三大差距：第一，品牌总量偏低，以数量而非品质取胜的状况未根本改变。第二，现有品牌中具有自主知识产权的比重偏低。第三，品牌的国际影响力不够，缺乏如美国可口可乐、苹果等具有广泛国际影响力的知名品牌。

我国企业品牌建设的巨大差距，反映了我国自主创新能力不强的现状，关键技术和核心技术对外依存度高达60%。自主创新能力不强与经济结构不合理高度相关。

从国际经验来看，工业化中期之后，以研发为龙头的生产性服务业从传统工业中分离出来做精、做专，在打造国际知名品牌中有决定性作用。例如，苹果的灵魂是研发和设计，没有自己的生产工厂。

为什么欧美发达国家国际知名品牌那么多？美国和德国以研发为龙头的生产性服务业占服务业比重已经高达70%以上，占GDP的比重在43%左右。我国生产性服务业占服务业的比重不足35%，占GDP的比重仅为15%左右。这说明，在制造业信息化、服务化快速发展的今天，没有生产性服务业的突破性发展，很难改变品牌建设严重滞后的现状。这就需要把“互联网+”从消费品市场全面引入到生产性领域，以信息化拉动制造业的转型升级。

三、打造和提升中国制造品牌的重大任务

“十三五”时期，新一轮技术革命与我国经济转型升级出现历史性

交汇。以信息化与工业化深度融合为主线、以制造业服务化为突出特点，推动我国的智能制造、服务制造、绿色制造，将由此形成我国品牌建设的新格局。

1. 把研发为龙头的生产性服务业发展作为实施“中国制造2025计划”的战略重点

为此，需要把到2020年服务业占GDP比重达到55%、生产性服务业占GDP比重从15%提高到30%～40%，作为“十三五”经济结构调整的约束性指标。争取到2025年，生产性服务业占GDP比重接近发达国家的平均水平，走出一条以生产性服务业带动我国制造业全球品牌建设的新路子。

2. 充分利用“互联网+”，实现生产性服务业振兴的新突破

美国的IPHONE和中国的小米手机，在很短时间内崛起成为品牌新秀，最重要的成功 因素在于把握了大数据、云计算时代的大趋势，让消费者能够通过互联网参与手机制造的过程，并使手机功能拓展到互联网领域，改变了人类生活。我国拥有世界上最多的网民，通过“互联网+”打造企业品牌的潜力巨大。我的判断是：在“互联网+”背景下，企业品牌竞争的关键是商业模式的竞争。利用“互联网+”实现商业模式创新，我国有望到2020年初步完成从工业2.0向3.0的升级，并奠定走向工业4.0的重要基础。

3. 结构性改革将为中国制造的全球品牌营造制度环境

我国打造国际品牌不缺市场，不缺各种资源，缺的是制度环境。打造中国制造的全球品牌，面临着诸多的结构性体制性矛盾。

（1）加快生产性服务业对内对外开放。破除行政垄断，形成生产性服务业领域开放竞争的大环境。生产性服务业不仅要扩大面向社会资本的开放，也扩大面向国际资本的开放。当前，要加快破除电信领域的行政垄断，将“互联网+”时代的电信资费明显降下来。

（2）严格保护知识产权。知识产权制度化法制化进程需要加快，知识产权保护法规要与国际接轨，最大限度地激励打造具有自主知识产权的全球品牌。

（3）打造中国制造全球品牌需要消费品市场监管标准与国际接轨。建议从国家层面组建统一的消费品市场监管机构，改变国内消费品市场监管标准低于发达国家的状况。

（4）加快教育、科研领域改革。一是深化教育改革。现行的教育体制带有考试型、封闭性、行政化的突出特点。如果不能加快形成创新型、开放性、专业化的教育体制，自主创新就缺乏最重要的基础条件，就很难形成自主创新能力。二是形成能够广泛吸纳和利用国际人才的体制机制。借鉴发达国家经验，设立国家移民局，支持有条件的来华留学海外学生拿中国绿卡，培育我国参与国际人才竞争的新优势。三是进一步深化科研体制改革。要按照专业化而不是行政化、官僚化的体制来营造和完善人才发展、大众创新、万众创新的大环境。

创新企业“走出去”的体制机制 *

我国“一带一路”战略的深入实施，为企业加快“走出去”提供了重要的机遇。近年来，以高铁、核电以及特高压为代表的中国装备制造“走出去”进程明显加快，民营企业开始成为“走出去”的重要力量。当前，适应我国经济转型升级的客观需求，抓住新一轮全球化自由贸易的新趋势，需要创新企业“走出去”的体制机制。

1. 实现企业“走出去”便利化

把企业对外投资便利化作为深化简政放权改革的重点任务。一是简化对外投资审批服务，按照市场决定和企业自主决策原则，清理“走出去”行政审批事项，缩小审批范围和减少审批环节；二是建立“一站式”审批，简化和改进审批程序，增加审批的透明度，明确审批时限和标准，提高企业境外投资的便利化程度，支持各类企业“走出去”。

2. 鼓励和支持生产性服务业“走出去”

在我国工业转型升级的特定背景下，研发、设计、物流、销售、金融等生产性服务业对于提升制造业发展水平、优化产业链布局、实现全球范围内配置资源中的地位和作用日益凸显。为此，我国企业“走出去”不简单是制造环节“走出去”，与国家制造业服务化的战略布局相适应，更重要的是形成相关体制安排，创造条件，实现各类生产性服务业

---

* 本文载于《人民日报》(海外版)，2016 年 3 月 31 日。

企业“走出去”的新突破。这样，才能在企业“走出去”中真正形成我国企业参与国际竞争的新优势。

3.“引进来”与“走出去”相结合

当前，服务贸易在全球自由贸易中的比重快速增加的趋势明显，但我国服务贸易比重偏低，同时面临较大的贸易逆差。“十三五”基本形成服务贸易为重点的对外开放新格局，对现代服务业“引进来”提出新的要求。从扩大服务贸易比重和缩小服务贸易逆差的现实需求出发，我国需要加快服务业市场对外开放步伐，吸引国外健康、养老、教育、文化等投资，着力提升我国现代服务业发展水平。这就需要国内四个自由贸易试验区在推动服务业市场对外开放上加大力度，有更大的作为。

4. 为企业“走出去”提供全方位的服务

一是加大对“走出去”企业的金融支持力度，设立海外并购基金，鼓励民营企业到海外并购，鼓励金融机构为民营企业海外投资提供金融服务，完善海外投资保险制度，加大中国出口信用保险公司的政策性保险作用，为民营企业海外投资提供更多的保险品种；二是建立境外投资的公共信息平台，定期发布我国企业对外直接投资东道国的市场需求、法律法规、宏观政策、投融资制度、风险因素等信息；三是建立境外投资贸易服务机构，支持金融、保险、民航、电信、物流等服务业企业“走出去”，鼓励国内企业到境外设立研发中心和营销中心。

第六章

以服务贸易为重点的“二次开放”

“十三五”，我国扩大对外开放与新一轮全球自由贸易进程形成历史性交汇。以服务贸易为重点全面实施自由贸易战略，加快服务业市场的双向开放，在开放中创造有利于经济转型升级的外部条件，在开放中推进全球自由贸易进程，在开放中提升我国参与全球治理的制度性话语权，成为“二次开放”的历史使命，不仅直接影响我国经济转型全局，还将决定我国在全球经济格局和治理格局中的作用与角色。

我国对外开放的历史新使命 *

适应我国经济转型升级的现实需求，未来几年的对外开放，要在我国走向服务业大国中承担新的历史使命，发挥新的历史作用。

一、把“一带一路”作为未来几年扩大对外开放的总抓手

在国际环境复杂多变、博弈竞争更加激烈的特定背景下，我国未来几年扩大对外开放，关键在于牢牢抓住“一带一路”这个总抓手。一方面，“一带一路”扩大了我国经济转型升级的战略空间。“十三五”我国经济转型升级面临两大任务：一是在工业 3.0、工业 4.0 的趋势下，加快工业转型升级，尽快解决国内产能过剩问题；二是寻求服务业发展的新动力。“一带一路”沿线是一个有着 60 多个国家和地区、46 亿总人口、20 万亿美元经济规模的大市场。加快“一带一路”战略实施，可以为实现这两大任务提供广阔的战略空间。另一方面，“一带一路”为我国扩大服务贸易比重，促进现代服务业发展提供新的引擎。“一带一路”不仅仅是制造环节“走出去”，更是设计、研发、物流、销售等高端生产性服务业的“走出去”，这为我国生产性服务业带来巨大市场，成为我国扩大服务贸易的重要领域。以服务外包为例，2014 年前 11 个月，

* 本文载于《人民政协报》，2015 年 3 月 9 日。

我国服务外包合同金额和执行金额同比分别增长10.5%和29.2%。其中，承接“一带一路”地区服务外包合同金额和执行金额分别同比增长22.3%和31.5%，明显超出服务外包的增速。“一带一路”在促进我国服务贸易上有着巨大的潜力。

二、把服务业开放作为扩大对外开放的重点

从全球趋势看，服务贸易已成为新的增长点，并开始成为衡量大国经济竞争力与现代化水平的重要标志。过去10多年来，我国服务贸易规模快速提升，但总的看，我国服务贸易规模仍然偏低。2013年我国服务贸易占贸易总额比重仅为11.5%，低于全球20%的平均水平。服务业吸引外资规模和比重偏小，领域偏窄、结构低端的问题还比较突出。究其根源，我国服务业开放的程度还远不够。在内外环境深刻复杂变化下，我国对外开放面临历史性的转型抉择。加快发展服务贸易，走向服务大国，是我国对外开放的基本方向。为此，需要对“十三五”对外开放提出约束性的目标。建议：到2020年服务贸易总额达到1万亿美元以上，在2013年基础上实现规模倍增；服务贸易占贸易总额比重提高至20%，达到2013年世界平均水平。

三、努力实现对外开放的新突破

内外环境变化下，我国对外开放转型升级的时间空间约束全面增强，以“一带一路”为总抓手，未来几年的对外开放重在实现四个方面的实质性突破。第一，实现基础设施互联互通的新突破。充分发挥亚洲基础设施投资银行和丝路基金的作用，统筹规划，重点推进，尽快形成欧亚海陆立体大通道。陆上依托国际大通道，打造若干国际经济合作走廊；海上依托重点港口城市，打造通畅安全高效的运输大通道。第二，实现企业“走出去”的新突破。加快推动以高铁为代表的中高端产能向

东盟、中亚、非洲等“走出去”；积极探索在“一路一带”地区组建研发中心、物流中心，推进研发、营销与制造等本土化；改革完善对外开放的政策与体制，尽快建立适应国际新环境的对外开放应急机制。第三，实现人民币国际化的新突破。以产能合作的大项目融资为龙头，加快推进人民币自由兑换与跨境贸易结算，深化人民币的国际使用。尽快打通人民币离岸市场和在岸市场，把上海自贸区金融改革实验与“一带一路”金融开放有机结合起来。第四，实现国际投资贸易规则和标准制定主导权的新突破。以金砖国家开发银行、亚洲基础设施投资银行、丝路基金等为依托，在区域、双边贸易谈判中，逐步形成中国版国际贸易新规则，增强我国在国际贸易新规则制定中的主导权。

关于大外交战略的几点建议 *

所谓大外交战略，我理解就是把握我国综合国力和国际影响力不断提升的大趋势，以维护国家的独立和主权、保障和平发展为目标，通过外交政策及相关体制机制的调整，形成各方面广泛参与的、硬实力与软实力有机结合的大国大外交新格局。对此，概要地提 3 点建议。

一、全面形成大外交的战略格局

1. 大国大外交的国际环境已经形成

近几年，随着世界经济政治格局的变化，特别是我国经济的快速发展，我国国际地位明显提升。事实证明，国际上没有哪一件重要事情不需要中国的参与。在这个大背景下，我国既需要继续韬光养晦，也需要主动有为，发挥大国的作用，履行大国的责任。基于此，需要尽快形成大国大外交的新思维、新战略。

2. 以大外交促进大开放

总的看法是，新形势下开放与外交越来越直接地融合在一起，形成相互促进的新态势。现实的情况是，没有大外交的重要突破，三中全会提出的"形成全方位开放新格局"就缺乏支撑条件。这就需要把推进全

---

* 本文系作者在全国人大代表、政协委员座谈会上的发言提纲，2014 年 7 月 8 日。

方位开放纳入大外交的战略中。

3. 完善大外交的体制机制

客观讲，近两年外交工作在很多方面有声有色，正在形成大外交的新态势。我的看法是，由于某些体制机制等因素的制约，大外交的基本格局尚未完全形成，并在有的方面显得被动。充分发挥外交部在大外交中的主体作用，建议尽快在协调机制、人员编制、投入机制等方面作出调整，以为大外交提供体制机制的重要保障。

二、推进大外交与大开放的融合

1. 把打造"10+1"升级版作为大外交的近期战略重点

建议以类欧盟为导向，加快我国与东盟"10+1"人流、物流、资金流、信息流区内无障碍流通、基础设施区内无障碍互联互通，政策规划区内无障碍协调沟通，尽快形成较高水平的区域经济一体化新格局。建议由外交部协调，尽快形成行动方案。

2. 把基础设施互联互通作为大外交的战略突破

建议以外交部为主，与相关部门研究制定基础设施互联互通的战略规划。统筹设计亚洲基础设施投资银行，部署未来 5 ～ 10 年我国与南亚、东南亚、中亚等互联互通的重大项目，并尽快组织实施。

3. 把扩大沿边开放纳入大外交战略部署

2013 年年底，我在云南边境跑了 8 天，北线、西线、中线和南线的边境地区都进行了实地调研。给我印象最深的是，依托地缘、血缘、亲缘、姻缘，我国沿边地区在民间外交上有着独特的优势，腾冲已把公路修到缅甸境内 100 多公里，地方政府和对方政府官员互访，都被叫做"走亲戚"。2013 年，我院给云南省提出"3+1"沿边开放的总体思路："3"即尽快设立"瑞丽—孟定—猴桥沿边自由贸易试验区"、"磨憨出口加工区"、"河口—老街跨境经济合作先行示范区"三个功能定位差异化的沿边自由贸易试验区；"1"即加快推进与周边三国基础设施的互联互通，在建设孟中印缅经济走廊中先行先试。我的看法是，“3+1”重在抓住这两年的黄金机遇期。否则，有可能陷入战略被动。

三、以大外交助推新型智库发展

外交的实质是战略与思想的交锋。大国的外交既需要硬实力，也需要以思想、观念、文化为核心的软实力。服务我国大外交的战略目标，智库的作用日益凸显。建议外交部把支持新型智库发展纳入大外交工作的重要议程。例如：推动和支持公共外交领域的新型智库发展；支持鼓励新型智库开展双边多边的学术交流合作；形成相关智库与外交官间的交流机制，等等。

欧亚共建“一带一路”中的诺曼底*

“一带一路”通过深化互联互通，将把发达的欧洲经济圈与活跃的东亚经济圈更紧密地连结在一起。诺曼底曾是古代陆上丝绸之路和海上丝绸之路在欧洲大陆的重要节点之一，也是中国与欧洲贸易往来和人文交流的重要枢纽之一。今天，诺曼底在欧亚共建“一带一路”中，仍然能够发挥重要的枢纽作用。

一、诺曼底在推进中欧自贸区进程中的枢纽作用

从连接欧亚两个大陆的实际需求看，加快构建中国与“一带一路”沿线国家之间和中欧之间的自贸区网络，将为不断扩大中欧之间的投资贸易搭建重要合作平台。

1.“一带一路”的重要目标是在更大范围推进自贸区进程

面对世界经济复杂深刻的变化，欧亚共建“一带一路”将促进形成统一的欧亚大市场，进而推进欧亚大陆之间的投资贸易自由化进程。未来 5 ～ 10 年，以“一带一路”基础设施的互通互联为依托，加快建设欧亚自贸区网络，是务实推动欧亚经济一体化的重要实施路径。

---

* 本文系作者在法国举行的“中国—诺曼底论坛”上的演讲，2015 年 6 月 12 日。

2. 加快推进中欧自贸区进程

中欧作为世界两大经济体，相比于中欧经济总量占世界经济总量的1/3而言，双方贸易总量在全球贸易总量中占比仅为1.5%左右，中欧经贸合作还有很大拓展空间。未来几年通过加快推进中欧自贸区进程，进一步提升投资贸易便利化水平，预计双方贸易将以每年9%左右的速度增长，2020年有望实现1万亿美元的目标。根据汇丰银行（HSBC）研究报告，法国企业在中国市场的经济增长值在2016—2020年将达到8%左右。一旦中欧自由贸易协定成功签订，法国、德国等欧盟国家对中国的出口总额还会明显增长。

3. 发挥诺曼底在加快中欧自贸区进程中的桥梁作用

诺曼底是欧洲大陆和中国往来交通的重要连接点。目前，上诺曼底大区和下诺曼底大区已经分别与中国浙江省和福建省建立了友好省区关系，在港口、航运、海洋经济等海上丝绸之路建设领域不断深化合作。依托良好的地理区位优势和海陆空四通八达的交通条件，诺曼底有条件在更大程度、更广范围参与“一带一路”建设，在中欧互联互通建设和加快中欧自贸区进程中扮演重要角色。

二、诺曼底在深化中欧服务贸易合作中的枢纽作用

中国“十三五”经济转型升级的基本方向，是基本形成服务业主导的经济新格局。“中国服务市场”蕴含中欧深化合作的巨大空间。未来几年中欧共建“一带一路”，要以服务市场开放和服务贸易自由化为重点，加快推进中欧自由贸易进程。

1. 中国将扩大服务贸易开放

中国作为第二经济大国，服务贸易无论在规模还是比重上都明显偏低。2013年全球服务贸易占全球贸易总额的比重达到20%，中国服务贸易占对外贸易总额的比重仅为11.5%，低于全球平均水平8.5个百分点。服务贸易市场的开放既是中国经济转型升级的内在需求，也是中国

市场连接欧洲市场、连接全球市场的一个新亮点，更是推进中欧自由贸易进程的决定性因素之一。“一带一路”能够有效提升中国服务贸易比重，预计未来6年，中国的服务贸易将保持10%以上的增长速度；到2020年达到1万亿美元以上，在2013年5400亿美元基础上实现规模倍增；服务贸易占对外贸易比重将提高至20%，达到2013年世界平均水平。当然，这既取决于中国服务贸易市场开放的程度，也取决于发达经济体打破某些服务贸易壁垒的程度。

2. 服务贸易市场开放将为中欧合作带来巨大空间

2001—2013年中国服务业增加值年均实际增长10.6%。预计2015—2020年这6年服务业增加值增速仍不会低于10%，服务业规模有可能从2014年的30.7万亿元人民币扩大到2020年的54万亿元人民币。中国巨大的服务型消费需求将成为包括欧盟经济在内的世界经济增长的重要动力。

未来6年，如果中欧协力推进以服务业合作为重点的中欧自贸区进程，放宽市场准入，促进中国巨大的服务需求市场与欧洲充沛的服务业人力资本、生产能力和先进技术相结合，将形成欧洲经济复苏和增长的新动力。如果中国服务贸易到2020年达到1.2万亿美元、中欧服务贸易比重由2013年的13.2%提高到20%的情况下，2020年中欧服务贸易总额将达到2000亿～2200亿欧元的规模。

3. 诺曼底在中欧服务贸易合作中的重要角色

诺曼底可以依托自身在尖端科技、化工电子、农牧业、高等教育等领域的优势，加强与中国上海、福建、天津及广东等自由贸易试验区的经贸往来与合作，特别是推进在服务贸易领域的便利化和自由化进程，开展先期探索与实践，争取成为中法、中欧自贸区建设的先行地区，在推动中法、中欧自贸区进程中发挥独特的作用。

三、诺曼底在形成“一带一路”中欧智库合作网络中的枢纽作用

欧亚共建“一带一路”，推动欧亚投资贸易自由化进程，面临着相当多的矛盾与问题，这为欧亚智库在“一带一路”建设中发挥作用提出了现实需求。

1. 成立中法、中欧智库联盟，为共建“一带一路”提供智力支撑

在本次诺曼底会议的基础上，建议成立“一带一路”中法、中欧智库联盟，搭建双方多层次的交流联动机制和合作平台，使会议机制化。例如，可共同举办中欧“一带一路”智库论坛，合作研究多边、双边“一带一路”共建规划和工作机制等，为中欧围绕“一带一路”建设开展多边、双边合作提供决策咨询服务。

2. 双方智库尽快就中欧自贸区建设开展独立的合作研究

建议尽快启动中欧自贸区的可行性研究，在战略研判国际经济贸易发展趋势与客观分析中欧贸易投资潜力的基础上，向双方政府提出独立客观的建议。

3. 诺曼底在促进中欧智库合作中具有独特优势

一方面，诺曼底大区与中国的联系与合作广泛，有条件成为中法、中欧智库合作的桥梁；另一方面，诺曼底大区与中国省区之间已经开展的人文交流的某些优势，有促进中法、中欧智库合作的重要条件。

作为全球经济发达国家之一，法国历来是世界自由市场经济的标杆，也是欧洲经济一体化的重要力量。法国未来在推动中欧投资贸易自由化进程中将发挥不可或缺的重要作用，期待诺曼底成为推动中法、中欧自由贸易进程的先行者。

中国“二次开放”与中日韩合作新机遇 *

基本判断是：“十三五”，中国的开放面临着重大的历史转型。一方面，中国以制造业为重点、以加工贸易为主要形式的开放红利正在趋于弱化；一方面，随着中国服务型消费需求的快速增长与服务业主导的产业结构的基本形成，中国需要尽快转向以服务贸易市场开放为重点的“二次开放”。这不仅是适应中国经济转型升级趋势的重大任务，也是包括中日韩合作在内国际经济新格局的重大突破。

一、推进“二次开放”是适应中国经济转型升级的现实选择

1. 服务贸易快速增长，成为全球自由贸易的新引擎

2014 年，全球服务贸易增长率为 6%，全球 GDP 增速只有 2.5%，全球货物贸易增速仅为 0.8%。可以说，服务贸易的快速增长，在很大程度上对冲了货物贸易增速下滑的影响，正在成为全球贸易的新动力。

2. 服务贸易开放成为中国扩大开放的基本趋势

未来 5 年，以服务贸易为重点的全球自由贸易进程明显加快，中国经济转型升级对服务贸易和服务业市场双向开放的依赖性明显增强。在

* 本文系作者为首届中日韩公共外交论坛暨 2016 年中日韩合作国际论坛提交的论文，2016 年 4 月 29 日。

这个大背景下，中国开放的特点、重点都发生明显变化。

在工业化初期，中国抓住全球货物贸易需求扩张和发达国家制造业转移的历史机遇，推动制造业开放与制造业全球化的直接融合，成为全球第二大经济体和第一大货物贸易国，同时也为全球经济和贸易增长做出巨大贡献。

当前，随着中国城乡居民消费结构由物质型为主向服务型为主转变，中国服务贸易需求快速上升，对服务业市场的双向开放提出了迫切要求。在这个特定背景下，加快服务业市场的双向开放和以服务贸易为重点的全球自由贸易进程形成历史交汇。

3. 服务贸易发展滞后成为中国供给侧的“短板”

中国虽已成为世界货物贸易的第一大国，但服务贸易比重过低。2014 年，全球服务贸易占整个对外贸易的比重为 20% 左右，中国仅为 12.3%。中国货物贸易额在全球货物贸易总额中占比超过 10%，而服务贸易额在全球服务贸易额中占比仅为 6.2%。在世界前十大服务贸易国中，中国人均服务贸易额为 448 美元，是美国的 12%，德国的 6%，日本的 16%。这就需要把加快提升服务贸易水平作为优化贸易结构、扩大有效供给的重点。

二、2020：中国努力打造以服务贸易为重点的“二次开放”

1. 以服务贸易为重点优化对外贸易结构

“十三五”规划提出，到 2020 年“服务贸易占对外贸易比重达到 16% 以上”。我认为，从中国服务需求快速增长的趋势出发，到 2020 年服务贸易占比重有很大可能到 20% 左右，中国服务贸易总额占世界服务贸易总额的比重也有望从 2014 年的 6.2% 提高至 10% 左右。在服务贸易结构上，形成传统服务贸易和现代服务贸易均衡发展的新贸易格局，在电信、信息技术、电子商务、健康医疗、教育等现代服务贸易领域形成竞争新优势。

2. 以服务贸易为重点加快中国的国内自贸区建设

对中国来说，发展服务贸易是一个新的挑战。这有一个试点 、推广的过程。中国的自贸区就承担了这个重任。应对全球贸易格局和规则变化的新趋势和新挑战，中国需要以服务贸易为重点加快国内自贸区建设，探索符合经济转型升级需要的最优开放模式。

3. 以服务贸易为重点推进双边、多边、区域性、全球性自由贸易进程

未来 5 年，中国要把加快服务业市场开放作为双边、多边自由贸易的重点，加快与“一带一路”沿线国家或地区共建自由贸易区网络，扩大双边和区域服务贸易协定，打破对中国服务贸易壁垒；大力发展服务外包，推动服务业企业“走出去”，在积极参与新一轮全球化与国际分工中做大现代服务业，培育服务业领域竞争的新优势；推进中国与欧盟自贸区的可行性研究，深化中欧服务业领域的合作共赢，争取“十三五”中欧自贸区建设有实质性突破。

三、以“二次开放”为动力全面深化中日韩合作

1. 中国“二次开放”将释放巨大的开放红利

“十三五”中国加快服务贸易开放和服务业市场双向开放，可以使服务贸易保持 14.5% ～ 17% 的增速，由此有效释放“二次开放”红利。

2. 把服务贸易开放作为中日韩自贸区的重中之重

从中国“二次开放”的趋势出发，从日韩发展需求出发，推进中日韩自贸区建设，应当高起点、高标准。可以考虑把服务贸易作为中日韩自贸区的核心，加快三国服务业开放进程，打造新的增长引擎。

3. 关键在于加快服务业的双边开放进程

一是加快拓展中日韩在金融、信息、物流业等服务业领域的开放合作，把服务业开放和服务贸易自由化作为双边、多边合作的重点。二是有序扩大中国的服务业对外开放。可以考虑向日韩伙伴优先开放。与加

快实施自贸区战略相结合，在中国经济转型和产业升级亟需的服务领域、与日韩优势互补的服务领域，优先开放。参照内地对香港服务贸易开放的办法，对自由贸易协定伙伴扩大服务贸易部门的开放，在更多以“商业存在”服务模式为主的领域给予自由贸易协定伙伴国民待遇，加快推进服务贸易的双边开放。

中国正处于转型升级、跨越中等收入陷阱的闯关时期，日韩也处于结构性改革的重要时期。在这个特定背景下，推进开放转型，加快“二次开放”，不仅对中国有重要意义，而且对形成新的东亚和世界经济新格局有重要影响。在“二次开放”方面，坦率地说，还有相当多重大问题需要深入研究。我所在的中改院愿意与日韩智库密切合作，共同开展这项重大研究，为政策决策提供重要参考！

“十三五”中国经济转型与中日韩经贸合作 *

“十三五”中国正处在经济转型升级的历史关键时期，总的看有3个重要标志。

第一个重要标志是，中国的产业结构正由工业主导向服务业主导转型。预计2020年中国服务业占比将从当前的50.5%提高到58%左右。其中生产型服务业占比将由现在的15%提升到25%左右，这为中国制造业转型升级提供重要支撑。

第二个重要标志是，中国的消费结构正由物质型消费为主向服务型消费为主转型。估计到2020年中国城镇居民包括健康医疗旅游等在内的服务型消费需求比重，将由目前的45%左右提升到50%以上，成为中国城镇居民消费的大头。

第三个重要标志是，中国的城镇化结构正由规模城镇化向人口城镇化转型。预计到2020年，中国规模城镇化率将由56.1%左右提升到60%以上，户籍人口城镇化率由38%提升到50%左右。

在这个趋势下，中国需要尽快转向以服务贸易市场开放为重点的“二次开放”。这既是中国经济转型升级的客观需求，也是中日韩加快自由贸易进程的一个重要机遇。对此简要提出3点建议：

---

* 本文系作者在“首届中日韩公共外交论坛暨2016年中日韩合作国际论坛”上的发言，2016年4月29日。

第一点建议，加快推进服务贸易发展。一方面，服务贸易快速增长，已经成为全球增长的新引擎。尤其是在全球货物贸易增速下降的背景下，服务贸易成为拉动全球贸易的新动力；另一方面，服务贸易发展滞后已经成为中国供给侧的瓶颈。2014 年全球服务贸易占全球贸易比重为 20.6%，而中国仅为 12.3%。所以，“十三五”中国加快服务贸易发展，既是优化贸易结构的关键，又是加大有效供给的重点之一。

第二点建议，加快以服务贸易为重点的“二次开放”。从中国服务贸易快速增长的趋势出发，估计 2020 年中国服务贸易占对外贸易的比重将达到 20% 左右，中国服务贸易占全球服务贸易比重也将从 2014 年的 6.2% 左右提升到 10% 左右。一方面，需要以服务贸易为重点加快国内自贸区建设，为全国新一轮开放提供示范；另一方面，也要以服务贸易为重点加快推进双边、多边、区域、全球自由贸易进程。

第三点建议，以“二次开放”推动促进中日韩自由贸易进程。“十三五”加快服务贸易开放和服务业市场开放，可以使中国服务贸易保持年均 15% 左右的增长，这为中日韩经济合作带来巨大市场空间。建议把服务贸易作为中日韩扩大自由贸易的重点之一，加快中日韩产业结构优势互补。与此同时，建议以尽快建立 FTA 为重点推进中日韩经济一体化。当前，中日韩经济一体化进程和现实需求有较大差距，我把它概括为 4 条：一是与中日韩三国经济转型发展的需求有较大差距；二是与全球化、区域一体化进程有较大差距；三是与全球服务贸易快速增长的趋势有较大差距；四是与多边双边自由贸易进程有较大差距。因此，加快建立中日韩 FTA，不仅直接影响亚洲经济一体化进程，而且牵动影响全球贸易自由化进程。

实现“10+1”自贸区升级版的实质性突破 *

在区域经济一体化成为经济全球化发展的重要趋势、尤其是美国重返亚洲加大我国周边不确定性的特定背景下，尽快实现东盟—中国“10+1”自贸区升级版，成为我国实施“以周边为基础加快实施自由贸易区战略”、“加快同周边国家和区域基础设施互联互通建设”的重大任务，并且对我国未来几年形成对外开放新格局，具有战略性、决定性的重大影响。

一、“10+1”升级版的初步设想

2013 年 10 月 9 日，李克强总理在第十六次中国—东盟领导人会议上提出“2+7”的合作框架，打造“10+1”升级版成为深化我国与东盟全面战略合作伙伴关系的战略重点。

“10+1”升级版的可能方向是“类欧盟”，即借鉴欧盟模式，在各国平等协商的前提下，加快实现我国与东盟 10 国的人流、物流、资金流、信息流在区内无障碍流通和基础设施互联互通，逐步形成以自由贸易、共同市场、货币合作为重要特征的区域经济一体化格局：

---

* 本文系作者在商务部中国进出口企业第十二届年会上的发言，2014 年 1 月 11 日。

1. 形成区内货物、服务和资本自由流通的统一市场

2. 建立服务于跨境资金流和服务业开放的较为成熟的区域金融市场

在各国仍拥有主权货币、形成有效的跨境金融稳定机制、实现高标准的风险监管水平的前提下，使人民币成为“10+1”的主要交易、结算货币，并逐步成为东盟储备货币之一。

3. 构建协调各国宏观政策和汇率政策的专门机构和有效机制

建立起能共同应对全球性挑战和区域性危机的政策协调机制。

4. 集体发声

共同在全球经济治理上发出声音，表达区域共同关注。

二、“10+1”升级版的现实需求

1.“10+1”自由贸易空间巨大

在亚太地区经贸一体化进程中，中国和东盟自由贸易关系进展具有重要意义。2002—2012年，中国—东盟双边贸易额从548亿美元上升到4000亿美元，年均增长23.6%；相互投资累计超过1000亿美元，增长3.4倍。中国已经成为东盟的最大贸易伙伴，东盟成为中国仅次于欧盟、美国的第三大贸易伙伴。此外，双方在服务贸易、贸易本币结算以及货币互换都有重要进展。但是，基于中国—东盟的人口总规模、经济发展活力和潜力，与北美自由贸易区等相比，“10+1”自贸区仍然有巨大潜力，升级空间巨大。

2.“10+1”升级版是应对美国重返亚洲的迫切需求

美国加快推进TPP给东南亚区域一体化带来了巨大影响和不确定性。一旦TPP把具备条件的东南亚国家吸纳过去，达不到条件的国家将面临在区域贸易中被边缘化的危险，东南亚现有的跨区域、区域、次区域经贸合作机制将很可能被架空，区域经济一体化的不确定性进一步上升。在美国重返亚太的大背景下，以打造“10+1”升级版为重点推进我国与周边国家区域经济一体化已经迫在眉睫。

3.“10+1”升级版是保障我国周边安全、能源安全、通道安全的战略需要

尤其是随着我国周边地缘政治和地缘经济格局变化，其重要作用和战略地位日益凸显。

三、“10+1”升级版的重大作用

总的看法：在中日韩自由贸易区久推不动、APEC 又受美国 TPP 挤压的形势下，推进“10+1”升级版，全面拓展深化我国与东盟的全面战略合作伙伴关系，不仅是我国以周边为基础加快实施自由贸易区战略、形成面向全球的高标准自由贸易区网络的迫切需求，也是我国提高区域资源整合能力和区域影响力的客观要求，它在我国形成对外开放新格局中具有战略性和决定性作用。

加快打造中国—东盟自贸区升级版的建议 *

在内外形势发生深刻复杂变化的大背景下，打造中国—东盟自由贸易区升级版（以下简称“10+1”升级版），不仅对我国形成对外开放新格局具有战略性、重要性、基础性作用，而且其现实迫切性不断上升：

第一，区域经济一体化成为新阶段经济全球化的重头戏，推进亚洲区内双边、多边自由贸易区建设已成为我国深化对外开放的战略重点。

第二，加快打造“10+1”升级版，是落实十八届三中全会决定提出的“以周边为基础加快实施自由贸易区战略”、“加快同周边国家和区域基础设施互联互通建设”等战略部署的突破口和重大任务。

第三，美国加快在亚太地区的战略布局，使得我国周边形势不确定性加大，尽快取得打造“10+1”升级版的重大突破，时间空间约束全面增强。

为此建议：把打造“10+1”升级版作为形成全方位开放新格局的重点，在“10+1”的良好基础上，利用我国与东盟携手共建21世纪“海上丝绸之路”等合作新机遇，3年左右明显突破，5年左右形成“10+1”经济一体化的新格局。

---

* 本文系提交全国政协十二届二次会议的提案，2014年3月。

一、走向以“类欧盟”为目标的“10+1”经济一体化

建议借鉴欧盟模式，在各国平等协商的前提下，加快“10+1”人流、物流、资金流、信息流区内无障碍流通，基础设施区内无障碍互联互通，政策规划区内无障碍协调沟通，尽快形成较高水平的区域经济一体化新格局：

1. 形成区域共同市场

不断提升、完善双方自由贸易安排，进一步降低和取消相互投资的准入门槛，形成区内货物、服务、资本、资源、劳动、技术和管理自由流通的统一市场。

2. 深化货币金融合作

在各国仍拥有主权货币的前提下，尽快使人民币成为区内贸易投资主要结算货币，争取成为东盟国家的主要储备货币之一。

3. 加强宏观政策协调

借鉴欧盟起步阶段煤钢同盟的做法，以部分产业政策的统一行动为突破口，逐步建立起共同应对全球和区域性危机的政策协调体系。

二、尽快取得打造“10+1”升级版的重点突破

东盟成员中新加坡、文莱、马来西亚和越南已先后加入 TPP 谈判。在这个特定背景下，未来2～3年内打造“10+1”升级版需要有大的突破。

1. 全面提速国际大通道建设

加快“海上丝绸之路”大通道建设，并尽快打通我国与缅甸、老挝、越南、泰国等国的“断头路”、“瓶颈路”，形成放射线、网络化的交通布局。

2. 尽快形成基础设施互联互通的新格局

提出重大项目清单，争取 1 ～ 2 年内全面推进，2016 年初步形成

新格局。

3. 加快沿边开放的新突破

鼓励与东盟国家陆上相邻的云南、广西，整合沿边开放资源，设立“沿边自由贸易试验区”，探索沿边开放的新模式、新体制、新机制。

4. 探索更高标准的自由贸易区

考虑东盟不同国家发展阶段和开放重点的差异，加快推进与东盟国家一对一的 FTA 谈判。

三、加强“10+1”升级版的组织协调

打造“10+1”升级版涉及贸易、投资、产业、货币、外汇以及外交等方方面面，既需要加强我国与东盟国家之间高层次、广领域的协调，也需要加强内部部门间、中央与地方的协调推动。建议尽快建立“10+1”升级版的高层次协调机制：

1. 形成国家层面统筹推进的工作机制，明确急需研究的重大议题和重要任务清单，组织专家进行分析评估，制定备选方案。

2. 尽快制定出台我方行动计划，明确行动目标、行动路径、行动主体、体制机制与政策支持等。

3. 建立相关部门和地区参与的高层次的协调机制，分解任务，确保责任落实到相关部门和地区。

以扩大自由贸易为重点加强投资合作*

在全球经济转型的关键时期，旧的开放格局正在打破，新的开放格局尚未形成。在这个特定背景下，推进全球基础设施的互联互通，要以扩大区域性、全球性自贸区网络为重点。我的理解是，中国倡导的“一带一路”适应日益增强的双边、多边自由贸易的需求，以推进基础设施投资合作为依托，以扩大自贸区网络为目标，以发展服务贸易和开放服务业市场为重点，由此促进全球经济合作和中国经济转型升级。

一、推进自贸区进程

面对世界多极化、经济全球化的新形势、新挑战，中国倡导的“一带一路”重点何在？我认为，就是实施更大范围、更加主动的自贸区战略，以形成新一轮全方位开放的制高点。

1. 以推进自由贸易试验区为重点优化全方位开放的区域布局

第一，扩大自由贸易试验区范围。一是不到两年，国家批准设立4个自由贸易试验区；二是扩大各个自贸试验区的实施范围，4个试验区范围都在100公里以上，并且各自设了几个片区；三是允许区内注册、区外经营，拓宽试验区的影响范围。第二，以负面清单为标志的自贸试

* 本文载于《中国经济时报》，2015年9月21日。

验区制度创新取得新突破。例如，2013 年上海自贸试验区负面清单有 190 项，2015 年缩减到 122 项。第三，4 个自贸试验区全面对接“一带一路”，并逐步成为“一带一路”的重要支点。第四，推广自贸试验区可复制、可推广的开放经验。估计，2015、2016 两年在省一级会推行负面清单管理，3 年左右将在全国推开。当然，自由贸易试验区如何扩大服务贸易、开放服务业市场，如何使负面清单更“短”些、更透明，还需要付出努力。可以说，与过去不同，自贸试验区的开放对全国有重大影响。

2. 以推进中国与东盟自贸区升级版为重点促进亚洲区域经济一体化进程

2014 年 8 月，中国与东盟开始自贸区升级版首轮谈判，到目前为止已经进行了三轮谈判，估计 2015 年 11 月前，很有可能完成谈判。我的建议是，以“类欧盟”为导向打造中国—东盟自贸区升级版，加快“10+1”人流、物流、资金流、信息流无障碍流通，基础设施无障碍互联互通，政策规划无障碍协调沟通，最终形成较高水平的区域经济一体化新格局。这样，到 2020 年双边贸易额达到 1 万亿美元、实现新增双向投资额 1500 亿美元、中国对东盟新增投资额超过 1000 亿美元的目标应该能够提前实现。这将形成中国与东盟加大基础设施合作的重要动力。

如何以“类欧盟”为导向打造“10+1”升级版，我的建议是：第一，在“10+1”自由贸易区现有框架基础上，形成区内货物、服务、资本、资源、劳动、技术和管理自由流通的统一市场。第二，全面提速国际大通道建设，尽快打通中国与缅甸、老挝、越南、泰国等国的“断头路”、“瓶颈路”，形成放射线、网络化的交通布局。第三，以服务业开放为重点加快打造更高标准的升级版。

3. 尽快启动中欧自贸区谈判

中欧作为世界两大经济体，相比于中欧经济总量占世界经济总量的 1/3 而言，双方贸易总量在全球贸易总量中占比仅为 1.5% 左右，中欧经贸合作还有很大拓展空间。面对经济全球化的新趋势尤其是在整个区域经济合作的大背景下，在推进中欧投资协定谈判的同时，建议启动中欧自贸区谈判。这件事情是形势所迫，越早做越好。

第一，中国“一带一路”与欧盟“容克投资计划”对接。欧盟在电子技术、航空、信息通讯技术、生命科学技术、能源环境等生产性服务业和健康管理等生活性服务业有独特的优势，有先进的技术和成熟的管理经验。如果双方协力促进中国巨大的服务市场需求与欧洲服务业的先进技术相结合，将形成欧洲经济复苏和增长的新动力。第二，启动中欧自贸区谈判。如果中欧自贸协定签订，那将为 5.7 亿人打开 13 亿人的大市场，其效应不可估量。2015 年 8 月，欧盟与越南已就自由 贸易协定达成原则性一致，形成了互利平衡的方案。而中国 13 亿人的大市场相对于越南 9000 万的市场而言，中欧之间达成自贸协定无疑将带来更大的市场。第三，加快推进中欧服务贸易合作进程。这将形成欧洲经济复苏和增长的新动力，预计双方贸易将以每年 9% 左右的速度增长。

建设中欧自贸区，对中国而言，是赢得最大发达经济联合体、逐步构筑立足周边、辐射“一带一路”、面向全球的自贸区网络的关键之举；对欧盟来说，是实现与最大发展中国家共建自贸区，赢得 13 亿人大市场的历史突破。此外，对中欧双方而言，也是倒逼各自经济转型升级、协同全球治理合作的重大举措；对世界而言，将有利于推动更大范围内的自贸进程，形成支撑全球可持续增长的重要因素。

二、扩大服务贸易

“十三五”时期，中国经济转型升级有三大趋势：一是工业转型升级大趋势——从“中国制造”走向“中国智造”。“十三五”制造业转型升级与新一轮全球科技革命形成历史交汇点。把握好这个重要机遇，需要推进工业信息化、服务化进程。《中国制造 2025》行动纲领，反映制造业向智能化转变的大趋势，即有望到 2020 年初步完成从工业 2.0 向 3.0 的升级并奠定走向工业4.0的重要基础。二是城镇化转型升级大趋势——从规模城镇化走向人口城镇化。2014年，我国的规模城镇化率达到54.77%，到2020年将达到60%。问题在于，人口城镇化率太低，2013年仅为36%。估计到2020年人口城镇化率将达到50%左右。三是消费结构升级大趋势——从物质型消费走向服务型消费。目前，城镇居民服务型消费比重已接近40%，预计到2020年将超过45%以上，一些发达地区有可能达到60%左右。

经济转型升级的大趋势表明，未来5～10年，我国经济增长蕴藏着巨大潜力，经济向好的格局没有改变。适应经济转型升级大趋势，需要尽快形成以服务业为主体的产业结构，以消费主导的经济增长格局，以服务贸易为重点的对外开放格局。进入经济全球化新阶段，经济合作竞争的重点已从货物贸易转向服务贸易，服务贸易发展与服务业开放水平是一个国家经济发展的重要标志，是工业化中后期经济转型升级的重要趋势。

1. 服务贸易快速发展的大趋势

2005—2010年，我国城镇居民人均服务型消费支出从3116元提高到5260元，年均增长11.04%，服务型消费支出在总消费支出中的比重均保持在40%左右的高位，城镇达到45%左右。正是在消费结构升级的趋势下，服务贸易规模迅速扩大，从2001年的719亿美元增长至2014年的6043亿美元，增长了8.4倍。这个巨大的服务贸易潜力，成为我国应对经济下行压力的有利条件。例如，近年来，服务业每增长1个百分点，可以带动GDP增长约0.4个百分点。2015—2020年服务业增加值年均增长10%左右，可以带动经济增长4个百分点左右，为中速增长提供重要条件。

2. “十三五”服务贸易发展的前景

第一，服务贸易规模超过1万亿美元以上，在2013年服务进出口总额5400亿美元的基础上实现规模倍增。第二，服务贸易占对外贸易比重从2013年的12.3%提高至20%，达到2013年世界平均水平。第三，我国服务贸易出口占世界服务贸易出口的比重从6%提高至10%。

3. 扩大服务贸易将带动全球基础设施投资增长

第一，服务贸易基础设施投资已开始成为基础设施投资的重点之一。当前，基础设施投资的范围已逐步从传统的道路、交通等“硬件”向电信、信息、文化等“软件”拓展。从发展趋势看，后者更为重要，而且发展更为迅速。例如，2013年全球服务贸易增速超出货物贸易4个百分点，服务贸易额占贸易总额的比例达到20%。第二，“十三五”服务贸易占对外贸易的比重提高到20%左右，将对全球投资带来重要影响。比如，如果中欧服务贸易占中国服务贸易的比重提高到20%，中欧服务贸易有望在2020年达到2000亿～2200亿欧元的规模，为“容克投资计划”与“一带一路”倡议的互动对接提供具体支撑，为中欧双边基础设施投资提供直接动力。

三、推进服务业市场全面开放

“十三五”以转型升级释放巨大的内需潜力，既是我国经济转型升级的重大挑战，又是实现7%左右增长的巨大优势。关键要看转型改革能否有重大突破。我的建议是，“十三五”转型改革要在四个方面破题：一是服务业市场全面开放；二是以混合所有制为重点的企业改革；三是以金融、财税、教育为重点的结构性改革；四是深化简政放权为重点的政府改革。当前，服务市场全面开放是转型改革的重中之重。

1. 服务需求潜力巨大

巨大的内需潜力，是我国经济增长的重要条件，近些年我国消费年均增速为10%～12%。随着消费供给创新和消费环境的改善，估计“十三五”年均消费增长达到9%～10%左右。估计到2020年我国社会消费品零售总额有望达到45万亿～50万亿元人民币，在2014年26.2万亿元的基础上将实现倍增。其中教育、健康等服务消费的需求增长尤其迅速。有报告提出，2011年我国医疗市场的规模是3700亿美元，到

2020年将高达1万亿美元，我国将成为全球医疗市场增长最快的市场之一。随着我国老龄化程度的提高，2020年健康服务业市场总规模将超过医疗市场总规模，高达8万亿元人民币。

在服务需求快速释放的趋势下，“十三五”有望形成服务业主导的产业结构。2014年第三产业增加值占GDP比重达到48.2%，2015年上半年达到49.5%，估计到2020年服务业增加值占比有望达到55%以上。在规模上，2015—2020年，如果服务业增加值年均增长保持在10%左右，服务业总规模有望扩大到48万亿～53万亿元。

2. 推进服务市场的双向开放

当前，主要新兴国家进入工业化中后期，经济服务化趋势明显。2008—2013年期间，11个新兴经济体有9个国家的工业占比在下降，例如印度下降了3.3%，南非和巴西下降了3.1%，中国下降了1.9%；9个国家服务业占比在提升，例如中国上升了4.3%，巴西和印度上升了3.2%，南非上升了2.3%。但是，发展服务贸易仍面临两大挑战：一是新兴经济体服务市场开放不足。根据WTO服务贸易总协定的标准，印度仅承诺开放12项、占比21%的服务贸易活动市场，远低于欧盟承诺开放42项、占比75%的服务贸易活动市场。二是发达国家对服务贸易出口管制还相当多。发达国家在电子技术、航空、信息通讯技术、生命科学技术、能源环境等领域都处于领先位置，但尚未对发展中国家开放。适应快速上升的全球服务贸易需求，加快新兴国家服务业市场开放、打破 发达国家服务贸易出口管制，成为扩大服务贸易、加快基础设施投资的“双重任务”。

3. 服务业开放将为区域性、全球性投资合作创造巨大空间

我国政府提出，要分层次、有重点放开服务业领域外资准入限制，推进金融、教育、文化、医疗等服务业领域有序开放，放开育幼养老、建筑设计、会计审计、商贸物流、电子商务等服务业领域外资准入限制，进一步放开一般制造业。随着服务业市场开放，越来越多的服务消费在其他国家得到满足，不仅为当地带来巨大的增长动力，也带来旅游、教育、医疗等服务基础设施的巨大需求。以旅游消费为例，2014年我国游客出境游达到1.17亿人次，出境旅游花费约1400亿美元，同比增长18%，大大刺激了旅游基础设施的投资。服务业开放将释放跨境投资和服务贸易的巨大潜力，给基础设施互联互通的投资带来巨大需求。服务业已经成为我国吸引投资的重要领域。2014年，我国服务业实际使用外资4068.1亿元人民币（约合662.4亿美元），远超制造业实际使用外资2452.5亿元人民币的规模（约合399.4亿美元）。

当前，世界经济正处于复杂深刻的调整中。全球性、区域性基础设施投资计划之间，是“零和博弈”还是“多赢合作”，取决于全球经济治理体系的变革。第一，推进G20机制化。需要尽快务实探讨如何进一步做实G20的治理机制，例如设立秘书处和G20倡议实施委员会，探索建立G20与IMF等现有国际机构的协调机制，以更有效地发挥G20的作用。第二，积极寻求“一带一路”与TPP、“容克投资计划”等区域合作机制的有效对接。第三，在新的世界经济平衡形成之前，全球宏观经济形势仍然不稳定，更需要加强各国各地区经济政策的国际协作，协调财政政策、货币政策。

打造“一带一路”能源经济合作圈*

“一带一路”重在推动沿线各国在基础设施、制造业、服务业、能源资源等多个领域开展广泛合作，以为提振区域经济和世界经济注入新的动力。

能源是经济增长和社会发展的重要基础与条件。“一带一路”沿线既聚集了全球能源消费大国，也聚集了全球能源生产大国。深化能源合作，推进沿线国家基础设施互联互通，是共建“一带一路”的重大任务。就此，我提几条建议：

1. 建立“一带一路”沿线能源经济合作圈，建立稳定和可持续的能源战略合作关系

例如：在中国和“一带一路”沿线国家的能源通道节点城市，建设具有自贸区性质的能源加工园区、能源保税港区、新能源产业园区、能源跨境经济合作区、以能源为重点的工业港区等；对能源贸易和投资自由化、便利化的制度安排进行先行先试，打造区域能源贸易中心、能源共同储备基地、能源合作创新中心等。

中国是伊朗最大的贸易伙伴和石油出口市场，中伊在能源投融资、勘探开采、运输物流、加工储存、技术研发等领域的合作空间巨大。为

---

* 本文系在“一带一路”中国—伊朗合作发展国际研讨会上的致辞，2015 年 12 月 22 日。

实现中伊两国的共同利益和促进能源战略合作，建议双方努力寻求建立更加紧密的能源战略合作的机制安排。

2. 建立“一带一路”能源共同储备机制，加强能源安全合作

长期以来，能源价格波动一直是世界市场动荡的重要因素之一。建立能源共同储备机制，对加强“一带一路”能源供给安全具有战略意义，尤其是对稳定当前世界能源市场价格具有重大作用。对此，建议中国与伊朗等“一带一路”沿线能源生产国签订双边多边合作协议，优先保障合作伙伴的石油供给，共同建立能源价格风险管理机制，共同建设石油合作战略储备基地，共同研究建立能源产业基金等。

3. 深入推进“一带一路”能源技术合作进程

中国将积极推进与“一带一路”沿线国家在能源可持续开发使用、可再生能源和新能源开发方面的技术合作。支持企业“走出去”，开展“一带一路”能源技术合作的重大项目，对投资能源技术创新合作的企业给予审批绿色通道和税收优惠等。积极与东道国签订双边投资协定，加强对企业走出去的保护。鼓励智库、研究机构、非政府组织开展合作，促进能源规划、开发、储存、加工、贸易、金融等多方面交流合作。

4. 构建“一带一路”能源治理新机制

长期以来，“一带一路”沿线的发展中国家和新兴经济体在能源定价上处于被动位置。在当前全球能源生产、消费和贸易格局深刻变化的背景下，建议“一带一路”沿线国家深化能源双边多边合作，形成互利共赢的能源合作规则，促进公平可持续的区域和全球能源治理格局，以提高发展中国家和新兴经济体在全球能源定价中的话语权。

深化中欧经贸合作背景下的欧元和人民币*

1.释放中欧大市场的贸易投资潜力，将为欧元稳定发展和人民币国际化创造重要条件

中欧深化贸易投资合作的潜力巨大。中国连续多年成为欧盟第二大贸易伙伴，欧盟是中国第一大贸易伙伴、第一大进口来源地和第二大出口市场。在工业转型升级、人口城镇化、消费结构升级的大趋势下，中国走向服务业大国的趋势正在形成，居民消费和服务业的巨大潜力将被不断释放，为欧盟产业和企业提供巨大的市场空间；中国与欧盟国家的产业存在高度互补性，服务贸易投资的空间巨大。未来几年，以服务贸易开放为重点的中欧自贸区建设将取得重大突破，由此释放中欧贸易投资潜力。这十分有利于欧洲经济复苏进而带动欧元走稳，也能通过更大规模贸易投资加快人民币国际化进程。中欧智库应当尽快开展中欧自贸区可行性的合作研究，在战略研判世界经济贸易发展趋势与客观分析中欧贸易投资潜力的基础上，向双方政府提出独立客观的建议，在深化中欧经贸合作中主动扮演重要角色。

2.中欧加快推动结构性改革影响欧元和人民币走势

从欧盟看，欧元区成员国特别是希腊等债务高企的南欧国家能否有效推进以劳动力市场为重点的结构性改革，以及成员国之间的相互妥协

---

* 本文载于《中国日报》(欧洲版)，本文为翻译稿，2015年5月1日。

和政策协调进程，直接影响欧元走势。从中国看，问题在于，人民币国际化受到国内结构性改革相对滞后的制约。人民币国际化进程与资本账户开放直接相关，在国内金融体系的结构性改革尚未取得重大进展、国有垄断的金融市场格局尚未根本打破、实体经济和中小企业面临融资难的情况下，中国尚未形成一个能有效应对资本账户开放带来冲击的金融市场。更根本的是，人民币的走势取决于中国中长期的经济增长前景。未来 5 年中国走向服务业大国的转型进程，关键在于以服务业市场开放为重点的结构性改革的重大突破。

3. 中欧共建“一带一路”将给欧元和人民币的合作发展带来更多机遇

中国政府提出连接亚欧大陆的“一带一路”倡议，并发起设立亚洲基础设施投资银行，欧盟国家纷纷积极响应和参与，德英法意等欧盟主要国家都已经申请成为亚投行的创始成员国。未来，“一带一路”沿线国家基础设施互联互通建设将带来巨大的投资，为欧元和人民币的跨境使用提供广阔空间；亚投行的建立，不仅为中欧深化金融货币合作提供重要平台，也为中欧共同推进区域金融治理机制创新提供重要载体。中欧应携手共建区域货币金融合作的制度平台，共同应对全球性和区域性金融风险，共同推动国际货币体系改革，共同提升欧元和人民币的国际作用，共同推进国际金融货币体系的健康发展。

共同治理是全球经济治理变革的方向*

当前，无论是经济全球化还是世界经济可持续发展，都处于关键时期。首先，尽管经济全球化面临多方面的挑战，但经济全球化、区域一体化的趋势不可逆转。其次，全球开始出现多经济中心，由此世界经济格局正在发生某些重大变化。面对全球经济转型和经济格局的深刻变化，全球经济治理体系正处在改革调整的历史关口：既需要推进全球经济转型升级，又需要推动全球经济治理结构同步转型。顺利度过这个“关口”，使全球经济治理结构改革适应于经济转型的客观要求，适应于实现全球经济可持续发展，就能够成功应对经济全球化的新挑战，就能够释放未来20年全球可持续增长的新动力。

一、全球可持续发展需要全球治理变革

2008年国际金融危机以来，世界经济发生深刻复杂变化，新矛盾、新风险、新挑战不断出现，全球经济治理体系不适应经济转型趋势的矛盾日益凸显。

1. 新兴经济体已成为全球可持续发展的有生力量

新兴11国经济总量占世界经济比重，由2008年的22%提高到

---

* 本文载于《中国党政干部论坛》，2015年第9期。

2013年的29%，5年间提高了7个百分点；同期G7经济总量占比从53%下降到46%，下降了7个百分点。2010—2013这4年，新兴11国对全球经济增长的贡献平均达到59%，成为全球经济可持续增长的主要推动力。

2. 以发达国家为本位的全球经济治理体系不利于新兴经济体转型与可持续发展

最近几年，新兴经济体的经济增长面临严峻挑战，某些国家经济开始出现负增长。2013年，发达国家对全球经济增长的贡献率再度超过新兴经济体。这个局面的形成有多方面的原因，其中包括发达国家“再工业化”和发展中国家同质化竞争的“双重挤压”。从全球视角看，现有全球经济治理体系不利于甚至制约了新兴经济体的经济转型升级。

（1）在现行治理体系下，发达国家可以通过多种途径转嫁危机，但新兴经济体却由此承受国际资本频繁流动、汇率大幅波动、贸易环境有所恶化等风险。

（2）新兴经济体尚未取得与其经济地位与贡献相匹配的话语权。2010年国际货币基金组织通过的改革方案中，E11国家投票权大幅提升3.4和4.1个百分点。但是，由于这一方案尚未得到美国国会通过而无法实施。

（3）新兴经济体基础设施投资需求巨大，而目前多边治理机制中缺乏专门服务于基础设施投融资的金融机构。从相关的数字看，2010—2020年，亚太地区基础设施建设需要8万亿美元，亚开行每年只能提供大约100亿美元。

从全球视角看，二战后形成的全球治理体系，仍然在很大程度上以发达国家为本位，这已经不能适应世界经济格局的变化趋势，这不仅制约了新兴经济体的经济转型升级，使其深层次的结构性矛盾难以得到有效解决；而且影响了世界经济的可持续增长，使之难以形成2015年后世界经济可持续发展的新动力。

3. 以新兴经济体经济转型为导向谋划全球治理变革

过去几年新兴经济体在转型上取得了一定进展，比如中国消费率在2014年回升到51.2%，服务业占比在2015年一季度达到51.8%的历史新高。尽管如此，新兴经济体仍然面临转型的艰巨任务。俄罗斯经济的油气依赖度超过90%；2014年巴西投资率仅为19.7%，继续回落，投资不足仍是固疾。

未来几年，适应全球经济格局变化的趋势，全球治理机制变革的核心，应是从“西方治理”向西方与非西方“共同治理”的转变，要以有利于实现全球可持续发展为目标，以促进新兴经济体经济转型作为导向。这既需要新兴经济体通过自身改革度过转型“关口”，也需要调整与改革现有全球经济治理体系以为新兴经济体经济转型创造有利的外部环境。这既涉及对传统治理机制的改革，比如国际货币基金组织和世界银行的治理结构改革、人民币进入特别提款权（SDR）的扩容改革、国际援助机制改革等；也涉及鼓励成立新的治理机制，如双边多边自由贸易区等。就是说，新阶段的全球经济治理变革，要把促进新兴经济体经济转型作为重要导向。

二、以经济转型为导向推进全球经济治理改革

应当说，全球经济增长仍有相当大的空间，而且正面临着前所未有的新环境。把全球经济增长潜力释放出来，客观上要求全球经济治理变革与世界经济转型的基本趋势相适应。总的思路是：以扩大自由贸易区网络为目标、以发展服务贸易为重点、以基础设施互联互通为依托，加快全球经济治理改革，构建有效的全球经济治理体系。

1. 以扩大自由贸易区网络为目标

新兴经济体要获得有利于经济转型的外部环境，需要提升在全球贸易投资规则中的话语权。务实选择是加快自贸区网络建设。问题在于，新兴经济体参与自由贸易区网络建设，客观上很难采取与发达国家完全

相同的标准。尽管全球化进程中自由贸易标准的不断提高是个客观趋势，但不宜在短时期内明显提高标准，甚至把提高标准作为自贸谈判的约束性目标。这将超出新兴经济体实际能力，从而把他们排斥在全球化之外。以 TPP 为例。除了传统贸易协定所追求的贸易自由化和便利化，TPP 还包括工人、环境、知识产权和创新的严格保护，这些新规则主要依据美国市场环境和条件所设定。其内容之多、条款之严、门槛之高，超出了大部分发展中国家的实际情况，不仅不能促进新兴经济体经济转型升级，而且还形成了新的投资贸易壁垒，在一定程度上甚至加剧了全球治理的“碎片化”。

从实现世界经济可持续增长的现实需求出发，重在促进经济转型，扩大自贸区网络，这就需要合理设置标准。中国提出“一带一路”的重要目标，就是在合理设置标准的前提下，在更大范围建立自贸区网络。未来几年，建议把“一带一路”与 TPP 有机融合，找到两者交集，尽快达成中欧、中美投资协议，并适时启动中欧自贸区、中美自贸区的可行性研究。

2. 以发展服务贸易为重点

当前，主要新兴国家均进入工业化中后期，经济服务化趋势明显。2008—2013 年期间，11 个新兴经济体有 9 个国家的工业占比在下降，例如印度下降了 3.3%，南非和巴西下降了 3.1%，中国下降了 1.9%；9 个国家服务业占比在提升，例如中国上升了 4.3%，巴西和印度上升了 3.2%，南非上升了 2.3%。再以服务业发展为例，中国服务业发展潜力巨大，预计到 2020 年服务业总规模有望达到 48 万亿～ 53 万亿，占 GDP 比重将达到 55% 以上，生产性服务业占 GDP 比重将从 15% 上升到 30% 左右，“中国服务”将成为全球经济增长的重要动力。在国际贸易上，从货物贸易转向服务贸易成为大趋势。2013 年全球服务贸易增速超过货物贸易 4 个百分点，服务贸易占全球贸易总额比重达到 20%。仍以中国为例，中国服务贸易 2014 年超过 6000 亿美元，同比增长 12.6%，占外贸总额比重达到 12.3%。服务贸易开始成为新兴经济体重要增长动力。

总的看，新兴经济体发展服务贸易仍面临着两大挑战：一是新兴经济体服务市场开放不足。根据 WTO 服务贸易总协定的标准，印度仅承诺开放 12 项、占比 21% 的服务贸易活动市场，远低于欧盟承诺开放 42 项、占比 75% 的服务贸易活动市场；二是发达国家还有比较多的服务贸易出口管制。发达国家在服务业领域有技术与管理的优势，包括环保、健康、文化、电子技术、航空、信息通讯技术、生命科学技术、能源环境等都领先于新兴经济体，但未对发展中国家开放。适应快速上升的全球服务贸易需求，加快新兴国家服务业市场开放、打破发达国家服务贸易出口管制，成为全球经济治理改革面临的“双重任务”。

3. 以基础设施互联互通为依托

基础设施互联互通是统一市场的前提，也是促进新兴经济体国家经济转型的重要条件。目前，新兴经济体面临的共同挑战之一在于基础设施相对滞后，尤其是基础设施互联互通水平较低。以云南沿边地区为例，由于交通不便，缅甸、老挝等国家资源禀赋优势很难释放出来，他们对基础设施有着巨大的需求。据相关测算，未来 5 年，亚洲至少每年需要 5000 亿美元开展区域互联互通项目，全球发展中国家和新兴经济体每年基础设施投资需求将高达 1.8 ～ 2.3 万亿美元。

依托基础设施互联互通推进投资贸易自由化，对全球经济治理提出新的需求。例如，要求加快共同标准建设，发挥多边、区域性经济组织的作用，形成有效的治理结构，加快走向投资贸易自由化，形成统一大市场。这不仅是实现新兴经济体可持续发展的迫切需求，也是进一步拓展全球经济可持续发展空间的客观需求。

中国发起设立的亚洲基础设施投资银行明确定位为基础设施融资，将与现有的多边开发机构形成合力，弥补了现有多边治理机制在基础设施融资方面的短板，形成了对现有国际金融治理体系的有效补充。从长远发展看，亚投行有可能成为全球经济治理的重要平台之一。

三、加快以G20机制化为重点的全球治理体系改革

从现实情况看，推进全球经济治理体系改革，既要对传统机制进行优化，更要充分、有效地发挥新的治理机制作用。

1. 推进G20的机制化

从全球经济治理体系变革看，二战后，国际社会建立了以国际货币基金组织、世界银行和关贸总协定为代表的全球治理结构架构，形成战后世界经济金融和贸易的基本秩序，维护世界经济的平稳发展。到20世纪70年代，美国面临美元危机，难以维护全球经济治理体系有效运行，由此推动建立了G7。在随后20多年间，G7在国际宏观经济政策协调中发挥着核心的作用。但随着新兴国家快速崛起，全球经济格局发生改变，G7在全球经济政策中的协调能力和影响力开始逐步下降，尤其是在应对全球性的金融危机方面日益力不从心。涵盖世界主要发达和新兴市场经济体的20国财长和央行行长会议机制应运而生。从这个变革历程可以看出，选择哪种经济治理体系，不是主观愿意所决定的，而是世界经济格局变化所决定的。

G20峰会不仅是应对国际金融危机的产物，更反映了全球经济格局深刻变化背景下全球经济治理变革的新趋势，标志着全球经济治理进入新时代。当前，需要务实探讨如何进一步做实G20的治理机制，例如设立秘书处和G20倡议实施委员会，探索建立G20与国际货币基金组织等国际机构的协调机制等，切实增强G20的执行力和有效性。

从近期看，G20面临一系列需要尽快解决的议题。这可以成为2016年峰会可供选择的议题。比如，G20如何从危机管理走到全球治理？如何构建一个高效的、公平的、全面的国际贸易体制，有效反对贸易保护主义；如何利用G20平台加快绿色经济和可持续发展；能否取得国际金融体系改革的实质性突破；亚投行在G20治理中如何发挥作用；如何在G20平台上讨论后千年发展目标等。

2. 全球治理变革需要开放包容

形成新的全球经济治理体系是一个长期的过程，新旧治理体系会经历一个磨合甚至冲突的阶段。在全球经济治理转型进程中，重要的是秉持开放包容的胸怀，尊重多样性，允许、鼓励探索多元化的全球治理机制。不能把个别国家利益置于全球利益之上，搞排他性和小圈子。

未来几年，可以考虑以“一带一路”、亚投行、金砖银行等新兴治理机构为抓手，以双边、多边、区域治理机构为重点，与联合国等现有治理机制共同合作，加快形成有效的全球经济治理体系。

3. 务实打造新型大国关系

全球治理体系变革的难点，不在于如何设计方案，而在于能否构建新型大国关系，尤其是分别代表着发展中国家和发达国家的中美关系。总的判断是，中美双边关系中，有安全考量的因素，但更有经济因素；尽管双方在各个领域的竞争日趋激烈，但合作空间也在进一步拓展。中美务实打造新型大国关系，妥善管控分歧，避免战略误解误判，全球经济治理体系才有变革的可能和动力。这就要求以避免大国冲突为前提，在同步推进 TPP 和“一带一路”的基础上，务实推进中美战略合作。争取近期达成双方投资协议，中期启动中美自贸区谈判，早日启动中美自贸区建设。

全球经济治理变革既是一个老话题，又是一个新挑战。在推动全球经济治理变革中，理念要先行，智库要先行。这就需要加强各国智库的交流合作，增进共识。无论是发达国家还是发展中国家的智库，都需要参与到全球经济治理变革的讨论中来，献计献策，共同打造一个适应经济转型趋势的全球经济治理新体系。

以全面深化改革推进经济转型升级与自由贸易进程*

当前，中国改革面临两个新情况：一是经济下行压力加大下，调结构、转方式处于一个关键时期，也是困难时期，经济发展方式转变正处于历史关节点和最后窗口期，这对改革提出了新的要求；二是面临新的国际环境，全球自由贸易进程的加快以及由此带来的复杂格局，对改革提出了新的要求。在这样一个背景下，我国经济转型蕴含着巨大的增长潜力，改革选择至关重要。

一、经济转型蕴藏着巨大的内需潜力

1. 经济转型的大趋势

（1）“中国制造”向“中国智造”的工业转型升级大趋势。到2020年，中国将有可能初步实现从工业2.0向工业3.0转变，为进入工业4.0打下坚实基础，实现从生产型制造业向服务型制造业转变。

（2）规模城镇化向人口城镇化转型大趋势。估计未来5年，中国规模城镇化将保持每年1个百分点左右的增长率，人口城镇化将保持每年2个百分点左右的增长率。到2020年，中国规模城镇化率、人口城镇

* 本文系作者在“第十届中新论坛”上的发言，2015年10月19日。

化率将分别达到60%、50%左右，人口城镇化仍将是中国经济增长的最大红利。

（3）从物质型消费向服务型消费转型大趋势。目前，中国城镇居民的服务性消费仅占总消费的40%，未来5年，将保持每年2个百分点左右的增长速度。到2020，中国城镇居民的平均服务性消费占总消费的比率将达到50%，而一些发达地区这一占比可能超过60%。未来5年，中国将进入以服务性消费为主的新阶段。

2. 经济转型升级将促使形成三大主导新格局

（1）将基本形成以服务业为主体的产业结构。2015年年底，服务业的在三次产业中的占比将达到或略超50%。估计未来5年，服务业将能够保持每年1个百分点左右的增长率，到2020年，中国服务业占比将有可能达到或超过55%。

（2）将形成以消费为主导的经济增长新格局。今年上半年，消费对经济增长的贡献率已经达到55%。估计到2020年，消费对经济增长的贡献率将达到甚至高于60%。这意味着到2020年，中国的消费总量将从现在的不到30万亿元增长到45万亿～50万亿元，目前中国社会零售消费品总额是28万亿多一点。

（3）将初步形成以服务贸易为重点的对外开放新格局。目前，服务贸易水平偏低是制约对外开放的短板。2014年中国服务贸易占总对外贸易比重仅为12.3%，不仅远低于全世界20%的平均水平，也低于印度25%的水平。如果到2020年中国服务贸易占比达到20%，那么仅服务贸易的规模就能达到1万亿美金。

这些新的增长变化将为中国未来5～10年保持6%～7%的增长速度提供基本保证和条件。同时，转型升级趋势最大的好处是它能够有效缓解和化解当前经济下行压力加大带来的的困难、矛盾和问题。

二、改革的关键在于扩大服务业市场开放

如果能够抓住趋势，顺势而为，将有效化解短期矛盾，并为中长期发展奠定基础。问题的关键在于中国的改革能不能破题，如何破题，在哪些方面破题，这是最重要的。中国经济转型升级趋势蕴含巨大的潜力，关键是中国在改革上能不能破题。

1. 破题改革的关键在于服务业市场开放

中国转型升级趋势客观上要求服务业全面开放，以服务业市场开放作为中国改革的重头戏。

（1）中国正在形成服务业主导的经济结构，但与制造业相比，服务业市场整体开放程度还比较低，部分领域还没有开放。

（2）服务业市场开放度低不仅与20世纪80年代我国比较重视制造业市场化领域的改革有关，更与政策和体制不允许服务业市场开放有关，除去一些政策规定不能开放的领域，在一些已经开放的领域还存在比较严重的行政垄断问题。

（3）我们在此方面的看法还不一致。因此，要激活市场，发挥市场在资源配置中的决定性作用，关键在于加大服务业市场的开放程度。

2. 服务业市场开放与中国转型趋势和结构调整相适应

（1）与中国经济转型的趋势相一致。作为中国下一步改革的重头戏，服务业市场开放与中国经济转型的趋势，尤其是结构调整是相一致的。如果不加大服务业市场开放，将难以形成服务业为主体的新动力，这个动力是要依靠市场力量，而非行政力量来推动。

（2）与老百姓消费结构升级相适应。伴随消费结构的升级，人们对服务型消费的需求越来越多。但当下的服务供给面临多方面的问题，严重不足。比如，目前中国老年人潜在的消费需求规模至少有1万亿，而实际供给尚不到2000亿。扩大服务业市场开放，重点是要解决消费供给方面面临的许多政策与体制性矛盾和问题。

（3）与扩大服务贸易发展相适应。“一带一路”战略重点要以基础设施为依托，以扩大自贸区网络为目标，以服务贸易为重点。在推进下一轮全球一体化过程中，中国扮演的角色很大程度上取决于自身服务贸易的发展程度。只有我们开放自己的服务业市场，才能要求发达国家实现双向市场开放。目前，无论是我们与美国和欧洲的投资谈判，还是中改院正在进行的中欧自贸区可行性研究，关键都在于服务贸易的开放。从服务贸易开放来看，双向的市场开放十分重要，双向的开放进展主要取决于政策和体制改革的突破有多大。

3. 服务业市场开放中的重点

服务业市场怎么开放。我想现在面临很多问题，比如说把破除行政垄断作为服务业市场开放的重点，比如说加快以健康、养老、医疗为重点的生活性服务业市场开放，再比如说加快研发为重点的生产性服务业的开放。在这里我谈一点数据，为什么中国制造业处于中低端水平关键因素何在？制约它的关键因素何在？我认为就是以研发为重点的生产性服务业严重滞后。我国以研发为重点的生产性服务业占 GDP 的比重只有 15 个百分点，占比与先进的制造业大国相比差一倍以上。生产性服务业占服务业的比重大概在 40% ～ 50% 之间，德国生产性服务业占服务业的比重高达 70% 左右，所以服务业的市场开放对中国制造业的转型升级、提升自主创新能力都十分重要。

（1）把破除行政垄断作为加快服务业市场开放的重点。深化国企改革，尽快放开服务价格管制，逐步消除服务业与工业要素价格差异，在用地、用水、用电、用气等方面推进与工业同等价格。

（2）推进生活性服务业市场开放。加快推进教育、医疗、健康、养老等服务业对社会资本市场的全面开放。

改善研发、物流、销售、信息等生产性服务业市场环境，充分利用社会资本促进以研发改善研发、物流、销售、信息等生产性服务业市场环境，充分利用社会资本促进以研发为重点的生产性服务业发展，尽快形成以企业为主体的自主创新体系。

（4）以“一带一路”为重点加快服务贸易强国的进程。抓住全球服务贸易快速增长的新机遇，扩大服务贸易比重，到 2020 年初步实现建设服务贸易强国的战略目标。要以促进服务贸易为重点加快双边多边自贸区建设，争取到 2020 年，服务贸易总额超过 1 万亿美元，占外贸比重从 2014 年的 12.3% 提高到 20%。

服务业的市场开放是牵动影响中国经济转型升级全局，是牵动影响中国市场化改革，是牵动影响中国经济发展的重点所在。

三、以结构性改革破解结构性矛盾

服务业市场开放面临哪些体制性障碍？这里谈一下如何以结构性改革来破解服务业市场开放的结构性矛盾。李克强总理反复讲结构改革，中国结构性改革有什么内涵，矛盾问题在哪里？我认为，中国结构性问题主要是中国经济转型升级中的结构性矛盾问题比较突出，主要有这样四个问题。

1. 以投资转型改革为重点改革投资体制，形成与服务业市场开放相适应的投资结构

政府工作报告连续两年，从温家宝总理到李克强总理都讲“投资是关键，消费是基础”。我在一次参加温总理主持召开的总理会上讲，这个概括可能值得商榷，在一定条件下，消费是关键；在一定的条件下，投资是关键，如果没有条件的限制，仅仅说投资是关键，消费是基础，恐怕这个概括不确切。现在虽然都说改，但在政府工作报告中还仍然这样写。所以中国在经济转型升级问题中，首先的一个问题投资消费结构严重失衡。我们现在投资很多，很多地方经济发展和政府主导型的投资联系在一起，而与消费相适应的投资严重不足。比如在北京，儿童医院挂号下半夜就开始排队，以目前的市场需要来看在北京再建十个儿童医院，市场也不会出现饱和。这表现出同产业结构、消费结构相适应的投资严重不足。我刚才谈到老年人的消费需求，给大家看一组数字，到

2020年中国医疗市场的总需求将高达1万亿美金，而中国健康服务业的需求至少在8～14万亿人民币之间，健康服务业将成为未来5年中国发展速度最快的大市场。这方面急需投资，如何在经济转型中处理好投资消费关系，这是我们结构改革中需要调整的。为此我们要改变政府主导型的投资方式。我给国家发改委的建议是放开企业的投资，严格控制政府的投资。

2. 以发展中小金融企业为重点，形成适应服务业市场开放的金融结构

当前创新创业的最大障碍和实体经济发展的问题是得不到金融支持，整个金融结构与经济转型升级不相适应，现有金融结构是同大工业时代相适应的。例如，在现有金融结构下，大企业比较容易得到金融支持，而现代服务业发展以社会资本、中小企业为主体，很难得到金融支持。

3. 以消费税为重点改革财税体制，形成适应服务业发展和服务业市场开放相适应的财税结构

现有财税结构对上大工业项目的激励作用比较大，而对服务业发展的激励明显不足。

4. 以职业教育为重点形成与经济转型升级和服务业发展相适应的教育结构

我认为，当前中国的教育结构存在很大的问题，我们现在招聘一位大学生很容易，但我们要招聘一位高级钳工却很难。经济转型升级、制造业大国所需专业技能型人才，在现有教育体制中是难以提供的。所以我提出来中国的教育需要第二次改革，需要从当前考试型、封闭性、行政化的教育体制当中跨出来。

四、以深化简政放权激活市场、激发企业

我有一个判断，中国改革到了这一步，很大程度上是要形成宽松的

市场环境，把市场解放出来，把企业解放出来。今天早上吃饭的时候，郑永年说了一句话，说的很好，不要重新把市场关进权力的笼子里。当前转型的动力在于激发新一轮市场的活力，我认为有 3 个问题特别重要。

1. 打通简政放权的"最后一公里"

在打通简政放权上的最后一公里上，我力推 3 件事：一是力争尽快全面实施企业自主登记制度。在新加坡，注册一个企业只需要 2 天内完成。"三证合一"、"一照一码"已经为企业全面实施自主登记制度做了一个基础。我想明后年就会在一些省份实行企业自主登记制度，两三年内会在全国推行企业自主登记制度，这有利于青年人的创新创业，有利于激活企业。二是适时取消企业一般投资项目备案制。三是少用或不用产业政策来指导企业的市场行为。

2. 全面实施负面清单管理

负面清单管理是中国商事制度与国际接轨的重大改革，是中国走向现代市场经济的重要标志。我国搞了 4 个自贸区，最大的功劳就是把负面清单的改革提到了日程上，到 2018 年将在全国范围内实施负面清单管理，当然我们希望负面清单短一点更好。为促进负面清单管理的全面推行，可以考虑赋予地方改革更大的试点权。例如，广东自贸区前海蛇口片区有条件直接实现与香港商事制度接轨并形成更为精简的负面清单。目前，需要突破"4 个自贸区共用一张清单"的做法，赋予各自贸区更大试点权。

3. 加快推进监管转型

2015 年 9 月 11 日，我院形成一份《以监管转型为重点深化简政放权改革（24 条建议）》，很快得到了最高决策层的重视，9 月 16 日在李克强总理主持的常务会议上，我在第三方评估建议的时候，专门谈到监管转型，而且特别重要的是金融监管转型。比如说，我们的资本市场混业经营已经是一个越来越强的趋势，而且我们监管当局是一个分业监管的趋势。所以我在总理面前讲，当务之急是尽快组建金融监管总局。而监管转型使得政府能把该做的事做好，这样市场才能真正放得开，否则市场很难放得开。当然在这方面我们还面临一系列权利结构的调整。

以全面深化改革推进经济转型升级与自由贸易进程，就是要通过全面的制度创新释放13亿人的内需大市场潜力，形成经济转型升级的内生动力；就是要通过全面的制度创新走向现代市场经济，更好融入全球化进程。中国通过发挥市场在资源配置中的决定性作用，释放13亿人的内需大市场潜力，将为全球经济注入巨大的正能量，将为拓宽国际合作共赢渠道创造巨大市场空间。

关于两岸经贸交流合作的3个问题*

在我看来，对下一步两岸经贸交流合作，需要根据变化的形势作出客观判断。

一、大市场

未来10～20年，两岸经贸合作的“大市场”何在？20世纪七八十年代，台湾地区的国际化经贸战略，主要依赖美国的大市场。我认为，现在这个“大市场”在中国大陆，为什么？

1. 中国大陆市场对整个世界经济格局有至关重要的影响

我的判断是，未来10～20年，只要不发生大的问题，大陆的市场将是世界上最大的潜在市场。现在两岸的经济规模是20∶1，大陆10万亿美元，台湾地区5000亿美元。未来10～20年，这一比例会不会提高到30倍或40倍？我认为这种可能性是存在的。因为大陆未来10～20年的潜在经济增长率远高于台湾地区。

2. 大陆是一个新兴的大市场

随着世界制造业格局发生变化，新兴市场发展的很快。比如，很有可能经过3～5年的努力，大陆一部分省会城市的公共汽车都会换成电

---

* 本文系在江丙坤先生学术讲座专家论坛上的发言，2014年12月29日。

动汽车，并且带来电动汽车的大市场。我预计许多地方政府在搭造这个公共服务平台上会有所作为。美国康奈尔大学、欧洲工商管理学院和世界知识产权组织联合发布的《2014 全球创新指数报告》采纳 143 个经济体的 81 个不同指标计算出全球创新指数，中国大陆排名第 29 位。当前，大陆正处于工业转型升级的关键时期，创新驱动成为核心战略，创新能力会快速提高。我估计到 2020 年大陆创新指数排名往前提 10 位应当没有大问题。按照现在的互联网、IT 技术、大数据等先进技术的发展，到 2020 年大陆成为世界重要的创新中心之一，应当说是有可能的。

3. 大陆 13 亿人的消费结构升级蕴藏着巨大的市场

例如，未来 10 ～ 20 年，随着发展水平的提高，以及老龄化社会的到来，大陆健康服务业将成为全球发展速度最快、规模最大的潜在大市场。当前突出的矛盾是，大陆健康照护市场供给严重不足，与实际需求有相当大的差距。台湾健康产业比大陆早 20 年起步，在健康服务业方面，台湾地区应该成为大陆最有潜力的合作伙伴，合作的市场空间巨大。

二、大趋势

两岸经贸交流合作要发展、要突破，重在把握大趋势。这个“大趋势”何在？就是新时期的自由贸易大趋势。

未来 5 ～ 10 年，自由贸易的进程会明显加快，必将成为经济全球化、区域经济一体化新的大趋势。我的看法是，大陆对 TTP、TTIP 会采取比较主动的行动。2014 年 11 月 10 日和 17 日，大陆在一周之内分别与韩国和澳大利亚就建立自贸区结束了实质性谈判。习近平总书记提出，全球贸易体系正在重构，中国要加快实施自由贸易区战略，逐步构建立足周边、辐射“一带一路”、面向全球的自由贸易网络。当前，台湾地区也在同有关国家和地区谈自贸问题，为什么两岸自贸问题却阻力重重。把握大趋势，两岸的经贸交流合作，尤其是服贸合作需要尽快破题，再拖一两年，可能会失去某些重要机遇。在多边、双边自由贸易进程加快的背景下，探讨两岸经贸交流合作的空间是一个大课题。

三、大优势

由于多种因素，两岸经贸合作比照其他经济体具有突出优势，问题是如何把这个“大优势”真正发挥出来。近年来，大陆对外投资保持较快增长，并将很快实现吸收外资与对外投资的平衡，高水平“引进来”和大规模“走出去”将成为今后一个时期的重要趋势。2014 年，大陆开始成为资本净对外投资国。这就为两岸经贸合作提供了有利条件，并引起两岸经贸合作的新变化，形成不同以往的新格局。在大陆与台湾的经贸合作中，台湾有很多优势因素。但是，应当看到两岸经贸合作已开始有与以往不同的新需求。例如，现在大陆更需要的是台湾的管理、技术、服务，而主要不是台湾的资金。在这个新的背景下，如何将优势发挥出来？比如医疗，台湾企业到大陆办医院反映不赚钱。我估计下一步随着大陆服务业市场的开放，在保证质量、价格优势的情况下，符合条件的大陆台资医院有可能成为医保定点医院，我判断到了一定阶段有可能实现。比如健康检查，3 个月前我在台北半小时做了 3 项健康检查——重金属含量、农药含量、是否适合服用保健品，确实跟大陆的一般体检不大一样，而且价格也不高。就是说，这些健康服务业台湾比照大陆还是具有明显优势的。

在上面三个大判断下，我的建议是：(1)行动为先。企业先行突破。不能等两岸相关部门谈成后才行动。部门谈，也是因为企业有需求，况且部门谈总是慢于企业的行动。所以要企业为先，行动为先。(2)企业能够“走出去”，鼓励支持两岸企业的合作，并积极为企业合作创造条件。(3)理念要与时俱进。我与台湾地区的第一次接触是 1990 年 7 月 16 日参加在香港举行的“海峡两岸关系学术研讨会”，关中先生作为台方的团长出席，他当时在演讲中提到“大陆仍然坚持宁要社会主义的草也不要资本主义的苗”。我马上举手提问：现在大陆已经不是这样了，10 年的改革开放发生了巨大的变化。我认为，当前两岸经贸合作要有新的突破，仍然有一个理念转变的问题，仍然有一个合作理念与发展趋势如何相适应的问题。

国家级新区要扮演好新角色*

从 1992 年我国第一个国家级新区成立至今已经有 20 多年时间。现在，在国家级新区的基础上，又建立了 4 个自贸区。在这种背景下，国家级新区该何去何从？新区在我国未来发展中将扮演什么样的角色？这是在新的形势下，新区转型升级发展需要认真研究的重大问题。

“新阶段新区的新角色”，涵盖很多方面。在“一带一路”背景下，未来 5 ～ 10 年，新区面临着很多迫切需要解决的重大问题。

2020 年是我国经济转型升级的历史关节点，目前看，有 3 个重要挑战：

一是工业能不能抓住新一轮科技革命的机遇，实现从“中国制造”向“中国智造”的转型升级。

二是能不能适时推进中国的规模城镇化向人口城镇化升级。到 2020 年，我国名义城镇化率将达到 60% 左右，但人口城镇化率达到 50% 或者接近 52% 的 2012 年世界平均水平还有一定难度。因此，新区在城镇化尤其是城乡一体化中有新的角色。

三是能否适应消费结构从物质型消费向服务型消费升级。例如，目前天津城镇居民的服务型消费占比达到 50% 以上；全国城镇居民的服务型消费比重已经接近 45%。预计到 2020 年，服务型消费在城镇居民

* 本文载于《中国经济导报》，2015 年 7 月 24 日。

消费中的占比将达到50%左右。

在经济转型升级的三大趋势下，新区如何抓住“互联网+”的机会，实现工业的转型升级？如何抓住城镇化的机会，使新区在城乡一体化、新型城镇化中扮演重要角色？如何在适应消费结构升级，提供服务型消费方面发挥重要作用？到2020年，消费主导的经济增长新格局将初步形成，并形成以服务业为主体的产业结构，从而在迈向服务型经济方面走出关键一步，迈上全新台阶。

在笔者看来，“一带一路”主要包括三方面内容：一是“一带一路”以扩大自由贸易区网络为主要目标；二是“一带一路”以扩大服务贸易为重大任务；三是“一带一路”以基础设施建设的互联互通为主要依托。

在服务贸易方面，我国虽然是对外贸易大国，但2013年我国服务贸易比重比全球平均水平低8.5个百分点。随着消费结构升级和中国经济转型升级，特别需要在服务贸易方面开放市场，打破贸易技术壁垒，在对外开放方面实现新突破。

国家级新区尤其是上海自贸区，在探索“负面清单”上积累了重要经验。但是，如何以服务贸易进一步开放为重点推动自由贸易区网络建设，还面临一系列新问题。在解决这些问题时，国家级新区义不容辞，担负着重要责任。国家层面也需要支持新区在扩大自由贸易区网络、在明显提升服务贸易比重过程中扮演重要角色。

新区在全面深化改革中要实现“负面清单”管理，有3件事特别重要。

一是以激活企业为重点的简政放权。简政放权，不仅仅是政府下放审批权，更重要的是要激活企业、激活市场。在简政放权方面，有几件事现在就应该着手，如果不能在全国统一实行，也可以在一些地区先行先试。例如，取消企业一般投资项目备案制；尽快实现企业自主登记；不再用一般的产业政策指导企业。建议“十三五”期间，国家少用甚至基本取消产业政策；企业自主登记的时间要能够与国际接轨。在企业自主登记方面，尽管我国已经有很大进步，但要与国际接轨，还面临一定障碍。

二是企业监管的转型要破题。“负面清单”更呼唤监管转型，现在的“放开”还是有限的。近来资本市场的波动，原因有很多，但其中一个重要原因，就是政府监管和资本市场发展现状严重不相适应。因此，以监管转型为重点的政府治理，是一个需要认真研究解决的重大问题。

三是全面放开服务业市场。自贸区在这方面已经做了一些探索，但还不够，在开放市场方面也不尽自觉。我国大幅提高对外服务贸易比重，加快形成以服务业为主导的产业结构，取决于加快开放服务业市场。在这方面，新区应该做一些探索。

新形势下，国家级新区要研究这些重大问题，扮演新的角色，尤其是在自贸区加快发展的背景下，如何以自贸区的发展为动力使新区建设上一个新台阶，并使之成为国家政策层面和国家全面深化改革中的一个重大课题，需要各类智库尤其是新区的智库，共同组织力量研究。

以开放形成东北二次振兴的新动力 *

中共中央、国务院印发的《关于全面振兴东北地区等老工业基地的若干意见》指出：东北要主动融入、积极参与“一带一路”建设战略；努力将东北地区打造成为我国向北开放的重要窗口和东北亚地区合作的中心枢纽。“十三五”，破解东北等老工业基地发展面临的体制机制性问题，关键在于开放，要以扩大开放倒逼改革，形成东北老工业基地二次振兴的新动力。

当前，在内外环境发生深刻变化的大背景下，东北振兴面临着深层次体制机制性和结构性矛盾。总的来看，对于新一轮东北振兴，尽管面临的困难和挑战巨大，但只要抓住我国经济转型升级的重大机遇，未来5～10年东北会发生重大变化，完全有望建设成为我国先进制造业重要基地。

一、东北处在二次振兴的历史关键点

当前，在内外环境发生深刻变化的大背景下，东北振兴面临着深层次体制机制性和结构性矛盾，处在二次振兴的历史关键点。

---

* 本文系作者在“经济新常态下的东北振兴论坛”上的发言，2015年10月17日。

1. 东北一次振兴面临新挑战

2003—2013年这10年是东北的第一次振兴。在国家大力支持下，东北地区以基础设施的改善和重化工业的发展为重点，发生了重大的、历史性的变化。通过第一个十年振兴计划，一度低迷的东北老工业基地再次焕发出生机和活力，东北地区经济增速明显，经济实力不断壮大，经济发展环境改善，经济总量明显提升。但与此同时，东北一次振兴重视投资拉动，在结构调整、制度创新等方面存在明显短板，成为影响东北经济可持续发展的突出问题。

2. 东北二次振兴的目标

未来10年，推动东北二次振兴，要以结构调整为重点，以体制机制创新为关键，以形成先进制造业基地为目标。实现东北二次振兴，要重点关注服务业和国企改革两个问题。

（1）推进制造业转型升级，要对现代服务业有全新的认识。目前，我国制造业的服务型特点突出，3D打印、机器人是制造业服务化的典型代表。未来5～10年，我国将是应用型机器人的生产大国和消费大国，机器人进入中产阶层家庭将是一个大趋势。从现实看，现代服务业占比太低是东北在结构调整中的关键问题，由此严重制约了东北制造业的转型升级，成为东北经济转型升级的薄弱之处。例如，东北可以德国为案例，德国有两个“70%”：一是现代服务业占GDP的比重是70%；二是生产性服务业占服务业的比重是70%。通过向德国先进制造业大国学习，东北可以走出一条以现代服务业、尤其是生产性服务业拉动制造业转型升级的新路子。

（2）国企改革要破题闯关。如果国企改革不突破，想实现结构调整、制度创新、制造业转型升级就很困难。所以，国企改革必须要破题闯关。

二、开放度低是东北二次振兴的突出矛盾

总的看，开放度低是制约东北经济发展的“最大短板”，是产业结构

调整滞后、体制机制改革难以破题的重要症结所在。全面加大开放力度，并尽快实现对外开放的重点突破，是“十三五”东北振兴的重大任务。

1. 对外开放程度滞后

相比全国平均水平和东部沿海地区，东北地区对外开放相对滞后。以 2015 年的数据为例：东北三省经济总量占全国的 8.6%，进出口总额仅占全国的 3.4%；东北三省对外贸易依存度为 14.6%，低于全国平均水平 21.8 个百分点。到 2020 年，若东北三省对外贸易水平达到 2015 年的全国平均水平，至少还有 20 个百分点以上的增长空间。

2. 市场开放程度严重滞后

目前，东北三省民营经济占 GDP 比重超过 50%，但与全国水平（60% 以上）相比，至少还有 10 个百分点的增长空间，发展潜力很大。根据全国工商联发布的“2015 中国民营企业 500 强”，东北三省上榜的民营企业总计为 9 家。相比之下，浙江的上榜企业为 138 家，江苏为 91 家。民营经济还有相当大发展空间。

3. 产业开放程度低

以工业国有企业资产占规模以上工业企业总资产比重来衡量产业开放度。2014 年东北三省国有企业资产占规模以上工业企业总资产比重平均是 50% 左右。其中，黑龙江国有企业资产占规模以上工业企业总资产比重为 64%，吉林为 54%，辽宁为 45%，而全国这一指标约为 10% 左右。也就是说，东北三省产业开放度至少还有 30 个百分点以上的增长空间。

三、扩大开放将成为东北二次振兴的新动力

总的来看，东北三省对外开放的空间巨大，扩大开放将成为东北二次振兴的新动力。

1. 形成东北经济转型升级的新动力

制造业的 3.0、4.0 与以往的 2.0 的本质区别，就是信息化与服务化。

例如以 3D 为代表的制造业充分反映服务化的特点。“十三五”东北能不能在新一轮科技革命中把握先机，主要取决于能否有效提升研发、设计、物流、销售等生产性服务业的发展水平。长期以来，服务业尤其是生产性服务业发展滞后是制约东北工业转型升级的突出问题。2015 年东北三省第三产业占比为 44.7%，与全国平均水平相差近 6 个百分点；生产性服务业占服务业比重为 35% 左右，与制造业强国德国（70%）相比，有很大差距。未来 5 年，东北三省通过扩大开放大幅提升生产性服务业比重，争取到 2020 年生产性服务业占服务业比重从 2014 年的 35% 提高到 55%，实现工业与服务业的深度融合，推动制造业的全球化、信息化、服务化，将为“东北制造”走向“东北智造”增添新动力。

2. 形成体制机制创新的新动力

上海等自由贸易试验区的实践表明，自贸区不仅是扩大开放的探索，更是制度创新的“试验田”，对理顺政府与市场关系，激发市场活力，营造国际化、法制化、公平高效的营商环境等方面形成了倒逼机制。“十三五”，抓住中韩自贸区建设契机，实施以自贸区为重点的全方位开放战略，以开放倒逼改革，全面实施负面清单，形成东北全面深化改革的新动力。

四、东北扩大开放的重点突破

总的思路性建议是：面向东北亚区域及发达国家，以中俄蒙经济走廊建设为抓手，以推进基础设施投资合作为依托，以建立东北亚自贸区网络为目标，以发展生产性服务贸易和开放服务业市场为重点，形成开放型经济新优势。

1. 加大对外开放力度

（1）加快在东北实施自贸区战略。

——在大连设立自贸区。综合来看，大连最有条件设立自贸区，以引领东北三省尽快实现结构调整和体制创新。建议以大连自贸区为龙头，以丹东、营口为两翼，支持在投资、贸易、物流、航运、金融、服务便利化、高水平开放等方面先行先试。

——设立沿边自由贸易试验区。重点推动黑龙江绥芬河中俄自由贸易试验区、面向东北亚的吉林珲春边境自由贸易试验区，全面实施投资贸易自由化政策，形成边境自由贸易试验区网络，打造沿边开放的新高地。

——推进跨境经济合作区创新发展。重点是发挥中韩俄蒙四国紧密合作的优势，推进图们江跨境经济合作区建设，探索跨境经济合作区的运营模式、管理体制机制与多层次跨境协调机制。

（2）服务“一带一路”战略，全面提速国际大通道建设。围绕中俄蒙经济走廊，构筑东向出海、南联内陆的大通道，建设面向东北亚开发开放的基础设施网络，重点完善黑龙江对俄铁路通道和区域铁路网，以及辽吉黑与俄远东地区陆海联运合作。

（3）创新产业园区合作机制。

——创新中德高端装备制造业园区合作机制。探索建立委托经营、独资经营、股份合作等多种形式的合作机制。

——支持设立境外产业园区。鼓励东北制造业企业“走出去”，形成产业链条完整、上下游衔接、境内外互动的跨境产业布局。

——探索发展“飞地工业园区”。例如，为促进辽宁与俄罗斯合作，可以考虑在黑龙江、吉林等口岸设立“飞地”，为优势产业的就近集聚提供条件。

2. 加大市场开放力度

（1）扩大以金融为重点的服务业市场开放。鼓励支持外资企业来东北设立生产性服务业企业、各类功能性总部和分支机构、研发中心、营运基地等；吸引俄罗斯、韩国、日本等国金融机构在东北地区设立分支机构；积极发展人民币以及外汇结算和离岸金融业务。

（2）高度重视社会资本在东北转型升级中的作用。以混合所有制为重点破题国企改革；支持民营企业通过多种形式参与国有企业改制重组；使民营企业成为推动发展、增强活力的重要力量。

3. 创新产业开放举措

以鼓励“东北制造”走出去为例。可以扩大与俄、蒙、韩、朝在高端装备制造业方面的贸易合作，使东北制造业在推动东北亚、中亚基础设施互联互通投资合作中发挥重要作用；借助国家开展国际产能合作的机会，加快组织东北优质富余产能走出去，并建立跨国生产和营销网络，提升东北制造业企业的国际化经营能力。

4. 研究制定《“十三五”东北地区扩大开放的实施方案》

按照国家“一带一路”对东北地区的战略定位，建议由国家发改委牵头，研究制定“十三五”东北三省对外开放的具体行动方案，明确行动目标、行动路径、行动主体、体制机制与政策支持等。

第七章

以监管变革为重点的政府改革

当前，监管转型滞后是推动简政放权纵深发展的“最大短板”。无论是简政放权向纵深推进，还是消费结构升级、释放内需潜力，都直接依赖于市场监管的有效性。“十三五”，在强化政府监管职能的同时，需要加快形成政府与社会协调的市场治理体系。这是一场深刻的政府“自我革命”，牵动影响政府改革全局。

推动简政放权改革向纵深发展 *

我们认为，委托社会智库参与第三方评估，是我国建立决策咨询制度的重要举措，并引起多方面关注。我院深感这份责任重大，自筹资金，加班加点，于 8 月中旬向国务院办公厅呈报了评估报告和两份专题报告。

我院认为，这一年深化简政放权，与上一年有所不同，主要不是在数量上做文章，而是在放权的“含金量”上动真功夫，“含金量”高的事项大多触及行政体制的深层次矛盾。总的看法是，简政放权已从中央到地方形成强力推动的工作机制，不仅在解决多年来未能解决的深层次问题上有某些重大进展，而且正在形成不可逆转的改革态势。

一、在解决简政放权深层次的问题上有重大进展

主要是以下 4 个方面：

1. 行政审批改革全面破题，非行政许可开始成为历史。这一年在提前完成本届政府承诺削减三分之一行政审批事项的基础上，又取消和下放了不少“真金白银”的行政审批权。

---

* 本文系作者在听取政策落实第三方评估汇报国务院常务会议上的汇报稿，2015 年 9 月 16 日。

2. 行政程序标准化、信息化普遍推进，行政效能明显提高。

3. 商事登记制度改革实质性破题，“大众创业，万众创新”的新局面正在形成。“三证合一”、“一照一码”全面启动，在激发市场活力、企业活力上成效明显。

二、推动简政放权纵深发展面临着的突出矛盾

主要是以下 4 个矛盾：

1. 监管转型滞后是深化简政放权改革的突出矛盾。总的看，监管还处于相当被动的状态，并成为简政放权纵深发展的“最大短板”。

2. 部门职能调整滞后是深化简政放权改革的制约因素。政府部门职能与简政放权存在多方面的矛盾问题，深化简政放权倒逼部门职能调整的特点突出。

3. 行政权力结构改革滞后是深化简政放权改革的主要掣肘。一是行政权力配置不合理的矛盾突出；二是部门间职能交叉、权责不清的问题仍然存在；三是权力运行机制不合理，行政范围内决策权、执行权、监督权既相互制约又相互协调的格局尚未形成。

4. 中央地方事权调整滞后是深化简政放权改革的深层矛盾。从调研的情况看，深化简政放权改革“自上而下”的特点突出，中央层面的改革举措倒逼地方改革行动。但是，由于中央地方事权调整与深化简政放权改革不同步，地方层面改革难以深入推进。

三、纵深推进简政放权改革的相关建议

提了 8 条建议，主要的是：

1. 明确“打通最后一公里”的具体目标。建议：全面实施企业自主登记制度；适时取消企业一般投资项目备案制；尽可能少用或不用产业政策干预企业投资行为。

2. 把加快监管转型作为简政放权改革的重点。建议：对现有市场监管体制进行总体设计；以专业化、技术化、标准化为重点创新监管方式；调动包括社会公众、媒体、法律等多方面的力量加强市场监管；适时调整市场监管机构，当务之急是建立国家金融监管总局。

3. 实现职能定位调整优化与规范部门权责清单有机结合。建议：调整优化部门职能定位；调整优化部门内设机构；按照新的部门职能定位规范部门权责清单。

4. 调整优化行政权力结构与规范部门权责清单有机结合。建议：调整综合性部门和专业部门之间的关系；调整专业部门之间的关系。

5. 在全国范围内推广普及行政审批标准化、信息化。建议：以行政审批标准化、信息化规范约束政府行为；抓紧出台全国行政审批标准化、信息化的改革方案；建立全国统一的社会信用体系。

6. 加快清理“红顶中介”，推行“一业多会”。建议：自上而下清理与行政审批相关的中介服务事项；推行“一业多会”。

7. 建立中央与地方公共职责分工体制。建议：按照中央、省、市（县）三级政府的框架梳理各级政府权责清单。

8. 加快简政放权改革的相关立法、修法。

总的建议是：以简政放权加快转型、激活经济，需要纵深推进行政体制改革。

以监管转型为重点　深化简政放权改革 *

以简政放权为重点的政府改革是本届政府的最大亮点，其在释放改革活力、促进经济转型、应对经济下行压力中发挥了重要作用。但从近年来食品药品监管问题与近期股票市场的异常波动看出，监管转型滞后于简政放权改革进程，与扩大内需、拉动消费的现实需求和广大社会成员的期盼有着明显差距。总的来看，监管还处于相当被动的状态，并成为简政放权纵深发展的“最大短板”。

总的建议是：以监管转型为重点深化简政放权改革，为全面激发市场活力、释放内需潜力、推进经济转型升级创造良好的制度环境。

一、把监管转型作为深化简政放权的重点

简政放权进入“深水区”触及到监管转型滞后的深层次矛盾。当前，监管转型面临的问题相当突出，需要“啃硬骨头”。

1. 监管转型滞后的矛盾问题突出

最近的股市异常波动和天津爆炸事故，从不同侧面暴露了监管转型滞后的问题：监管理念变革滞后具有普遍性；监管体制改革尚未破题，监管的漏洞比较多；监管方式比较陈旧，社会参与监管严重不到位；监

* 本文系作者主持形成的建议报告，2015 年 9 月。

管立法滞后。

2. 监管转型滞后掣肘简政放权改革

虽然行政审批权下放仍有很大空间，但由于监管转型不到位，担心“一放就乱”成为政府部门进一步下放权力的主要顾虑。当前的一个突出问题是，“谁审批，谁监管”的传统思维方式，在实践中往往演变成了“不审批就不用监管”、“要监管就要审批”。就是说，不把事前审批与事中事后监管严格区分开来，并形成事中事后为主的监管体制，简政放权改革很难向纵深推进。

3. 以监管转型为重点形成深化简政放权的现实路径

建议把监管转型作为深化简政放权改革的主攻方向，对现有监管体制进行总体设计和系统性重构，以此带动“含金量”更高、社会受益面更广、带动经济转型升级更直接的行政权力下放。

二、以监管转型破题“放管结合”

“放管结合”的目标在于全面激发市场活力、企业活力，主要矛盾在于监管要跟上。近两年，尽管确立了“放管结合”的改革思路，强调加强事中事后监管，但由于监管体制改革尚未破题，实践中如何“放管结合”尚未取得重要进展。

1. 完善包括专业性监管和综合性监管在内的监管体系，实现行政审批与市场监管严格分开

建议尽快形成完善监管职责体系的具体方案，为政府部门深化简政放权创造条件。

（1）完善专业性监管。专业性监管机构不再行使审批权，例如中国证监会。未来资本市场实行注册制，限期取消行政审批事项，成为专业监管部门。

（2）完善综合性监管。更多领域采取综合性监管，形成宽职能的监管队伍。在食品药品安全、工商质检、公共卫生、安全生产、文化旅游、资源环境、农林水利、交通运输、城乡建设、海洋渔业等领域内推行综合执法，有条件的领域可以推行跨部门综合执法。

（3）行政审批与监管分离。一些需要保留审批事项的部门，应当成为科学规范、有效的审批部门，行政审批与市场监管在机构上严格分开。

2. 推行法人承诺制，形成以企业信用为基础的事后监管

对必须保留审批的事项，由监管部门向申请企业提供责任承诺书和审批要件清单，企业法人签署对材料真实性负责和对虚假材料承担责任的法人承诺书后，审批部门可当场或当天发放批件和许可证。事后，监管部门在规定时间内组织现场核查，如发现企业造假，再对其进行严厉惩处。

3. 全面实施企业自主登记制度

建议在实行“三证合一”、“一证一码”的基础上，在 1 ～ 2 年内实施企业自主登记制度，建立全国范围内企业自主登记注册网络平台。建议鼓励支持有条件的地方组织试点。

4. 适时取消企业一般投资项目备案制

为避免备案制转化为变相审批，建议除政府和国有企业投资之外，企业一般投资项目一律由企业依法依规自主决策，不再需要备案；民营企业投资，如不涉及公共资源，不再实施招投标。

三、推动金融监管转型是当务之急

金融监管转型处于重要历史关节点。无论是提振经济信心，还是加快经济转型升级，都有赖于一个健康、稳定的资本市场。这就需要以规范、稳定资本市场为重点，形成标本兼治的改革行动方案。

1. 金融监管转型处于重要历史关节点，稳定资本市场牵动影响全局

这次股市异常波动中，场外配资、融资融券、股指期货等在非理性助涨助跌中扮演了重要角色。应当说，金融创新倒逼金融监管转型的特点十分突出。当前，稳定资本市场不仅牵动经济转型，还涉及到社会稳定。建议以稳定资本市场为首要任务，在破题金融监管转型上迈出实质性步伐。

2. 尽快出台“资本市场政策托底”的一揽子的救市方案

当前“资本市场政策托底”出台了不少政策，但这些政策仍需要进一步完善，并形成制度化的安排。

（1）确定资本市场干预的底线。例如，承诺在股指低于某临界点时，监管部门要进行强力干预，给市场以稳定的预期。

（2）形成强有力的资本市场应急机制。形成财政与货币政策的联动机制，形成包括监管部门在内多部门稳定资本市场的合力。

（3）加快推出提振资本市场信心的重大改革方案。如服务业市场开放、结构性减税、国有企业混合所有制改革等方案，形成资本市场的实质性利好。

（4）以中国证券金融股份有限公司为主体形成制度化的筹资机制。“证金公司”在稳定股市中发挥了重要作用，但在危机应对上并不专业。建议形成不以盈利为目的、专业化、规范化管理的国家资本市场平准基金。

3. 以上市公司强制分红为重点，建立以保护投资者权益为导向的资本市场监管体制

改变资本市场监管重筹资功能、轻投资者保护功能的传统监管理念和监管方式，形成上市公司对投资者负责的制度约束。

（1）建立强制性分红机制，形成长期不分红上市公司的退市机制。

（2）建立和完善针对上市公司的中小投资者集体诉讼制度。

（3）提高证券业违法犯罪处罚力度，形成引导价值投资、遏制过度投机的长效机制。

4. 以统筹协调为起点，形成金融混业监管的新体制

此次股市异常波动涉及到场外配资、股权质押贷款、伞形信托等的清理和整顿，这表明稳定资本市场已不仅仅局限于证券业，还需要银行业、保险业相关监管部门的通力配合。建议加快完善“一行三会”协调机制，尽快形成混业监管的制度性、机制性安排。

四、以监管转型释放内需潜力

适应全社会消费需求升级的大趋势，尽快在强化消费市场监管、服务业市场监管和垄断行业监管方面取得重大突破，以形成释放内需的重要保障，这是监管转型的重中之重。

1. 监管转型滞后制约内需大市场潜力的释放

当前，国内消费需求低迷有一个收入问题，但更有消费品市场监管不到位的突出矛盾：不少消费者宁愿购买高价洋奶粉也不愿意消费价格低廉的国产奶粉；随着服务型消费全面快速增长，服务业成为创新创业比较集中的一个领域，但与工业领域监管相比，服务业领域尚未形成有效的监管标准。

2. 以建立溯源体系为重点加快消费品市场监管转型

20 世纪 90 年代以来，美国、欧盟、日本等逐步引入了消费品全程标识追溯系统。目前国内产品溯源技术在食品、药品、化妆品、保健品、农产品等领域开始推行，但产品溯源标准参差不齐，而且主要由企业主导，难以真正获得消费者信赖。建议由质监部门牵头，建立国家层面权威的第三方消费品溯源平台，形成统一标准，实现全程溯源，保证溯源数据信息的真实性和完整性。

3. 尽快形成服务业市场监管标准体系

从国际经验看，服务业领域监管过度会阻碍创新，监管不到位会导致企业“劣币驱逐良币”，关键问题是监管要有科学的标准。建议从发展势头快、创新速度快、容易出问题的服务业领域入手建立监管标准：在生活性服务业领域重点加快健康、教育、文化、电信等监管标准建设；在生产性服务业领域重点加快互联网金融、电子商务、研发、设计等监管标准建设。

五、以大数据为重点创新监管方式

大数据时代为实施有效的监管提供了重要的技术基础，充分利用大数据技术创新监管方式，成为降低监管中的人力物力成本、提高监管效能的重大任务。

1. 建立大数据监管系统，实现监管部门信息共享

建议尽快从国家层面形成大数据监管平台的实施方案。

（1）尽快建立全国统一的信用信息共享交换平台，消除部门间信息壁垒，实现监管信息共享。

（2）推动监管事项全覆盖，建立实时监管机制。

（3）启用市场主体信用信息公示系统，工商登记及监管信息可通过互联网向社会公开。

（4）充分运用大数据资源实现企业信用信息互联共享，形成联合惩戒机制，实现失信企业“一处违法、处处受限”。

2. 以专业化、技术化、标准化为重点创新监管方式

建议从我国国情出发，认真研究借鉴发达国家在这方面的成熟做法。

（1）逐步建立全国统一的信用标准规范体系，形成统一社会代码制度，以组织机构代码为基础对法人和其他组织进行身份标识，实现机构信用体系全覆盖。

（2）打造包括政务诚信、商务诚信、社会诚信和司法公信等在内的社会信用体系，实现社会信用体系与国际惯例接轨。

（3）形成精准打击的信息化监管模式，形成协调监管、随机抽查、经营者异常名录、“黑名单”等现代化监管方式。

（4）推动监管队伍专业化，在监管机构率先推行公务员职务与职级并行、职级与待遇挂钩制度，突出专业技术职级在确定干部工资、福利等方面的作用。

3. 充分发挥行业协会、商会的自律作用

近年来消费安全问题频发，不仅反映了政府市场监管职能的缺位，同时也反映了行业自律、行业规范的严重缺失。改革开放以来，虽然各行各业形成了数量众多的中介组织，但这些中介组织大多是行政机构的附属物，缺乏应有的独立性，由此使其在维护市场公平竞争中的作用十分有限。

（1）与政府简政放权的改革相配套，摸清“红顶中介”的家底，加快推动现有商会、行业协会的“政会分开”、去行政化。

（2）支持各个行业的民营企业在自愿的基础上联合建立各类商会、行业协会，以承接政府更大程度下放的行业管理职能，使其在行业自律、社会监督上有职有权。

（3）推行“一业多会”，形成有效的竞争机制，及时淘汰缺乏行业自律的商会、行业协会。

（4）尽快修改相关法律，对行业组织的专业性、独立性、治理框架作出规范，通过建立完善的法人治理结构，形成自己的社会责任担当。

4. 调动包括社会公众、媒体等多方面的力量加强市场监管

在政府“唱独角戏”的条件下，即使给监管部门大量增加经费和编制，也很难全面解决监管中的矛盾和问题，出路在于调动多方力量，尤其是社会力量，形成全社会的监管合力，构建多元监管体系。

（1）建立健全企业信用信息公示制度，及时发布信息，接受社会公共监督。

（2）健全舆论监督机制，允许媒体通过新闻报道、调查、评论等多种方式，对市场主体违法行为进行监督。

（3）运用和规范互联网监督，支持公众利用微信、即时通信工具等新媒体对市场主体进行监督。

六、调整优化市场监管权力结构

监管转型不简单是一个技术问题，它触及到深层次的行政权力结构调整。建议充分考虑监管转型的迫切性、现实性，以强化统一性、专业性、权威性为目标，尽快调整优化市场监管机构，形成金融监管、消费市场监管、垄断行业监管有效性的体制保障。

1. 尽快组建国家金融监管总局

除了稳定资本市场需要强化金融监管机构统筹协调之外，随着“互联网＋金融”的创新层出不穷，银行业、证券业、保险业金融机构之间相互渗透和交叉的趋势不断增强，对分业监管模式提出现实挑战。从这次股市异常波动看，迫切需要整合银监会、保监会和证监会的职能，组建国家金融监管总局，形成“统一领导、分级负责、条块结合”的金融监管新体制。

2. 尽快组建专司消费市场监管的国家市场监督管理总局

互联网时代为建立涵盖生产、流通、消费全过程的监管体系提供了重要条件。当前，不少地方政府成立了综合性的市场监管局并取得较好的效果。建议尽快整合国家食品药品监督管理总局、国家质量监督检验检疫总局和国家工商行政管理总局的消费品安全监管职能。这三个机构作为国家市场监督管理总局的执行局，使其成为独立性、专业化的消费品安全监管机构。

3. 尽快建立统一的国家反垄断局

我国自2007年《反垄断法》出台以来，反垄断执法工作在国务院反垄断委员会领导下由商务部反垄断局、国家发改委价格监督检查和反垄断局、国家工商行政管理总局反垄断与反不正当竞争执法局三个机构行使反垄断职能。从反垄断的执法实践看，由于三家反垄断机构调查及处罚难以统一协调，使反垄断的效果大打折扣。从反垄断的执法实践看，统一反垄断职能势在必行。建议整合商务部反垄断局、国家发改委价格监督检查和反垄断局、国家工商行政管理总局的反垄断执法权，组建国家反垄断局。

七、加快推进市场监管法治化进程

从实践看，以行政监管为主的传统市场监管模式难以避免监管的主观性、随意性，难以形成专业化、技术化、标准化的现代化监管模式，市场监管走向法治化是大势所趋。建议确立2020年基本形成法治化监管框架的改革目标，对现有监管体制进行系统性重构。

1. 加快市场监管重要法律的立改废释

为使监管转型于法有据，建议以加快重点领域法律完善促进监管领域改革。

（1）适应金融监管转型的现实需求，修改《中国人民银行法》、《银行业监管法》和《证券法》，形成混业监管的法律规范。

（2）研究出台综合性的《市场监管法》，强化市场监管的权威性；修改《食品安全法》和《药品管理法》，实行最严格的食品药品安全监管制度。

（3）将反行政垄断纳入《反垄断法》，对国有垄断等相关监管内容进行清理、修改，使这些行业监管体现公平竞争。

（4）以行政规章为依据的城管执法越来越被动，尽快出台《城市综合管理法》，提高城市管理的权威性。

2. 依法梳理和公布各级政府监管权责清单

与各级政府出台权责清单相适应，按照职权法定、高效便民、权责一致的要求，突出监管权责清单公开透明。

（1）公布各级政府监管权责清单，使每项监管事项都能够落实到具体的监管部门。

（2）公布监管部门权责清单，以公开化、透明化促进监管机构依法监管、规范监管程序。

（3）对于无法律依据的监管部门一律取消，防止因过度监管增加企业负担和抑制市场活力。

3. 依法规范监管程序

要在各类市场监管法律法规中对监管程序进行明确界定和规范。由于我国没有一部《行政程序法》，监管程序缺乏上位法的依据，建议尽快制定出台《行政程序法》，并将监管程序的法律规范作为重要内容之一，对政府监管程序进行严格规范。

监管转型是深化简政放权的关键和重点 *

我国正处于经济转型升级的关键时期，简政放权改革中有很多新问题需要深入研究。例如，监管转型就是一个重大问题，总的看法是：无论是前些年食品药品监管不到位，还是前些天股票市场的异常波动，一再反映市场监管转型严重滞后于经济社会发展的现实需求；一再反映市场监管转型严重滞后于简政放权改革的实际进程；一再反映市场监管转型的深刻性、复杂性；一再反映市场监管转型的现实性、迫切性。

一、监管转型滞后是不是深化简政放权面临着的突出矛盾？

总的判断是：以简政放权为重点的政府改革是本届政府的最大亮点。它在释放改革活力、促进经济转型、应对经济下行压力中发挥了重要作用。问题在于，纵深推进简政放权改革，市场监管转型滞后是一大掣肘。

1. 监管转型尚未有实质性破题，并成为深化简政放权改革的“短腿”

（1）市场监管转型远未到位。去年，国务院出台了关于加强市场监管的文件，各级政府在这方面也出台了很多重要的措施。客观看，监管

* 本文系作者在第六届中国行政改革论坛“简政放权改革与法治政府建设”会上的发言，2015 年 7 月 19 日。

转型滞后是简政放权的一个“短腿”。以资本市场为例，尽管已经提出监管转型，但实践中的许多重要问题尚未有大的突破。

（2）市场监管体制不统一的矛盾仍比较突出。尽管监管体制改革在地方进行了试点，但如何形成自上而下、科学有效的统一监管体制，实践中尚未破题。比如，有的地方把工商局、食品药品监管局、质量监督局合并为“市场监管局”。机构合并了，工作机制尚未改变，事实上仍未真正统一。

2. 市场监管转型同政府放权的进程不相适应，并成为深化简政放权改革的制约因素

（1）在加大政府放权力度的同时，市场监管不适应的矛盾、问题相当突出。前些天股票市场巨大震荡，直接反映出监管机构对市场变化的严重不适应性。由此，需要从体制上找原因。

（2）市场监管转型与政府改革的进程不相适应，并成为简政放权向纵深推进的制约因素。以资本市场为例，原计划今年或明年推出的注册制改革，在《证券法》尚未修改、尤其是这次股灾看出监管转型严重滞后的背景下，这项改革不可避免地受到一定影响，估计难以按原有计划出台。

3. 监管转型滞后于市场化改革进程，并成为激活市场、激活企业的制约因素

（1）取消企业一般投资项目备案制与监管转型。总体说，把企业一般投资项目备案制作为前置性的行政控制，实践中容易成为变相审批。因此，取消企业一般投资项目备案制是简政放权改革的基本取向。问题在于，如果规划、环保等监管体制转型不到位，取消企业投资项目备案制是缺乏前提条件的。

（2）实行企业自主登记制度与监管转型。总体说，我国有条件实行企业自主登记制度。新加坡网上登记三个小时，香港一个小时。我国的企业登记何时才能和国际接轨？如果监管体制转型不到位，实施企业自主登记还是面临掣肘。全面实施企业自主登记应该是一个大趋势，有可能在“三证合一”基础上有序实现。这就需要尽快解决企业自主登记的相应监管问题，为“十三五”期间全面实施企业自主登记创造条件。

（3）食品药品价格放开与监管转型。2015 年 6 月，我国取消了绝大部分药品定价，两千多种药品价格放开。这次药价大范围的放开，最终的效果取决于市场监管转型能不能到位。如果市场监管转型不到位，甚至严重缺失，药品价格放开难免会出现反复。

二、深化监管体制改革是不是市场监管转型的关键所在？

总的看法是：新阶段的监管转型滞后，反映出传统监管体制的深层次矛盾。这是因为：推进监管转型既涉及到政府职能转变，又涉及到政府部门调整；既涉及到中央层面，又涉及到地方层面；既涉及综合协调，又涉及相关立法。

1. 审批部门放权后能否成为市场监管的主体

（1）有的部门如国家发改委，应当成为科学规范、有效的审批部门，而不是简单地转为监管主体。发改委是一个十分重要的部门，它是经济社会发展综合规划、协调部门，要对其规划及政策的协调负主体责任。

（2）有的部门要在转型中成为专业性监管主体。比如说某些部门，既审批，又监管，在实践中难免会出现几种情况：一是重审批、轻监管；二是难免会产生某些机制性腐败；三是解决不了监管的专业性、技术性的建设。只有在它们成功转型以后，才有可能成为专业化、权威性的监管主体。

（3）实现行政审批与市场监管严格分开。要做到审批部门真正是一个审批部门，监管部门真正是一个监管部门，涉及到行政权力结构的调整，这是全面深化改革中的一项重大任务。

2. 简单的大部门制是否能建立统一的监管体制

（1）实现市场监管的决策、执行分开。监管体制也有一个决策、执行严格分开的问题。监管体制决策、执行不分，简单的机构合并是解决不了统一有效的监管体系建设。

（2）强化市场监管的统一性。例如金融监管领域，建议尽快组建国家金融监管总局，形成统一领导、分级负责、条块结合的金融监管新体制。银监会、保监会、证监会要成为国家金融监管总局的专业性、技术性的监督机构。实行从分业监管过渡到混业监管，有许多重大问题需要深入讨论。

（3）理顺中央地方市场监管职责分工。这几年，地方监管体制改革产生了重要的推动作用，但是也有相当大的局限性：一是中央与地方在监管职责的事权方面尚未理顺；二是“上改下不改，越改越难改”。比如，工商、质监、食药监三个部门简单合在一起，三种服装，三种大盖帽，很难真正解决问题；三是如何建立中央和省一级垂直性的监管体制？在这方面仍然没有出台统一的解决方案。

3. 深化简政放权，是以“简政”为重点还是“放权”为重点

（1）以“简政”为主，由此实现“放权”改革的新突破。简政放权改革走到今天，尤其面对这次重大的股市变化，说明“放权”有大的进展，但是监管转型滞后仍然是一个大问题。加快推进监管部门的转型是当务之急。

（2）尽快推出权力清单，为深化简政放权改革创造条件。现在不是哪个部门该“放”什么，而是这个部门该“干”什么。向社会公开，你该干什么，不该干的事项要一律取消。

（3）实行权力清单、责任清单制度十分关键。在当前的特定背景下，尤其是在某些部门和某些官员不作为的情况下，推出权力清单、责任清单更有现实性。

三、由行政监管为主向法治监管为主的转变是不是监管转型的大方向？

总的看法是：以行政监管为主的市场监管模式弊多利少。未来几年，要适应市场环境的新要求，形成法治监管为主的新模式，这是监管转型的重要路径选择。

1. 市场监管的行政主导色彩浓厚

例如，行政审批与市场监管合为一体的特点比较突出，以行政审批取代市场监管的矛盾尚未完全突破，由此不可避免形成重审批、轻监管的问题。

2. 市场监管走向法治化是个大趋势

一是要有效区分事前的审批和事后监管需要依法界定行政权力；二是有效的市场监管需要建立科学的技术安全标准，科学的技术标准不可能建立在行政主导的基础上，只能以法治为依据；三是市场监管的公开化、透明化至关重要，这就需要依法设定合理的监管程序。

3. 尽快形成法治化的市场监管框架

（1）提高市场监管的法律层次。例如，城管以行政法规为主在实践中越来越被动，由此引发的经济社会矛盾逐步增多。建议对《城市综合管理法》进行规范，提高城管的权威性。

（2）抓紧出台重要的市场监管法律。例如，尽快研究出台综合性的《市场监管法》。

（3）抓紧修改不合理的市场监管法律。例如，修改《食品安全法》和《药品管理法》，将反行政垄断纳入《反垄断法》，增强对垄断行业监管的有效性。

这里，简要提 4 点建议：

第一，由于监管转型涉及面广、触及部门及行业利益的深刻调整。建议国家尽快出台总体改革方案。

第二，市场监管转型重在立法、执法。建议出台“十三五市场监管立法计划”，以适应我国监管转型的实践需求。

第三，认真研究借鉴西方发达国家在市场监管方面的成熟经验。比如在药品监管上，发达国家有成熟的技术标准。应当承认，我们对发达市场经济国家市场监管方面的研究很不够。需要从我国国情出发，认真研究借鉴发达国家在这方面的成功经验。

第四，监管转型是一个长期的过程，关键是要起好步。要以总结这次股票市场的教训为契机，把监管的路子选对、选好，这对于中长期的监管转型至关重要。

以建立现代金融监管框架为目标组建国家金融监管总局*

我国的金融监管转型正处于重要历史关节点。无论是提振经济信心，还是防范系统性区域性金融风险，都有赖于通过有效的金融监管变革形成健康、稳定的金融市场，实现金融与实体经济的良性互动。问题在于，在行政审批与市场监管合二为一的体制下，金融监管的独立性、协调性、专业性严重不足，难以确保监管的有效性。

总的考虑是：以着力解决行政审批与监管不分的体制性矛盾为前提，尽快组建国家金融监管总局，在强化金融监管独立性、协调性、专业性上取得重要突破，建立现代金融监管框架，为全面提升金融治理能力提供重要的体制保障。为此，提出以下思路性建议。

一、以着力解决行政审批与监管不分的体制性矛盾为前提，尽快形成独立的金融监管体制

从近些年的实践看，因审批权与监管权不分导致的监管体制缺乏独立性，是我国金融监管领域的一大“顽疾”。适应我国金融治理的实际需求，只有以解决行政审批与监管不分为前提，并把建立独立的监管体

* 本文系作者主持形成的建议报告，2016 年 3 月。

制作为目标追求，金融监管的转型与改革才有可能取得实质性突破。

1. 审批权与监管权不分是现行金融监管体制面临的突出矛盾

长期以来，银监会、证监会、保监会既是行业准入的审批机构，又是各自领域的监管机构。尽管这几年监管部门简政放权在加快推进，但审批权不愿放、不敢放的现象仍不同程度地存在，审批权与监管权不分的格局尚未根本改变。

（1）"谁审批、谁监管"很大程度上相当于"自己生的孩子自己管"，监管机构难以保持利益超脱，难以独立公正行使监管权。

（2）监管部门往往把相当大的精力放在审批上，以审批取代监管、重审批轻监管的矛盾比较突出。

（3）由于在监管上缺乏内在动力，监管部门缺乏应有的主动性去识别系统性风险并形成应对风险的前瞻性预案。

（4）以证券发行审批为例，审批权与监管权不分还成为机制性寻租腐败的重要因素。

2. 金融监管转型与改革的核心目标是建立独立的监管框架

从国际经验看，独立性是现代金融监管体系的"精髓"，任何有效的金融监管制度设计都需要确保金融监管的独立性。

（1）监管者的利益独立于监管对象，不被监管对象所俘获、掣肘，是保障监管有效性的基本前提。

（2）拥有独立性，监管者才能有责任、有激励、有动力改善监管，才能对监管结果负责。

（3）拥有独立性，监管者才会主动地去识别风险和预防风险，才能不断提升监管的专业性，处理好监管与金融创新的关系。

就是说，无论现阶段金融监管改革采取什么方案，都需要从我国金融监管面临的突出矛盾出发，把建立独立的监管框架作为重要的目标。

3. 金融监管体制改革的重点是推进审批权与监管权尽快分离

建立独立的监管体制，关键在于改变审批权与监管权不分的传统体制，使监管机构独立公正地行使监管权。例如，如果将银监会、证监会、保监会并入央行，形成“大央行”的超级监管模式，尽管能够提高监管的统筹协调性，但难以解决审批权与监管权分离的问题，难以确保监管机构独立行使监管权。

从我国的基本国情看，建立独立的现代金融监管框架，重要的前提是加快推进审批权与监管权相分离。例如，考虑到证券市场注册制即将实施，股票发行审核权应当下放给证券交易所；尽快研究推出银行业、保险业审批权与监管权相分离的改革方案。在这些改革推进的前提下，监管机构才能真正成为独立、专业的监管者。

4. 建立独立金融监管框架的迫切性日益增强

去年以来，资本市场的剧烈波动、P2P 等问题频发有多方面的原因，但集中暴露了我国金融监管机构缺乏独立性的深层次矛盾。例如，P2P 在美国也是一个新生事物，但由于美国证监会有独立性，它通过研究判断提出 P2P 实质上是一种证券，因此主动、及时地对其进行监管和规范。从我国的情况看，金融监管机构缺乏独立性，没有哪家机构主动承担 P2P 的监管责任，一度处于“三不管”的地带，不可避免地带来了相关的金融隐患。

当前，随着金融业的快速发展，各类金融创新层出不穷。人民币加入 SDR 后，金融市场对外开放是大势所趋。在金融业双向开放的大趋势下，各种可以预料和难以预见的金融风险势必加大。能否尽快建立独立的金融监管框架，使金融监管机构能够主动预判风险、识别风险、有效防范风险，已经成为事关经济社会发展全局的重大现实问题。

5. 推进金融监管审批权与监管权分离的时机条件成熟

推进审批权与监管权分离，是完善金融监管体系、提高金融监管效率的根本之策，是构建现代金融监管框架的重中之重。综合各方面的情况看，当前推进这项改革的时机和条件基本成熟。

（1）按照“加快建立符合现代金融特点、统筹协调监管、有力有效的现代金融监管框架”的目标要求，这直接依赖于金融监管审批权与监管权分离的实质性突破。

（2）过去几年，金融监管部门简政放权改革取得了一定进展。

（3）关键在于突破利益关系掣肘，下定决心组织实施。同时防止两种倾向：

一是借监管之名增设更多的行政审批；二是借职能调整增设机构和编制。

二、以加强统筹协调为重点，组建国家金融监管总局

金融混业经营已经普遍化，但分业监管体制尚未根本改变，是我国金融监管领域面临的现实矛盾，并由此加大了系统性区域性金融风险。以加强统筹协调为重点组建国家金融监管总局，加快形成综合性监管体制框架，走出一条建立现代金融监管框架的有效路子。

1. 混业经营与分业监管的现实矛盾越来越突出

银监会、证监会、保监会分别对银行业、证券业、保险业实施监管的传统金融监管体制，曾经适应了改革开放初期培育多层次金融市场的需求，但在混业经营快速发展的今天，带来的监管重叠、监管掣肘、监管真空、监管失灵等问题越来越多。

（1）各监管机构目标不同，部门法律法规分散，信息沟通协调不畅，缺乏一致行动的决策和执行机制，监管漏洞较多。例如，综合型金融机构涉及到多种业务，需要接受多个部门监管。但各个监管机构囿于自己的监管范围和监管职责，都难以对最终结果负责。

（2）由于多头监管和监管上的推诿扯皮，一些新的金融业态不断出现，而相应的监管却跟不上，由此使一些领域的监管真空客观上为金融诈骗提供了土壤。

（3）监管信息分布在不同部门，难以实现共享，由此，不利于有效识别系统性风险。在处置风险时，跨行业、跨部门的风险特征超出了单个监管机构的能力范围，难以形成化解风险的统一行动。

在我国金融业发展明显加快的特定背景下，加强金融监管的统筹协

调，推进由分业监管向综合性监管转型与改革的迫切性日益增强。从防范系统性区域性金融风险的角度看，这项改革越早越主动。

2. 尽快组建国家金融监管总局，形成建立综合性监管体制框架

综合考虑多方面的现实因素，在银监会、证监会、保监会的基础上组建国家金融监管总局，是我国走向综合性监管的现实选择。

（1）能够有效解决行政审批与监管不分的问题，有利于实现监管机构的独立性。

（2）能够有效实现监管的统筹协调，整合银监会、证监会、保监会现有监管职能，根据金融监管需求合理设置内设机构，形成综合性监管体制框架。

（3）能够有效实现跨部门金融监管信息共享、基础设施共享，实现金融监管全覆盖，提高金融监管能力。

（4）能够形成系统性区域性金融风险制度化的识别、预警、防范工作系统，形成反应灵敏、协调有力、指挥高效的危机应对机制。

（5）形成“一行一局”（人民银行 + 国家金融监管总局）的新格局，避免了货币政策与监管政策的冲突，兼顾了央行货币政策独立性与金融监管的独立性。

3. 组建国家金融监管总局的基本思路

过去几年，我国在金融监管统筹协调机制建设方面做了一些探索，但由于不是常设实体机构，收效甚微。为此，建议尽快组建国家金融监管总局，统一行使金融监管决策职能，制定监管政策和监管标准，集中收集监管信息，监测和评估金融领域整体风险，统一调动监管资源。

（1）明确机构定位。由于国家金融监管总局是专业性监管机构，不是行政权力机构，最适宜的定位是国务院直属事业单位。

（2）强化功能监管。以强化综合性监管为目标，打破现有银证保分业监管框架，根据功能监管需求科学设置内设机构。

（3）扩大监管范围。重点统筹监管系统重要金融机构和金融控股公司；将金融控股公司、第三方财富管理公司、互联网金融等金融新业态纳入监管框架，实现严格规范监管。

（4）实施垂直管理。国家金融监管总局实行自上而下的垂直管理，并加大与地方政府金融办的互动与协调。

4. 强化监管的统筹协调

在国家金融监管总局领导下，尽快实现金融监管的三个统筹：

（1）统筹监管政策制定。参照国际经验，尽快建立适应混业经营的金融监管标准，形成按照金融产品 / 业务的法律关系实质来实施监管的具体操作办法；制定统一的监管规则，全面检查金融机构各种类别具体业务的合规情况和潜在风险，独立评估其公司治理、风险管理等审慎性原则的贯彻情况，提升风险识别能力。

（2）统筹监管资源配置。统一调动监管资源，避免监管资源的重复配置与配置缺位。例如，针对被监管机构及其商业行为，将监管资源合理配置到风险最大的机构及其业务，提高监管效率。

（3）统筹监管基础设施建设。统一基础设施建设标准，打破现行多系统同时运行、互不兼容的格局，实现监管信息的共建共享；统筹监管重要金融基础设施，包括重要支付系统、清算机构、金融资产登记机构等。

三、以提升监管能力为目标，进一步强化金融监管的专业性

为什么我国金融监管的专业能力不足？总的看，因专业性不足导致的金融监管能力低下，成为制约金融监管效果的突出短板。组建国家金融监管总局的一个重要考虑，就是要从解决体制机制问题入手，适应金融创新、金融发展的趋势，形成进一步强化金融监管专业性的体制保障。

1. 在理顺体制机制中提高金融监管的专业能力

从现实看，金融监管的专业性不足，主要矛盾不是专业人才短缺问题，而是体制机制安排问题。

（1）在重审批、轻监管的体制下，监管机构的职能和人力资源配置没有向监管倾斜。例如：市场违法案件越来越多，执法资源相对紧张。例如，证监会系统专司执法人员不到600人，不及职工总数的20%。

（2）在分业监管体制下，监管部门之间信息阻碍情况比较突出，直接制约了监管能力的提升。

（3）金融监管的基础制度不完善，社会信用体系不完善，由此削弱了监管的专业性。

（4）在现有体制框架下，监管政策制定和金融风险应对中的专家咨询参与机制不健全。

基于以上考虑，组建国家金融监管总局，重要任务是打破原有不合理的机构职能、机构设置、监管资源配置布局，从体制机制上确保监管机构主要履行监管职能，监管资源主要用于监管。

2. 建立专业化的金融监管政策委员会，提升监管决策水平

参照人民银行货币政策委员会的做法，建议设立金融监管政策委员会，作为国家金融监管总局的咨询议事机构。综合分析宏观经济形势以及金融风险形势；讨论金融监管政策的制定和调整、对区域性系统性金融风险提出应急、应对方案；对其他事项提出建议。

3. 着力改善金融监管基础设施

从国际经验看，提升金融专业监管能力，需要有完善的基础设施作为支撑。目前我国在这方面仍有相当大的差距。比如，覆盖全国的市场主体信息体系尚未完全建立起来。为此，建议：

（1）尽快制定并实施国家金融监管基础设施建设的行动方案。适应混业监管的新形势，加快金融业综合数据体系建设，形成全行业、全业务、全流程的大数据库。

（2）建立央行与国家金融监管总局的金融信息共享机制。加强对各类金融信用信息的互联、互通、互认，形成联合惩戒机制，使企业、个人“一处失信、处处受限”。

以建立现代金融监管框架为目标组建国家金融监管总局，是我国结构性改革的一项重大举措。这项改革涉及面广、影响深远。在确定改革基本方向后，需要立即着手研究制定改革的实施方案及其细则，并组织第三方机构对改革方案进行客观评估，以确保金融监管体制改革的顺利实施。

深化以简政放权为重点的政府改革 *

简政放权是本届政府的最大亮点，在理顺政府与市场关系、激发市场活力上取得显著成效，并成为近两年稳增长的重要因素。当前，在增长、转型、改革高度融合的背景下，深化以简政放权为重点的政府改革，有利于激发经济活力，有利于促进经济转型升级，有利于带动其他各项改革。下一步，如何在大幅减少行政审批事项的基础上，推进行政权力结构改革，成为政府改革向纵深推进的重点。对此，简要提四点建议：

1. 在中央和省级政府层面全面推行负面清单管理

一方面，2014 年第四季度 GDP 同比增速放缓至 7.3%，创 2009 年一季度以来的新低。另一方面，经济结构升级的态势初步形成。2014 年全年 GDP 增长 7.4%，而工业增长 7.3%，服务业增长 8.1%。2014 年，服务业增加值占 GDP 的比重达到 48.2%，创历史新高。这“一高一低”表明，我国经济增长的动力机制正在发生历史性变化，服务业开始成为我国经济增长的主要推动力。从实践看，负面清单管理是经济转型升级、服务业市场开放的关键所在。目前，在中央和省级政府全面实施负面清单管理的时机和条件基本成熟。建议将 1 ～ 2 年内基本实现中央和省级政府负面清单管理作为行政审批制度改革的重要目标，以负面清

* 本文系提供给全国政协十二届三次会议的口头发言材料，2015 年 3 月。

单管理倒逼转方式、调结构，倒逼服务业市场开放。同时，把建立各级政府的权力清单、责任清单和财政支出清单作为政府自身改革的重大举措，并在年内完成中央政府与省级政府权力清单、责任清单和财政支出清单的公布工作。

2. 尽快实现行政审批和市场监管的分离

从实践看，市场监管的效果长期不尽人意，主要原因是尚未建立行政审批和市场监管相分离的体制机制，一些部门既管审批又管监管，使市场监管的有效性大打折扣。在简政放权改革中确立放管结合改革的新思路，重要任务是实现行政审批和市场监管的分离。为此建议：第一，明确把加快推进行政审批与市场监管分离作为行政审批制度改革的重点。第二，从国家层面整合市场监管职能，组建综合性、权威性的市场监管机构。第三，加快完善市场监管法律法规体系，赋予市场监管机构法定权利和法律地位，实现政府市场监管权力法定化。

3. 以简政放权破题结构性改革

以发展现代服务业为重点的经济转型升级，面临着多方面的结构性矛盾。例如：服务业与工业公平税负、公平资源配置的大格局尚未形成；作为服务业主体的中小微企业融资仍比较难；现代服务业发展缺乏相应的专业技术人才等。未来 1 ～ 2 年，以结构性改革为重点推进结构性转型，不仅对缓解短期经济下行的压力有重大作用，而且对“十三五”的经济转型升级有决定性影响。为此建议：第一，调整财税结构，尽快启动消费税改革，加大“放水养鱼”力度，对小微企业设置更低的增值税税率，提高企业所得税小规模纳税人标准，形成小微企业的自动减税机制。第二，调整金融结构，支持为中小微企业提供服务的社区银行、互联网金融机构等民间金融创新发展、规范发展。第三，调整教育结构，进一步放宽社会资本进入职业教育的门槛，提高应用技术型高校的比重，把学前教育纳入义务教育，加快普及高中阶段教育。

4. 建立政府自身改革的第三方评估机制

2014 年，国务院组织相关机构对行政审批改革作第三方评估，产生积极影响。建议把第三方评估作为政府自身建设的一项重要制度，在各级政府全面推行。同时，引入社会组织和公益机构参与第三方评估，充分重视和发挥智库在提高政府决策科学化中的重要作用，以增强第三方评估的客观性和专业性。

纵深推进简政放权改革，涉及部门利益、地方利益、行业利益的调整，需要突破利益固化的藩篱，需要把深层次的行政权力结构改革摆在突出位置。

关于深化简政放权的几点建议 *

简政放权是本届政府的最大亮点，在理顺政府与市场关系、激发市场活力上取得显著成效，并成为稳增长的重要因素。

当前，在增长、转型、改革高度融合的背景下，深化以简政放权为重点的政府改革，有利于激发经济活力，有利于促进经济转型升级，有利于带动其他各项改革。下一步，如何在大幅减少行政审批事项的基础上，推进行政权力结构改革，我认为是政府改革向纵深推进的重点。对此，简要提 5 点建议：

1. 在中央和省级政府层面全面推行负面清单管理

从实践看，负面清单管理是经济转型升级、服务业市场开放的关键所在。从多方面情况看，目前在中央和省级政府全面实施负面清单管理的时机和条件基本成熟。建议将报告提出的“制定市场准入负面清单”改为“基本实现中央和省级政府负面清单管理”，以负面清单管理倒逼转方式、调结构，倒逼服务业市场开放。同时，把建立各级政府的权力清单、责任清单和财政支出清单作为政府自身改革的重大举措，并在年内完成中央政府与省级政府权力清单、责任清单和财政支出清单的公布工作。

---

* 本文系作者在李克强总理主持的《政府工作报告（征求意见稿）》座谈会上的发言，2015 年 1 月 26 日。

2. 尽快实现行政审批和市场监管的分离

从实践看，市场监管的效果长期不尽人意，主要原因是尚未建立行政审批和市场监管相分离的体制机制，一些部门既管审批又管监管，使市场监管的有效性大打折扣。放管结合改革的重要任务是实现行政审批和市场监管的分离，建议：第一，把“加快推进行政审批与市场监管分离”写进报告。第二，从国家层面整合市场监管职能，组建综合性、权威性的市场监管机构。第三，赋予市场监管机构法定权利和法律地位。

3. 以简政放权破题结构性改革

当前，经济增长动力与经济转型正在发生趋势性变化。问题在于，这个趋势性变化面临多方面的结构性矛盾，需要以结构性改革破解结构性矛盾、推进结构性转型。由于结构性改革涉及到部门利益、地方利益、行业利益的深刻调整，建议报告明确提出“以简政放权破题结构性改革”，并把创新投融资体制、深化财税体制和金融体制改革作为结构性改革的重大任务。

4. 建立政府自身改革的第三方评估机制

2014 年，国务院组织相关机构对行政审批改革作第三方评估，产生积极影响。建议政府工作报告增加第三方评估的内容，把第三方评估作为政府自身建设的一项重要制度，在各级政府全面推行。同时，引入社会组织和公益机构参与第三方评估，以增强第三方评估的客观性和专业性。

5. 发挥智库在政府决策科学化中的重要作用

建议将“各级政府要充分重视智库在提高政府决策科学化中的重要作用，建立健全决策咨询制度”写入报告。

以减少制度成本为重点深化简政放权 *

简政放权是本届政府的最大亮点。从实践看，的确真的在做，真的见成效。2016 年是“十三五”起步之年。研究 2016 年和下一步简政放权改革，要将简政放权与“十三五”转型发展统筹考虑。

一是深化简政放权确实到了一个拐点。一方面，以放权倒逼政府改革到了关节点。如果“十三五”政府改革没有实质性突破，即便进一步放权能达到一定效果，作用也会很有限。另一方面，深化简政放权要与全面深化改革相配套，成为全面深化改革的关键和重点。

二是缓解经济下行压力对深化简政放权有着迫切的现实需求。从目前的情况看，简政放权如果停留在现在这个阶段，对缓解经济下行压力的作用有限。这就需要通盘考虑“十三五”转型发展和缓解经济下行压力的特定背景下，如何在以放权释放市场活力上实现实质性突破。

三是深化简政放权是供给侧结构性改革的重点之一。供给侧结构性改革对深化简政放权提出新的要求，以问题为导向，需要深入研究简政放权在供给侧结构性改革中扮演的重要角色。

总的看，在释放新需求、创造新供给的特定背景下，简政放权需要把减少制度成本摆在突出位置，在充分发挥市场在资源配置中的决定性

* 本文系作者在国务院推进职能转变协调小组办公室召开的深化“放管服”改革专家座谈会上的发言，2016 年 1 月 21 日。

作用、发挥政府的有效作用、激发市场活力、激发企业活力等方面走出一条新路子。

一、以服务业市场开放为重点释放市场活力

总的判断是：服务业成为引领新供给、缓解经济下行压力的重要领域。深化简政放权，要从数量型放权向开放市场转变，重点是服务业市场开放。2015 年，我国工业增长速度为 6%，服务业增长速度为 8.3%。降低制度成本，关键是供给侧结构性改革在服务业市场开放上破题发力。一方面，服务业领域面临的行政垄断和市场垄断比较突出。我国制造业市场开放程度达到 85% 左右，而服务业市场开放程度仅有 50% 左右。另一方面，无论是国内消费结构升级，还是"一带一路"战略的实施，对服务业市场开放都有相当大的需求。例如，2014 年我国服务贸易占整个对外贸易的比重为 12.3%，而全球平均水平为 20.6%。

1. 进一步鼓励、支持社会资本进入服务业领域

当前的情况是：第一，服务业市场准入仍然有禁区，有的禁区很多。第二，有些服务业领域尽管已经明确鼓励社会资本进入，但是缺乏具体的操作办法。例如，鼓励社会资本全面进入健康服务业，但如何进入、政府如何购买公共服务都缺乏具体的实施办法。第三，行政垄断和市场垄断在服务业领域还比较突出。可以说，打破垄断、吸引社会资本，成为服务业市场开放的重中之重。

2. 破除垄断要有动力

以电讯行业为例，在当前尚不能完全市场化的背景下，要通过引进部分社会资本提高速度和效益，降低价格。十八届五中全会明确提出"全面放开竞争性领域商品和服务价格"，如何有效落实尚未破题。为此，需要在大部分生产性服务业和生活性服务业领域尽快放开价格，鼓励竞争，形成市场决定价格的新机制。

3. 有序扩大服务业对外开放，拓宽外资投资渠道

2015 年，习近平主席在 G20 峰会上提出“以服务业为重点放宽外资准入领域”，李克强总理在达沃斯与世界经济论坛国际工商理事会代表对话时提出“扩大服务业对外开放，进一步放宽外资准入”。从现实情况看，尽管国内 4 个自由贸易试验区在服务业对外开放方面有重要进展，但从 4 个自贸区的负面清单看，在 122 项特别管理措施中有 80 余项是针对服务贸易的，限制仍然比较多。2015 年底，国务院出台《关于加快实施自由贸易区战略的若干意见》，要求“扩大服务业对外开放”。在新一轮全球化过程中适应国内经济转型升级的新形势，国内自贸区的重点是在服务贸易对外开放上先行先试，形成可复制、可推广的重要实践经验。负面清单是为其服务的，这是一个突出特点，目标是推动新一轮对外开放。

4. 实现服务业与工业政策平等

服务业在用地、用水、用电以及财税等方面与工业严重不平等。从地方层面看，工业用地和商服用地价格至少相差 5 倍左右，在水电气等生产要素使用上，服务业也明显高于工业。“十三五”，降低服务业企业的制度成本，关键是加快调整服务业发展的相关政策，纠正对服务业不合理的歧视性政策：一是加大服务业用地供给，逐步缩小服务业与工业用地的价格差距，实现服务业与工业“同地同价”；二是抓紧落实国家关于服务发展的价格政策，加快推进工商业水电气“同网同价”；三是加大服务业领域中小企业结构性减税力度，实现服务业与工业税负平等。

二、以企业制度变革激发企业活力

总的判断是：在经济下行压力增大的背景下，减少企业设立、企业投资中的制度成本极为重要。尽管数量型的放权有作用，并仍有一定空间，但其作用越来越有限。现在企业的感觉和政府的感觉大不一样，政府放权有700多项，企业说你给我几项重要的就好，当然降税费是第一位的。对企业而言，“含金量高”的放权至关重要，关键是把企业设立、企业投资中的制度成本降下来，让企业“轻装上阵”。

1. 实施企业自主登记制度

进入“互联网+”时代，实现企业自主登记注册的技术条件和时机已经成熟。建议借鉴新加坡、香港的经验，争取在“十三五”时期，全面实施企业自主登记制度。

2. 适时取消企业一般投资项目备案制

市场经济条件下，在政府严格管理城乡规划、土地利用、环境保护等事项的前提下，除涉及国家安全、某些重大国有投资项目之外，企业的一般项目一律由企业依法依规自主决策，不再要求备案。

3. 推广企业法人承诺制

2014年，海南在食品药品监管行政审批领域试行“法人承诺制”，取得了比较好的效果。建议总结海南经验，进一步完善推广法人承诺制，形成以企业信用为基础的事后监管：对必须保留审批的事项，由监管部门向申请企业提供责任承诺书和审批要件清单，企业法人签署对材料真实性负责和对虚假材料承担责任的法人承诺书后，审批部门可当场或当天发放批件和许可证。事后，监管部门在规定时间内组织现场核查，如发现企业造假，再对其进行严厉惩处。

三、以监管变革为重点的政府改革

总的判断是：简政放权倒逼政府改革。当前，无论从哪方面看，政府改革最突出、最急迫的问题是监管变革。监管变革不是一般的方法、能力问题，而是要形成比较完善的治理体系。

1. 适应监管变革需要尽快建立综合性监管机构

由于监管职能设置和监管权力结构不合理，同一事项监管往往分散在多个部门，以致于监管效能很难体现出来。当前，强化监管不是没有人才，也不是没有手段，问题在于行政审批和市场监管不分，有些机构既管审批，也负责监管，严重影响行政审批的严肃性、纯洁性。另外，由于监管缺乏标准性、技术性，监管的随意性较大。为此，监管变革的任务是：第一，将行政审批与市场监管严格分开，尽快从国家层面整合监管机构，组建综合性、权威性的市场监管机构。第二，推进市场监管去行政化，实现监管机构的独立性、专业性。第三，完善监管标准，促使监管专业机构依标准监管。

2. 发挥中央与地方两个积极性，实行省以下监管机构垂直管理

如何推进省以下垂直管理试点成为监管变革的新问题。一是环保问题，十八届五中全会确定了环保机构实行省以下垂直管理，但目前尚未形成具体措施。例如，有些城市同饮一江水，几个城市环保局各自的监管标准不一样；二是省以下市场监管机构，现在可能在县一级统筹都很难。建议总结环保的经验，实行省以下监管机构的垂直管理。

3. 调整优化监管系统的行政结构

深化简政放权触及部门间行政权力以及中央与地方权力的合理配置，需要将行政权力结构调整提上改革的重要日程。第一，整合某些机构职能已经比较成熟。例如国税与地税合并相对比较成熟。当前，反垄断的职能分散在商务部反垄断局、国家发改委价格监督检查和反垄断局、国家工商行政管理总局反垄断与不正当竞争执法局，由于这三家反垄断机构调查及处罚难以统一协调，使反垄断的效果在一定程度上打折扣。为此，需要尽快组建统一的国家反垄断局。再例如，金融分业监管远不适应混业经营的大趋势，这就需要尽快改变分业监管的格局，组建国家金融监管总局，实行统一的监管体制。第二，加快出台各级政府的权力清单和责任清单，规范、减少政府干预企业的自由裁量权。第三，行政权力结构调整改革要与“十三五”全面深化改革统筹考虑。总的看，行政权力结构调整涉及到政府的“放权、分权和限权”，是一场深刻的政府“自我革命”，需要统一设计，积极稳妥推进。

互联网时代的政府治理创新 *

广东作为我国改革开放的排头兵，在新的特定背景下积极主动地探索地方政府治理创新，有着十分重要的意义。在此，我有 3 点判断：

首先，2020 年是我国具有历史性的转型关口：经济转型升级的历史节点；社会转型的临界点；公共治理的关键点。到 2020 年，如果能顺利推进上述 3 个方面的转型与改革，那么，未来 10 年、20 年甚至更长时间，我国就会形成公平可持续发展的新格局。

其次，处在重要历史转折时期的全面深化改革具有历史性意义：实现国家治理体系和治理能力现代化是一个历史性大考验；使市场在资源配置中起决定性作用是一个历史性突破；突破利益固化的藩篱是一个历史性担当。

再者，以政府治理创新为重点打下国家治理体系和治理能力现代化的决定性基础：经济转型升级关键在政府治理转型创新；社会治理转型直接依赖于政府治理的转型创新；国家公共治理的核心是有效的政府治理。

我认真看了这次交流会的优秀案例材料，从中感到广东在新的历史背景下从基层做起，在创新政府治理方面逐步积累了某些重要的实践经

* 本文系在第二届“粤治——治理现代化”广东探索经验交流会上的发言，2015 年 4 月 23 日。

验。我把它概括分为四个方面：公开性、服务型、社会化以及机制化。结合这些优秀案例，下面我以“互联网时代的政府治理创新”为主题，做一个简要发言，与大家交流。

一、互联网时代政府治理理念的创新

1. 公开性理念的创新

互联网思维，重要的前提是公开性理念。因为，互联网时代，广大社会成员能够低成本、无差别获得各类信息资源，包括政府的相关信息。在这个特定背景下，信息不再是一种特权，它是老百姓的知情权，是架起政府与社会的互动平台。就是说，互联网使传统封闭型、控制型的政府治理受到挑战，通过控制信息的层级型政府治理已难以为继。广东的案例说明，不仅要全面公开信息，而且要在“第一时间”公布信息。由此，才能产生良好的公共治理效果。

2. 服务理念的创新

从实践看，提倡服务型政府已有多个年头，虽然取得某些进展，但尚未发生实质性改变。究其原因，政府转型滞后是重要的。这里，需要深入讨论的是，既需要“当官为民”的服务意识，也需要技术支撑、服务平台建设。这样，才能形成公共治理架构和规划。就是说，要把官员服务理念的创新与互联网服务平台相结合，从而实现有效、高效的服务，走出服务型政府建设的新路子。

3. 规范化、制度化的理念创新

政府作为公共服务平台的运营者，为全社会提供公共产品、公共服务，需要改变传统的“官管民”的治理模式，向价值引领型、架构规范型和平台服务型政府转型。这是互联网时代政府治理创新的重大课题，是政府形成规范化、制度化治理的时代要求。

二、互联网时代政府治理和社会治理互动的创新

1. 社会化分工协作是公共治理的重要标志

如何处理好政府与社会关系，做到“适合由社会组织提供的公共服务和解决的事项，交由社会组织承担”。互联网时代，如何实现政府治理与社会治理的互动是一个十分重要的问题。“广东首届社会组织公益创投活动”就是一个很好的案例。广州市社会组织创投，不是单一的政府购买公共服务、社会组织提供服务模式，而是强调政府、社会、公益组织共创共投，是社会组织设计创投项目争取政府资助，社会配套资金与政府资助资金比例达到2:3，借政府资金的杠杆撬动社会资本，服务社会，激活社会组织活力。

2. 广泛的社会参与至关重要

在这样一个信息爆炸、利益主体多元化的时代，如何通过社会的参与及时应对并化解可能发生的重大公共事件？以广东省总工会运用网络等手段为广大职工提供维权服务为例，2014 年 9 月底，广东省总工会以“专职 + 兼职”、“维权工作干部 + 工会律师团律师”的队伍结构，组建一支劳资纠纷应急处理分队，预防和处置日益增多的劳资纠纷，被称为化解劳资纠纷的“消防队”。这不仅是创新社会组织如何主动参与公共治理的案例，也是工会系统推进转型改革的有益探索。

3. 政府与社会协商是一个好办法

用互联网平台扩大社会参与的同时，也需要建立政府与社会协商的规则，使政府治理与社会治理同步推进。“茂名书记市长网友座谈会”的案例很有启发。在这个拥有 4469 个网站、400 多万网民的“网络大市”，市委、市政府主要领导主动利用互联网平台与网民“亲密接触”，还做客“网络问政”平台，与网民交流，并且邀请网友座谈，共商茂名发展、百姓利益的良策，推动建立常态化的网络互动机制。若这个做法能形成机制化安排，相信会形成公共治理的新路子、新风尚。

三、互联网时代政府服务平台的创新

1. 打造公共服务平台

老百姓是公共服务的消费者。互联网时代，如何以社会需求为导向设计开发公共服务产品，打造政府公共平台，提升国民的整体客户体验，是政府公共服务的基本目标。从“广东发布”的初步实践看，把微博、微信、微话集于“广东发布”政务平台一身，有就业、社保、教育、消费维权等 21 项个人业务服务，有人称为“一心服务网民，‘三微’尽揽广东”。

2. 方便百姓、服务百姓

互联网时代的变革倒逼政府治理创新。广东从 2012 年以来，全省统一规划设计、全面推进网上办事大厅建设，将广东省、市、县三级政府的所有行政审批和社会服务事项从申办到办结的全过程搬到互联网上进行，变“8 小时政府”为“24 小时的全天候服务”。这样，使得老百姓办证的时间减少了 70% 左右、政府工作的成本降低了三分之二左右。在互联网时代，善于利用这样一个平台来支撑政府的公共服务是十分重要的。我认为，广东省所做的这个探索，有新的理念、新的实践、新的方向。

最后，提几点建议：

第一，建议广东省率先形成“2020：推进政府治理体系和治理能力现代化的规划”。这次交流会介绍的案例很有代表性、方向性。建议广东全面总结从企业、社会到政府治理创新的实践经验，因为这其中有很多十分重要的经验，需要通过总结使其规范化、制度化。如《南方日报》作为一个媒体，在政府治理、社会治理中起到了重要的作用，发挥了正能量，值得总结。

第二，建议广东省在实现政府治理和社会治理的互动方面有进一步举措。建议从广东省的实际出发，加快发展各类公益性组织，充分发挥第三方的作用，并且加快这方面的相关立法。

第三，建议把公共财政的公开化作为广东省政府治理的重大课题之一。目前，正在逐步推进的负面清单、权力清单、责任清单的管理是政府转型的重大课题。随着这三张清单的实施，未来几年公共财政清单的公布对于社会参与、社会监督政府以及政府治理有着越来越重要的作用。它是政府治理规范化、制度化的重大措施。

第四，建议广东省率先进行行政组织结构改革的实践探索。

“十三五”市场监管体制转型与改革 *

总的来看，最近两年简政放权是政府改革的突出亮点，而商事制度改革更是其中的最大亮点之一。随着简政放权的纵深推进，监管转型滞后是深化简政放权改革的突出矛盾，并成为简政放权纵深发展的“最大短板”。

一、市场监管转型和改革的特定背景

1.“十三五”将形成以服务业为主导的产业结构

估计到 2020 年服务业比重将达到 58% 左右。在这个大背景下，大众创业、万众创新将形成新的局面，并将快速发展。

2. 消费结构发生重大变化

“十三五”城镇居民服务型消费将接近或超过 50%，并有可能成为消费大头，这就给消费市场监管带来许多新的挑战。

3. 服务业市场开放将成为市场化改革的重点

估计“十三五”服务业市场开放的力度和范围都将比以往大的多。服务业市场全面开放，给市场监管带来更多的新课题。

---

* 本文系作者在“国家工商行政管理局市场监管专家委员成立与专家座谈会”上的发言，2015 年 12 月 11 日。

4. 未来几年以服务贸易为重点的全球自由贸易进程明显加快，国际、国内市场监管融合是大势所趋

在这个特定背景下，有两条很重要：一是市场监管的改革要加快；二是结构要转型。现有的市场监管结构与发展趋势不相适应的矛盾会逐步突出。

二、市场监管转型和改革要着力解决的突出矛盾

1. 审批和监管要分离

以这次股票市场波动为例，说明以往实行的审批监管不分的体制难以为继，要加大改革力度，要在多方面取得实质性破题。当然，这涉及到相关机构的调整。

2. 专业监管和综合监管要破题

涉及两个重要问题：一是专业监管向综合监管转变；二是有的综合协调部门不一定再去做具体的监管。比如发改委的价格监管职能，发改委应该是在宏观方面发挥越来越重要的作用，一些微观监管职能要逐步转移到相关市场监管机构。

3. 统一和分散的问题

目前，有些市县设立了市场监管委员会，但是效果并不好，仍然"各戴各的帽子、各穿各的服装"。这里涉及到一个很重要的问题，比如以反垄断为例，由工商总局、发改委、商务部三家同时来做，这种情况需要尽快改变。加快建立统一的反垄断监管体制，反垄断才有效率。

三、监管的权力结构要调整

1. 加快建立与市场监管大趋势相适应的综合性监管机构

国家工商总局是市场监管的主力军，如何在综合监管中扮演重要角色？是市场监管的统一协调机构？还是一个公平竞争的协调机构？

需要深入的研究。我感到，可能更重要的还是市场监管的综合决策和协调机构。建议组织相关方面研讨国家工商总局综合监管部门的职能定位。

2. 决策和执行要分开

我认为，综合性的决策协调机构与专业性、技术性、标准性的专业监管机构要适当分开。所以，监管机构本身也面临着内部权力结构调整的问题。从现实看，市场监管也有一个综合协调与具体执行的关系问题。我国是一个大国，需要综合性、协调性的市场监管部门，也需要有各类技术性、标准性的专业技术监管机构。这样，监管才能统一而有效率。

3. 统一体制，发挥中央和地方两个积极性

建议分两步走：第一步是省以下有必要恢复垂直管理，第二步是在这个基础上再研究全国的统一垂直管理。为此，要统一考虑中央与地方监管体制的调整与改革。

四、政府监管理念要转变

1. 市场监管如何激发市场活力和企业创造力

十八届五中全会建议中提出，“激发市场活力和社会创造力”。如何“激发”，理念上的问题不改变，很多事情很难推进。比如，深化商事制度改革，要不要尽快实施企业全面自主登记。我认为，这是大势所趋。但在理念上，还有各种疑问。再如，能不能取消企业一般项目备案制、取消产业政策？如何以公平竞争政策取代产业政策，不是不要产业政策，而是产业政策要与规划相结合。没有理念的转变，改革很难。

2. 要不要继续坚持谁审批谁监管

谁审批谁监管，是在现在的特定背景下没办法的办法，但是体制上不能这样做。比如行业要监管，没有综合的监管、综合的协调，行业利益问题很难突破。有些事情如果不跳出行业来看大局，没有理念上大的转变，很难推进。尤其是服务业市场开放，我院在最近的研究中感到，未来 5 年市场化改革重大任务是服务业市场的全面开放。在我看来，监管理念转变的问题很重要，有了理念的转变，很多监管方案、监管改革才能落地。

关于加快推进监管变革的建议 *

当前，监管转型滞后成为制约经济转型升级的突出矛盾，成为简政放权纵深发展的“最大短板”。加快监管变革的现实性、迫切性日益增强。近年来，政府在加强市场监管上采取了不少措施，但监管失灵面临的深层次的体制问题并未从根本上解决：（1）行政审批与市场监管合二为一的旧体制尚未根本性改变，不仅增大了企业的制度成本，还不利于形成监管结构的独立性、专业性。（2）监管权力结构不合理，无论是消费领域、金融领域、反垄断领域，都存在着多头监管与监管失灵并存的现象。（3）监管中政府“唱独角戏”的特点突出，缺乏市场治理理念，行业协会、商会、企业等自律作用远未发挥出来。为此，建议：

一、完善包括专业性监管和综合性监管在内的监管体系，实现行政审批与市场监管严格分开

1. 完善专业性监管

专业性监管机构不再行使审批权，例如证监会。未来资本市场实行注册制，限期取消行政审批事项，成为专业性监管部门。

* 本文系作者提交全国政协十二届四次会议的提案，2016 年 3 月。

2. 完善综合性监管

更多领域采取综合性监管，形成宽职能的监管队伍。在食品药品安全、工商质检、公共卫生、安全生产、文化旅游、资源环境、农林水利、交通运输、城乡建设、海洋渔业等领域内推行综合执法，有条件的领域可以推行跨部门综合执法。

3. 行政审批与监管分离

一些需要保留审批事项的部门，应当成为科学规范、有效的审批部门，行政审批与市场监管在机构上严格分开。

二、适应经济转型升级调整优化重点领域市场监管权力结构

1. 尽快组建国家金融监管总局

随着“互联网 + 金融”的创新层出不穷，银行业、证券业、保险业金融机构之间相互渗透和交叉的趋势不断增强，对分业监管模式提出现实挑战。以稳定资本市场、防范金融系统性风险为重点，建议整合银监会、保监会和证监会的职能，组建国家金融监管总局，形成“统一领导、分级负责、条块结合”的金融监管新体制。

2. 尽快组建专司消费市场监管的国家市场监督管理总局

互联网时代为建立涵盖生产、流通、消费全过程的监管体系提供了重要条件。当前，不少地方政府成立了综合性的市场监管局并取得较好的效果。建议尽快整合国家食品药品监督管理总局、国家质量监督检验检疫总局和国家工商行政管理总局的消费品安全监管职能。这三个机构作为国家市场监督管理总局的执行局，使其成为独立性、专业化的消费品安全监管机构。

3. 尽快建立统一的国家反垄断局

我国自 2007 年《反垄断法》出台以来，反垄断执法工作在国务院反垄断委员会领导下由商务部反垄断局、国家发改委价格监督检查和反垄断局、国家工商行政管理总局反垄断与反不正当竞争执法局三个机构

行使反垄断职能。从反垄断的执法实践看，由于三家反垄断机构调查及处罚难以统一协调，使反垄断的效果大打折扣。建议整合商务部反垄断局、国家发改委价格监督检查和反垄断局、国家工商行政管理总局的反垄断执法权，组建国家反垄断局。

三、突出行业自律、搭建市场治理的体制框架

1. 充分发挥行业协会、商会的自律作用

摸清“红顶中介”的家底，加快推动现有商会、行业协会的“政会分开”、去行政化；支持各个行业的民营企业在自愿的基础上联合建立各类商会、行业协会，使其在行业自律、社会监督上有职有权；推行“一业多会”，形成有效的竞争机制，及时淘汰缺乏行业自律的商会、行业协会。

2. 完善社会信用体系

逐步建立全国统一的信用标准规范体系，形成统一社会代码制度，以组织机构代码为基础对法人和其他组织进行身份标识，实现机构信用体系全覆盖；启用市场主体信用信息公示系统，工商登记及监管信息可通过互联网向社会公开；充分运用大数据资源实现企业信用信息互联共享，实现失信企业“一处违法、处处受限”。

3. 推行法人承诺制

形成以企业信用、企业自律为基础的事后监管。对必须保留审批的事项，由监管部门向申请企业提供责任承诺书和审批要件清单，企业法人签署对材料真实性负责，审批部门可当场或当天发放批件和许可证。事后，监管部门在规定时间内组织现场核查，如发现企业造假，再对其进行严厉惩处。

深化市场监管的几点建议 *

这两年，政府加快推进以简政放权为重点的行政审批制度改革，有效激发了市场主体的活力。要看到，在现行体制下，行政审批职能强、市场监管职能弱的格局尚未根本改变，以行政审批取代监管、市场监管失灵具有普遍性，只有将行政审批与市场监管改革统筹考虑，才能真正做到“放管结合”。这里，提出以下 3 点建议：

1. 组建综合性、权威性的市场监管机构

与大部门体制改革统筹考虑，建议尽快从国家层面调整监管权力结构，整合监管机构，组建综合性、权威性的市场监管机构。

第一，组建专司消费市场监管的国家市场监督管理机构。整合国家食品药品监督管理总局、国家质量监督检验检疫总局和国家工商行政管理总局的消费品安全监管职能，这三个机构作为国家市场监督管理机构的执行局，使其成为独立性、专业化的消费品安全监管机构。

第二，建立统一的国家反垄断局。整合商务部反垄断局、国家发改委价格监督检查和反垄断局、国家工商行政管理总局的反垄断执法权，可以考虑作为国务院的直属的执行机构，也可以考虑放在商务部。

第三，组建国家金融监管总局。整合银监会、保监会和证监会职

* 本文系作者在全国政协“深化行政审批制度改革”专题协商会上的发言，2015 年 7 月 10 日。

能，形成“统一领导、分级负责、条块结合”的金融监管新体制。银监会、保监会和证监会成为国家金融监管总局的执行机构。

2. 形成政府监管与行业自律、社会监管的合力

在现代市场经济条件下，政府监管要面对无数个市场主体，如果仅仅靠政府唱“独角戏”，市场监管的有效性很难保证。这就需要充分发挥行业协会等社会组织在行业监管、企业自律中的重要作用。

第一，加快推动现有行业协会的“政会分开”、去行政化。

第二，支持各个行业的民营企业在自愿的基础上联合建立各类行业协会。

第三，由行业协会承接政府下放的行业管理职能，重点强化行业自律和社会监督。

3. 建立市场监管的法律框架

按照市场决定资源配置的新要求，加快推进市场监管由行政监管为主向法治监管为主的转型。

第一，尽快把负面清单管理纳入《行政许可法》，为统筹行政审批与监管改革提供法律依据。

第二，修改《食品安全法》、《药品管理法》等，确立市场监管机构的法律地位。

第三，把反行政垄断纳入《反垄断法》。

推进市场监管向法治化转型 *

总的考虑：当前，消费市场环境与消费需求释放不相适应的矛盾比较突出。到 2020 年，我国的消费总规模有可能达到 45 万亿～ 50 万亿元，由此成为支撑 7% 左右经济增长的主要因素。适应这个大趋势，政府市场监管已成为牵动影响增长转型的关键之一。从政府改革的实践看，以放权为重点的行政审批制度改革取得重要突破，但是市场监管改革尚未有实质性破题；推进市场监管体制改革重在实现由行政监管为主向法治监管为主的转型，以强化以法治为基础的市场监管。

一、把依法监管作为市场监管改革的基本目标

这里，有 3 个问题需要提出来讨论：

1. 行政审批与市场监管不分，是不是市场监管改革面临的突出矛盾

从现实看，行政审批与市场监管合为一体的特点比较突出。例如：某些机构既有行政审批权，又有市场监管权。这种“谁审批谁监管”的体制不可避免形成以审批取代监管，重审批、轻监管的问题。这也是“九龙治水、各管一段”的矛盾问题长期难以解决的根源所在。

---

* 本文系作者在“依法行政　推进法治政府建设”专题座谈会上的发言，2014 年 6 月 9 日。

2. 要不要把行政审批与市场监管严格分开

行政审批是行政机关事前把关的手段，市场监管是对市场经营活动进行约束限制的行为，二者在范围、程度上有本质区别。现代市场经济条件下，有效的监管主要是事后监管，而不是前置性的审批。对于前置性的审批尽可能做到越少越好，对于事中、事后的监管则需大大强化。这样，就需要把行政审批与市场监管严格分开。

3. 走向法治化是不是市场监管改革的目标选择

事前的行政审批是政府的权力，需要依法界定权力清单；市场监管主要是事后监管，需要建立在法治基础上。这就需要把推进由行政监管为主向法治监管为主的转型，作为市场监管体制改革的基本目标，作为法治政府建设的重大课题。

二、加快推进市场监管由行政为主向法治为主的转变

对此，提出以下 3 点建议：

1. 组建综合性、权威性的市场监管机构

为什么尽管这些年国家出台了不少市场监管的法律法规，但执行效果并不好，一个重要原因在于审批权与监管权长期不分。建议把行政审批与市场监管职能严格分开，尽快从国家层面整合监管机构，组建综合性、权威性的市场监管机构。

2. 调整市场监管权力结构，建立决策和执行严格分开的执法监督机构

新组建的综合性市场监管机构，应当作为执行机构依法设定：一是成立国务院市场监管委员会，整合国家工商总局、国家质量监督检验检疫总局等市场监管职能，强化消费市场监管的综合性、统一性、有效性；二是整合商务部、国家发改委、国家工商总局三家的反垄断执法权，建立直属国务院的反垄断局，增强其反行政垄断的监督功能；三是从完善“一行三会”协调机制入手完善金融监管，从侧重对金融机构本

身的监管转变为更加注重对金融行为的监管，逐步由分业监管过渡到混业监管模式。

3. 形成政府监管与行业自律、社会监管的合力

从现实看，我国行业协会监管仍处在法律、法规缺失的状态。这就需要依法赋予行业协会等社会组织在行业监管、企业自律中的法律地位。包括：依法支持各个行业的企业在自愿的基础上联合建立各类行业协会；由行业协会承接政府下放的行业管理职能，重点强化行业自律和社会监督。

三、强化市场监管的相关立法

就此，提出以下 3 点建议：

1. 研究出台综合性的《市场监管法》

一是确立市场监管机构的法律地位；二是加强行业监管立法，对行业监管的权力和责任作出法律规定，为支持社会性监管、尤其是鼓励媒体参与对市场的监管提供法律依据；三是严格规范市场监管程序，以法律制约监管权力。

2. 修改《食品安全法》和《药品管理法》

实行最严格的食品药品安全监管制度，完善食品药品监管体制，加大违法行为惩处力度，对网购食品药品等监管空白地带进行法律规范。

3. 将反行政垄断纳入《反垄断法》

建议在国有垄断行业、城市公用事业、公共服务领域相关行业监管中增加反垄断的内容，使这些行业监管体现公平竞争。

总的建议：把推进市场监管以行政为主向法治为主的转型，作为建设法治政府、推进法治市场经济进程的重大任务。

关于深化行政审批制度改革的 4 点建议 *

简要提出以下 4 点粗线条的研究性建议：

一、建议适时取消企业一般投资项目备案制

客观地看：企业投资项目备案制仍属于前置性的行政控制，实践中容易成为“变相”审批。

市场经济条件下，在政府严格管理规划、土地利用、环保等事项的前提下，企业一般投资项目要按照三中全会精神一律由企业依法依规自主决策，建议对企业一般投资项目不再实行备案制。

二、建议尽快全面实施企业自主登记制度

客观说，“三证合一”简化了企业注册登记流程，但仍需 3 个部门并联审批，企业注册登记仍不够便利。

建议借鉴新加坡、中国香港等地的经验，率先在 4 大自贸区实施企业自主登记，并尽快建立全国统一的企业自主登记注册网络平台，在

* 本文系作者在全国政协“深化行政审批制度改革”专题协商会上的发言，2015 年 7 月 10 日。

"十三五"时期使企业注册时间与国际接轨。

三、建议不再用产业政策干预企业投资行为

客观讲，政府运用产业政策对重要支柱产业发展起到推动作用；但近些年的产能过剩也在一定程度上与某些产业政策相关。

市场经济条件下，某些特定产业如农业需要采取特定的保护政策。但长期实行一般性的产业政策，并配套相关的优惠政策，容易人为地导致供求关系失衡，导致产能过剩，不利于市场公平竞争。

建议"十三五"时期少用或不再实行一般性的产业政策，多用改革的办法，形成完善企业平等竞争的市场环境。

四、建议尽快出台监管转型的顶层设计

从实践看：第一，放权向纵深推进，关键是监管要跟上、要适应，真正做到"放管结合"。第二，当前，监管不适应的矛盾相当突出：这既涉及到职能转变，又涉及到机构调整；既涉及到综合协调，又涉及到相关立法；既涉及到政府层面，又涉及到社会、市场层面。如何由行政型监管向综合性、专业性、法治型的监管转型涉及到一系列深层次的体制性矛盾，建议从国家层面调整监管权力结构、整合监管机构、加快监管立法，尽快形成与发展市场经济相适应的监管体系。

以公益性为标准的公共文化服务社会化发展*

公益性：是公共文化发展的主流，是深化文化体制改革的导向，是公共文化服务体系的本质特征。落实十八届三中全会《决定》关于“推动公共文化服务社会化发展”的精神，关键在于要坚定地、自觉地把公益性作为构建现代公共文化服务体系的主要标准。

一、公益性应当成为公共文化服务社会化发展的主要标准

公益性标准是否要以所有制划线？这个问题在经济生活领域已经取得实质性突破。但是，在国家软实力建设、公共文化发展中尚未真正破题。

1. 发展公共文化、建设公共文化服务体系，是否也需要明确：无论是官办还是民办的文化团体，都是我国文化市场的重要组成部分，都是公共文化服务体系的重要力量。实践证明，在公共文化领域，政府包办的效果不一定好，社会办的不一定差。

2. 在公共文化生活领域，无论是官办还是民办的文化团体，是否都要以公益性为主要标准，平等竞争、公平发展。建议尽快改变简单按照

* 本文系提交给全国政协“促进基本公共文化服务体系”双周协商座谈会的书面发言，2014年7月22日。

官办与民办区分支持与不支持的传统做法。

3. 推动公共文化服务社会化，无论是官办还是民办的社会团体，是否都应当按照公益性标准获得相关的政策保障和财力支持。不能因为其是官办出身而不管它的公益性作用如何，都能长期“吃大锅饭”。建议尽快引入独立的第三方机构对公共文化服务主体的公益性进行定期评估，依据客观公正的评估结果确定政府的支持力度。

就是说，推动公共文化服务社会化发展，仍然有一个思想解放的问题。只有改变那些不合时宜的旧观念、打破妨碍公共文化发展的旧框框，才有可能加快构建现代公共文化服务体系。

二、以公益性为标准支持社会力量参与公共文化服务

最近几年，国家文化主管部门陆续出台了相关政策，鼓励社会力量参与公共文化建设，并取得一定进展。关键在于，要以公益性为主要标准出台具体政策、并作出体制安排。

1. 社会力量参与公共文化服务体系建设还面临着某些政策和体制障碍。如“民办”公益性文化机构在财税、人事、职称等方面仍难以与公立机构享有平等的政策。建议尽快调整社会力量办公益性文化机构的税收政策、价格政策以及人才政策。

2. 社会力量办公益性文化机构还面临着一些体制障碍。如民办公益性文化机构大都在工商登记，由此难以得到税收减免等一系列公办公益性机构的政策待遇。建议进一步明确界定各类公益性文化类民办机构的功能和范围，把培育各类公益性文化类民办机构及社会组织作为文化管理体制改革的重大课题。

3. 公共文化市场开放尚不到位。建议凡是法律未禁止的公共文化服务领域，都应对社会民间资本放开；政府管理的公共文化资金、项目等应向社会开放，调动社会力量提供多样化、专业性的公共文化产品与服务的积极性。

三、以公益性为标准推进公共文化事业单位改革

从近几年的实践看，以减少财政拨款和人员编制为初衷的公共文化事业单位“普遍转企”的改革，使其属性容易从公益性转向逐利性，公共文化事业单位的改革仍有一个目标选择问题与逐步深化的过程。

1. 按照公益性标准深化公共文化事业单位改革。当前的公共文化事业单位改革，划分公益一类、二类固然也需要，但这种划分有局限性：一是公益不公益，不在于是不是事业单位，社会办的公益性文化机构也是公益机构；二是公益性大小要与贡献挂钩，国家对公办事业机构应当“养事不养人”，财政支持多少，不以人数为依据，而是以公益性为标准。

2. 将购买公共文化服务纳入政府采购的范围。建议出台政府购买公共文化服务的产业目录，制定公共文化服务标准、购买方式及实施细则，建立公开透明的公共文化服务购买流程，对公共文化事业单位和社会办的公益文化机构一视同仁。

3. 成立公共文化服务基金，改革公共文化服务投资体制。建议从中央、省市做起，以政府财政资金为引导，成立公共文化服务基金，以委托经营、合同契约等多种形式，改革公共文化服务的投资体制。

在事业单位改革中发展公益性社会组织*

近两年来，中央出台了一系列政策，鼓励支持公益性社会组织发展。总的来看，公益性社会组织在经济社会生活的多方面严重缺失，其发展明显滞后于社会的公共需求。为此，建议在事业单位改革中积极发展公益性社会组织，同时加快公益法人的相关立法，由此作为落实十八届三中全会关于“解放和增强社会活力”、“创新社会治理体制”的重大任务。

1. 把向公益性社会组织转型作为事业单位改革的重点之一

事业单位是我国公共服务体系的重要力量。当前，正在进行的事业单位分类改革，对哪些划分为公益类很清楚，哪些转为企业也比较明确。但是，如何推进事业单位向公益性社会组织转型，无论在改革的整体部署上，还是具体的改革实践中，还尚未破题。

总体来看，部分事业单位转型为公益性社会组织是可行的。

（1）有条件、有基础。一些事业单位长期以来在公益性领域发挥了重要作用，有条件转型为公益性社会组织。

（2）有很强的现实需求。在社区服务、社会福利、慈善基金、科技文化、经济社会改革发展研究等领域，迫切需要发展一大批具有公益

* 本文系作者在全国政协“更好发挥社会组织在社会治理中的作用”双周协商座谈会上的发言，2014 年 7 月 24 日。

性、独立性、专业性的社会组织。

（3）有重大现实意义。推进事业单位向公益性社会组织转型，不仅需求性很强，而且切实可行，由此会带来多方面的改革红利。例如：有利于拓宽公益性社会组织的发展空间，有效提供公共产品；有利于事业单位去行政化，促进政府职能转变；有利于解放和发展社会生产力，创新社会治理体制。推进事业单位向公益性社会组织转型，需要产权、编制、经费、人员、社保、管理等一系列改革及体制调整。建议有关方面尽快研究提出事业单位向公益性社会组织转型的综合性改革方案和实施办法，以实现行政体制改革、事业单位改革、社会治理体制改革的联动。

2. 以公益性为标准理顺政府与公益性社会组织的关系

从改革的实践看，把部分事业单位成功转型为公益性社会组织，关键在于“进一步解放思想”，以公益性为标准，加快推进政社分开，以落实十八届三中全会提出的，“适合由社会组织提供的公共服务和解决的事项，交由社会组织承担”。

（1）明确事业单位向公益性社会组织转型后的独立法人地位。从增强可持续发展能力的现实需求出发，建议在转型时，在严格评估的前提下，将原事业单位全部或部分财产明确转为社会团体财产，实现产权上的政社分离。我认为，这是鼓励和支持其强化公益性的重要手段，更是国有资产在公益性领域发挥重要作用的具体体现。对此，需要相关方面出台具体办法。

（2）以购买公共服务、项目补贴等方式加大政府对事业单位向公益性社会组织转型的支持力度。把公益性作为政府购买公共服务的主要标准，纳入政府采购法的范围，打破以往以所有制或以谁出资为标准、以养人为主的财政支持模式。

（3）事业单位转型为公益性社会组织需要加强政府的法治监管。建议加快公益性社会组织的监管立法，以逐步实现从行政监管为主向法治监管为主的转变。

3. 鼓励和支持社会力量参与事业单位转型为公益性社会组织的改革

推动事业单位向公益性社会组织转型，既需要政府大力支持，也需要借助社会力量，以加快公益性社会组织发展。对此，建议：

（1）对社会资本参与公益性社会组织的准入、权益、管理、税收等做出具体政策规定。应当以公益性为主要标准，而不是以谁出资划线，使公益性社会组织都能平等地获得政策保障和财力支持。

（2）扩大政府采购范围。把《政府采购法》中的“服务”从后勤类服务扩展到包括健康、养老、医疗、研究等公共服务项目，以此拓宽社会资本进入公益性社会组织的范围。

（3）扩大社会捐赠税收减免范围。建议尽快研究制定“免税清单”，具体列举各级政府认可的公益性行为。不管谁出资，只要符合公益性标准，就可以纳入到免税范围，以此鼓励支持社会力量向公益性社会组织出资、捐赠的积极性。

新阶段政府购买公共服务的几个问题 *

进入发展型新阶段，尤其在全面深化改革的背景下，政府购买公共服务其主要特点是公共服务的契约化、社会化、市场化，目的是实现公共服务公开化、公正化和效益最大化。我国自2003年开始推行政府购买公共服务，10年来在取得重要进展的同时，也面临一些突出的矛盾问题。是不是可以说：第一，政府购买公共服务的方向选择是对的。第二，政府购买公共服务的范围有限，离实际需求尚有明显差距。第三，政府购买公共服务的体制机制改革还不到位，在有的方面还尚未破题。

一、新阶段政府购买公共服务的背景究竟发生了哪些重大变化？

与10年前相比，今后5～10年政府购买公共服务的背景趋势、突出矛盾、内涵外延正在发生着深刻的变化。

1. 政府购买公共服务的背景、趋势的变化

（1）消费结构升级。一是生存型消费需求减少，发展性消费需求明显增多；二是物质性消费需求减少，服务型消费需求明显增多。

* 本文系作者在全国机构编制管理研究会第六次会议暨政府购买公共服务专题研讨会上的演讲，2014年4月19日。

（2）人口城镇化基本格局的形成。目前，我国规模城镇化率为53%，人口城镇化率仅为35%。估计到2020年，人口城镇化率将达到50%左右，由此将使中小城镇公共服务需求明显增大。

（3）服务业主导格局的形成。估计未来1～2年，服务业发展的比重将达到50%以上，到2020年有可能达到60%左右。

这些变化的重要标志，就是公共需求全面快速增长，公共服务供给压力显著加大。在这个特定背景下，政府购买公共服务的空间巨大、潜力巨大。

2. 政府购买公共服务面临着的突出矛盾

总体上看，改革开放之初吃饭、穿衣等私人产品的严重短缺逐步成为历史，全社会公共产品的需求全面快速增长，教育、医疗、养老、就业、公共安全、基本住房、资源环境等公共产品的短缺，开始成为全社会的突出矛盾。适应这个大趋势，基本满足全社会对基本公共产品的需求，成为政府购买公共服务的重大战略任务。

（1）健康消费。2013年我国卫生总费用占GDP的比重已达到5.1%，但仍低于低收入国家的平均比重（6.2%）。2016年，这个比重有望提高到6.5%左右；2020年，有望提高到8%左右。

（2）教育消费。2012年我国国家财政性教育经费支出占比达4.28%。2016年，财政性教育经费支出将达到4.5%；2020年，财政性教育经费支出有望达到5%左右。

（3）养老消费。养老基金占GDP的比例最高的是挪威，为83%左右，日本是25%，美国是15%，我国目前只占到GDP的2%。随着人口老龄化的加快，2016年，养老基金占GDP的比例至少应当达到3%左右；2020年，估计这一比例至少应当达到5%以上。

3. 政府购买公共服务的范围逐步扩大

（1）适应全社会公共需求变化的大趋势。政府购买公共服务的目的是适应全社会公共服务的现实需求，以寻求解决新阶段公共产品短缺、公共服务不到位的突出矛盾。

（2）扩大政府购买公共服务的范围。政府自身的后勤服务很重要，但更重要的是全社会公共产品和公共服务的供给。

（3）政府购买公共服务的制度创新。适应13亿人公共需求变化的大趋势，需要在加快改革创新中形成规范化的政府购买公共服务的体制机制安排。

二、要不要把公共资源配置的社会化、市场化改革作为政府购买公共服务体制机制建设的重点？

2012年，我国政府采购规模占全国财政支出的比重为11.1%，其中服务类仅占12%。而欧美发达国家政府采购规模占财政收入的比例为30%～40%，服务类采购占采购规模的50%以上。

适应我国经济社会转型发展的大趋势，着眼于2020年基本公共服务均等化总体目标实现，发展政府购买公共服务，需要从形成公共资源配置的社会化、市场化的制度安排入手，加快公共服务体制创新，形成公共服务领域开放竞争的新格局。如果到2020年公共资源配置社会化、市场化相关制度安排到位的话，政府采购规模占GDP应达到15%～20%，服务类采购占政府采购的比例应当在30%～40%左右。

1. 全面放开公共资源市场

以医疗消费为例，麦肯锡的报告显示，未来10年，中国将成为增长最快、规模最大的医疗市场，预计到2020年我国医疗卫生市场总规模将突破1万亿美元。保守估计，至2020年，整个健康产业的潜力将达10万亿元左右。问题在于，能不能在医疗市场放开价格，引入多元化的竞争主体，以社会资本为重点激活发展医疗这个大市场。这就需要在未来的3～5年，把培育公共资源市场作为发展政府购买服务的重大任务，在公共资源领域放开市场、引入竞争。

（1）放开民生类公共资源市场。适应改善民生、满足多元化的公共需求，全面放开教育、医疗、养老、文化等领域的公共资源市场。

（2）放开城镇化发展的公共资源市场。与城镇化进程相适应，全面放开市政工程类、尤其是中小城镇的公共资源市场。

（3）放开政府后勤类公共资源市场。与政府简政放权和建设低成本政府相适应，全面放开公车等行政机关类公共资源市场。

2. 将政府购买公共服务纳入政府采购的范围

当前，公共服务尚未被正式纳入政府采购法及其实施细则的采购范围。适应全社会公共需求的大趋势，应当尽快明确将养老服务、残疾人服务、教育服务、公共卫生服务、城市规划与环境评估等服务纳入政府采购范围，以使政府购买公共服务成为政府履行公共服务职能的重要组成部分。

3. 加快形成政府向社会组织购买服务的制度安排

实践证明，发挥社会组织作用更有利于确保公共服务供给的公益性和专业性。当前，我国公益性社会组织参与的比例并不高。

（1）发展公益性社会组织。公共资源配置向社会组织放开，把社会组织作为政府购买公共服务的重要承接主体。

（2）实现公平竞争机制。凡属事务性管理服务，原则上都要引入竞争机制，通过合同、委托等方式向社会组织购买。

（3）出台政府购买公共服务清单。抓紧形成向社会组织放开的公共资源领域的清单目录，以为社会组织承接政府公共服务职能提供制度与政策依据。

4. 建立法治化的公共服务监管体制

两三天前，新华社的一篇报道：在武汉市公共自行车服务项目陷入“烂尾”之际，运营近 7 年的巴黎公共自行车服务却欣欣向荣。这个例子说明，政府购买公共服务不是不要政府监管，而是需要有效、有力的政府监管。

（1）制定公共服务标准、购买方式及实施细则。将政府购买公共服务纳入《政府采购法》，使之规范化、制度化。

（2）尽快出台一部《公共资源监管法》。明确界定公共资源社会化、市场化配置的范围和监管程序，形成政府购买公共服务的委托主体和委托对象之外独立性、专业性的外部监督机制，加强社会公众监督和媒体监督，强化监管的有效性。

（3）建立公开透明的公共服务购买流程。规范招投标、询价、委托等不同方式的操作流程，以保证各类承接主体的公平竞争。

三、关键是否在于以公益性为目标加快事业机构与社会组织改革？

我国进入公共产品短缺时代，政府购买服务不仅是一个扩大范围的问题，更重要的是整体优化公共资源配置，提升公共服务供给的公平、效率和质量。事业机构与社会组织是我国公共服务供给的重要主体。加快推进事业机构与社会组织改革，是发展政府购买服务的关键所在。

1. 尽快打破事业机构在公共服务领域的行政垄断

从改革实践看，政府自己办事业机构，自己又作为监管主体，这是公共服务既难以实现公平、又难以提高效率的体制性根源。为此，要把形成公共服务多元供给主体、多元竞争主体作为新阶段发展和完善政府购买公共服务的重大任务。

2. 以公益性为目标加快事业机构去行政化的改革进程

事业机构分类改革只有着眼于形成政事分开、管办分离的新机制，建立完善的事业法人治理结构，才能使政府从公共服务直接供给者中超脱出来，成为有效的监管者。

（1）事业机构独立法人地位。明确事业机构出资人，以独立承担民事法律责任为目标，加快建立独立的事业法人财产制度，使事业机构真正转变为独立的事业法人和公共服务主体。

（2）尽快取消事业机构行政级别。真正把事业机构改造成为法定机构。

（3）加快公共服务立法。以明确法定事业机构角色定位为重点，制定公共服务机构的资格、设立、变更等法律程序，为事业机构改革提供法律依据。

3. 加快以公共服务为中心的政府转型与改革

（1）要在新一段财税体制中，建立以公共服务为导向的中央与地方财税体制。并把推动地方政府公共服务主体的角色回归作为下一步行政体制改革的重大任务。

（2）创新公共服务体制，关键在于政府应当成为公共服务“游戏规则”制定的主体和市场监管的主体。要在强化政府公共服务最终责任的前提下，充分发挥市场在公共资源配置中的决定性作用。

（3）加快形成公共资源配置社会化、市场化的政策体制安排。形成由事业机构、社会组织、企业单位公平竞争提供公共服务的新格局。

第八章

全面深化改革仍需解放思想

“市场决定”牵动影响改革全局，并将伴随着一场更深刻的思想解放：它意味着政府主导型经济增长方式非改不可，这对于市场主导下加快政府职能转变、更好地发挥政府作用有重大影响；它意味着权力配置资源导致机会不平等、权利不平等的问题非改不可，这对于形成公平竞争的市场环境有重大影响；它意味着官本位、权力寻租、经济特权的问题非改不可，这对于抑制消极腐败、突破利益固化的藩篱有重大影响。

“十三五”：全面深化改革的历史关节点*

十八届三中全会《决定》明确指出“全面深化改革的总目标是完善和发展中国特色社会主义制度，推进国家治理体系和治理能力现代”。到 2020 年，在国家治理体系与治理能力现代化上取得决定性成果，需要“十三五”把握经济转型升级的大趋势深化各个领域的改革，确保全面建设小康社会战略目标的实现，并为未来 10 年我国迈向高收入国家行列、实现现代化奠定坚实的制度基础。

一、以处理好政府与市场关系为重点，充分激发市场活力、企业活力

“十三五”是我国经济转型升级的关键时期。无论是经济增长保持中速还是经济结构迈向中高端水平，都在很大程度上取决于能否加快服务业市场开放，形成以服务业为主体的产业结构。发挥市场在资源配置中的决定性作用，就是要全面激发市场活力、企业活力，重在形成服务业市场开放的体制环境。

1. 经济转型升级的关键是形成以服务业为主体的产业结构

我国进入工业化中后期，经济服务化的客观需求开始形成：一是城

---

* 本文载于《经济参考报》，2015 年 10 月 15 日。

镇化的快速发展带来教育、医疗、文化、养老等生活性服务业需求的全面快速增长，成为消费需求升级的重要趋势；二是工业转型升级蕴含着生产性服务业发展的巨大市场空间，我国把握新一轮工业革命的历史机遇推进“中国制造 2025”，会形成研发、设计等生产性服务业的巨大市场。据测算，2015—2020 年这 6 年，如果服务业发展的市场空间得到充分释放，增加值年均增长保持在 10% 左右，服务业总规模有望扩大到 48 ～ 53 万亿元，实现规模倍增。“十三五”时期基本形成以服务业为主体的产业结构，意味着我国经济的全面转型升级：它不仅是形成 7% 左右经济增速的前提条件，而且也是形成质量效率型经济发展方式的决定性因素；它不仅是经济结构调整的重大任务，而且也是经济增长动力转换的现实出路；它不仅是形成经济新常态的主要标志，而且也是引领经济新常态的战略选择。

2. 把服务业市场开放作为市场化改革的重点

改革开放 37 年来，工业部门绝大多数领域已经实现高度的市场开放，但服务业领域市场开放严重不足。总的来看，我国服务业发展不缺市场需求、不缺资金，关键在于市场开放，重点在于激活社会资本：一是把破除行政垄断作为加快服务业市场开放的重点。深化国企改革，尽快放开服务价格管制，逐步消除服务业与工业要素价格差异，在用地、用水、用电、用气等方面推进与工业同等价格；二是推动服务业市场对社会资本开放。实现教育、医疗、健康、养老等生活性服务业对社会资本的市场全面开放，充分利用社会资本促进研发、物流、销售、信息等生产性服务发展。

3. 以“一带一路”为总抓手加快服务贸易强国进程

我国已成为服务贸易大国，但还不是服务贸易强国。以“一带一路”为总抓手，需要把加快服务业开放作为双边多边自由贸易的重点：一是抓住全球服务贸易快速增长的新机遇，扩大服务贸易比重，到 2020 年初步实现建设服务贸易强国的战略目标；二是以生产性服务业“走出去”为重点带动中国制造业在全球范围内配置资源。

二、以结构性改革破解经济转型的结构性矛盾

加快服务业市场开放，培育我国服务业领域的竞争新优势，面临着多方面结构性矛盾的重大挑战。全面深化改革，需要以更大的决心和魄力改变现有的金融、财税、教育结构，啃下结构性改革这块“硬骨头”。

1. 调整优化金融结构

现代服务业发展以社会资本、中小企业为主体，很难得到金融支持：一是进一步减少民营信贷机构设立和发展过程中的不合理限制。简化审批程序，并降低设立门槛和准入的标准，鼓励更多符合条件的民间资本进入金融领域；二是在稳定资本市场的前提下，尽快推出资本市场注册制。使更多服务业领域中小企业能够通过直接融资实现创新发展。三是放开保险业准入门槛。使更多社会资本能够进入保险业，做大保险业的“蛋糕”。

2. 调整优化财税结构

现有财税结构对上大工业项目的激励作用比较大，而对服务业发展的激励明显不足。这就需要：第一，财政支出向基本公共服务领域倾斜。着眼于到2020年总体实现基本公共服务均等化的目标，加大各级政府对基本公共服务的投入力度。第二，实现工业与服务业税负平等。尽快在全国范围内完成营改增改革，切实降低服务业企业税负，逐步削减和取消对重化工业的投资税收优惠。

3. 调整优化教育结构

近几年，教育结构与经济转型升级大趋势不相适应的矛盾问题逐步凸显。尤其是现代服务业发展具有创新驱动的突出特点，对人力资本的依赖性全面增强。这就需要适应人力资本市场需求推动高等教育转型升级，放开社会资本办学门槛，大力培育各类实用性人才。

三、深化以简政放权为重点的政府改革

简政放权是本届政府的最大亮点，在理顺政府与市场关系、激发市场活力上取得显著成效，是近两年稳增长的重要因素。应当看到，与过去工业领域开放相比，服务业市场开放对政府有着更高的要求，需要尽快走出一条“简政放权、加强监管、优化服务”有机结合的新路子，以有效地发挥政府作用。

1. 打通简政放权的“最后一公里”

服务业市场开放大背景下，“打通最后一公里”重在参考借鉴国际商事制度经验，形成国际化的营商环境：第一，全面实施企业自主登记制度。在实行“三证合一”、“一证一码”的基础上，在 1 ～ 2 年内实施企业自主登记制度，建立全国范围内企业自主登记注册网络平台。建议鼓励支持有条件的地方组织试点。第二，适时取消企业一般投资项目备案制。为避免备案制转化为变相审批，建议除政府和国有企业投资之外，企业一般投资项目一律由企业依法依规自主决策，不再需要备案；民营企业投资，如不涉及公共资源，不再实施招投标。第三，尽可能少用或不用产业政策。除农业等特殊产业，一般产业尽可能取消土地、税收优惠和政府补贴，在政策上对所有市场主体一视同仁。

2. 全面实施负面清单管理

负面清单管理是我国商事制度与国际接轨的重大决策，是我国走向现代市场经济的重要标志。推动负面清单管理从外资扩展到国内社会资本，从自贸区扩展到全国。建议赋予地方改革更大的试点权，推动多个自贸区商事制度尽快与国际接轨。

3. 以监管转型破题“放管结合”

2014 年以来，国务院确立了“放管结合”的改革思路，强调在下放审批权的同时加强事中事后监管。由于监管体制改革尚未破题，监管转型滞后于简政放权改革的实际进程，与新阶段经济社会发展的现实需求

和广大社会成员的期盼有着明显差距，成为简政放权纵深发展的“最大短板”：一是对现有市场监管体制进行总体设计。以专业化、技术化、标准化为重点创新监管方式，调动包括社会公众、媒体、法律等多方面的力量加强市场监管；二是完善重点领域监管体制。重点是从国家层面组建统一消费市场监管机构，统一反垄断职能，建立统一的金融监管体制；三是到2020年基本形成法治化监管框架。实现监管职责法定、机构法定、程序法定。

把握经济转型升级大趋势全面深化改革，就是要从我国的基本国情出发，走出一条国家治理体系和治理能力现代的新路子：就是要通过全面的制度创新走向现代市场经济，充分释放13亿人的内需市场潜力，形成有效的市场治理；就是要通过全面的制度创新激发社会活力、创造力，保障社会公平正义，形成有效的社会治理；就是要通过全面的制度创新建设人民满意的公共服务型政府，“把权力关进法治的笼子里”，形成有效的政府治理。

以全面深化改革引领新常态*

当前，我国经济转型升级正处在关键时期，增长、转型、改革深度融合的特点突出。在这样的背景下，适应和引领经济新常态，重要的是把握发展大势、突出创新驱动、狠抓改革攻坚，使经济新常态建立在经济结构调整优化的坚实基础上。

1. 以深化改革破解结构性矛盾

当前，我国经济发展出现趋势性重大变化，服务业正在成为稳增长、转方式、调结构的主要力量。例如，高端制造业与现代服务业融合成为大趋势，现代生产性服务业成为提升制造业竞争力的主要因素。实现“中国制造”向“中国智造”的转型升级，关键是通过信息、研发、设计、物流、大数据等生产性服务业发展引领高端制造业发展。但问题在于，多年来形成的某些政策与体制安排从总体上看是同传统大工业发展相适应的，实现服务业主导的转型升级还面临多方面的结构性矛盾。例如，服务业与工业公平税负、公平资源配置的大格局尚未形成；作为服务业主体的中小微企业仍存在融资难问题；现代服务业发展缺乏相应的专业技术人才，等等。这些情况表明，现代服务业发展面临的矛盾和问题是结构性的，不是单纯推进哪一项改革就能奏效的，必须加大结构性改革力度。这样的改革发展，不仅对缓解经济下行压力有重大作用，而

---

* 本文载于《人民日报》，2015 年 5 月 7 日。

且对主动适应和引领经济新常态有决定性影响。

2. 推动服务业市场开放

服务业发展不缺国内需求、不缺资金，关键在于市场开放。过去30多年的改革开放，放开的主要是工业领域。目前，工业部门大多已高度市场化。虽然服务业也在放宽市场准入，但某些行政性垄断尚未打破。社会资本进入某些服务业领域，不仅面临政策制约，还需要通过繁琐的行政审批。尽管中央一再强调社会资本可以进入法律未禁止进入的服务业领域，但由于行政性垄断和管制的存在，由于部门、行业利益结构的固化，社会资本事实上依然不易进入教育、医疗、通讯、金融、运输等服务业部门。这就使得某些重要服务业领域难以通过公平竞争提高供给能力、供给质量和供给效率。在服务消费占比越来越高的社会消费发展趋势下，应确立服务业市场开放新思路，尽快实现一些重要服务业领域对社会资本全面开放。应把破除行政性垄断作为加快服务业市场开放的重点，逐步放开服务业领域的价格管制，形成主要由市场决定资源配置的新格局。

3. 从多方面深化结构性改革

我国经济转型升级正处在爬坡过坎的关口，面临诸多体制性弊端和结构性矛盾。这就需要以破解制约服务业发展的结构性矛盾为导向深化经济体制改革，配套推进政策调整。例如，启动消费税改革，将其明确为地方主体税种，这有利于激励地方政府营造良好市场环境、更好提供公共服务；财税体制改革在“放水养鱼”上应有更大力度，为社会资本创新创业提供良好的预期，进一步对小微企业实行结构性减税；支持为中小微企业提供服务的社区银行、互联网金融机构等民间金融创新发展、规范发展；进一步降低社会资本进入职业教育领域的门槛，提高技术应用型高校所占的比重；深化以简政放权为重点的政府职能转变，以实行负面清单管理倒逼转方式、调结构，倒逼服务业市场开放。

新常态下的经济改革具有全面性、深刻性、复杂性，不仅涉及经济领域，还涉及政治、文化、社会、生态文明建设等领域；不仅涉及增量，还涉及存量的利益关系调整。这就需要跳出短期看中长期、跳出速度看结构、跳出政策看改革，以全面深化改革主动适应和引领新常态。

“使市场在资源配置中起决定性作用”，关键是解放思想*

总的看法：“使市场在资源配置中起决定性作用”是《中共中央关于全面深化改革若干重大问题的决定》（以下简称《决定》）的历史性突破，不仅牵动经济体制改革，也将倒逼全面改革。

我在今年全国政协大会的发言中有这样一段概括：“市场决定”牵动影响改革全局，并将伴随着一场更深刻的思想解放：它意味着政府主导型经济增长方式非改不可，这对于市场主导下加快政府职能转变、更好地发挥政府作用有重大影响；它意味着权力配置资源导致机会不平等、权利不平等的问题非改不可，这对于形成公平竞争的市场环境有重大影响；它意味着官本位、权力寻租、经济特权的问题非改不可，这对于抑制消极腐败、突破利益固化的藩篱有重大影响。

一、市场决定资源配置的适用范围：是整个经济生活领域，还是仅限于微观经济运行？

《决定》指出：“紧紧围绕使市场在资源配置中起决定性作用深化经济体制改革”。

---

* 本文系在广东省 2014 年省长与专家座谈会上的发言，2014 年 8 月 4 日。

1.“市场决定”适用于整个经济生活领域

张卓元教授在前一段时间发表的文章中提出，“如果资源配置只是在微观层次市场起决定性作用，而对不同部门和地区的资源配置都不能够和不应该起决定作用的话，这样会否定在市场信号引导下各个微观主体将资源由效益低的部门和地区自动流向效益高的部门和地区，从而在实际上否定市场对资源配置的决定性作用”。我很赞成这个观点。如果把“市场决定”的适用范围仅限于微观经济运行层面，而不充分考虑宏观层面，在实践中就会限制甚至否定经济生活中市场的决定性作用。我的看法是，“市场决定”的适用范围不仅包括微观经济运行层面，还包括宏观层面。这就要求新阶段的市场化改革，在微观层面完善市场机制的同时，着力解决好宏观层面市场机制的建设。这不仅需要改变政府对资源的直接配置，还需要明确划分宏观调控、市场监管中的政府与市场边界。政府的宏观调控也好，市场监管也好，不仅不应当取代市场的决定性作用和妨碍市场机制的运行，相反，这些经济管理职能的设置，需要充分尊重市场决定资源配置的一般规律，并建立在市场决定资源配置的前提下。

2.“市场决定”牵动经济体制改革全局

我理解,《决定》强调“紧紧围绕使市场在资源配置中起决定性作用深化经济体制改革”，就在于它不仅仅是指由市场决定价格的机制，更重要的是指由市场决定资源配置的机制。例如，不仅仅是资本、劳动力要素资源配置的市场化，也包括推进公共资源配置市场化、政府购买公共服务的市场竞争机制等。

这里，需要深入讨论的是：农村土地资源配置能不能由市场决定？我的看法是：农村土地资源配置虽然具有一定的特殊性，但本质仍然是重要资源。建立城乡统一的土地市场，目的就在于让市场在农村土地资源配置中发挥决定性作用。从实际情况看，农村土地资源配置中的某些突出问题，政府规划与用途管制缺乏刚性约束是主要原因。因此，在政府严格规划和严格用途管制的前提下，农村土地资源配置中市场起决定性作用。进一步说，“市场的决定性作用”与深化农村改革直接相关。《决定》提出“赋予农民更多财产权利”、“赋予农民对集体资产股份占有、收益、有偿退出及抵押、担保、继承权”、“保障农户宅基地用益物权”。这些重大信息给亿万农民极大鼓舞，也是广大农民尽快富起来的根本条件。它可以使农民带着土地财产权进城，可以使一部分农民有条件成为中等收入群体。当然，这很复杂，需要选择有条件的地方先行试点，但不应当以“复杂”为由或担心农民的“短期行为”，而不去积极主动推进。我的建议是：尽快出台并加快实施赋予农民更多财产权利和建设城乡统一建设用地市场的实施方案；按照十八届三中全会《决定》要求尽快修改《物权法》，将农村土地使用权明确界定为可抵押财产权。

3.“市场的决定性作用”，主要是经济生活领域，又不限于经济领域

例如，在文化产业资源配置中市场能不能起决定性作用？我的看法是，在政府承担公共文化主体责任、并发挥主导作用的前提下，文化产业资源配置也要由市场起决定性作用。由此，才能加快建立健全现代文化市场体系，才能充分利用市场机制实现文化资源优化配置，才能尽快形成放活文化市场、做大做强文化产业的大环境。总结历史经验，某些服务领域要在防止“泛市场”、“泛产业化”的前提下，通过市场开放，引入竞争机制，提高资源配置效率。

二、市场决定资源配置的政府作用边界：经济生活领域是政府主导下的有限市场，还是市场主导下的有效政府？

习近平总书记明确指出：“进一步处理好政府和市场关系，实际上就是要处理好在资源配置中市场起决定性作用还是政府起决定性作用这个问题”。从实际问题看，我认为关键是划清“市场决定”下政府的作用边界，即《决定》指出的，“大幅减少政府对资源的直接配置”，在“市场起决定性作用”的前提下，建设一个尊重市场规律的有为、有效、有力、有责的政府。

1. 改变政府主导型经济增长方式

在"市场起决定性作用"下，政府如何转型、如何改革？从地方层面看，我认为关键是要改变竞争性的地方政府增长模式。客观讲，政府主导型经济增长方式在推动经济快速增长中功不可没。问题在于，政府过多、过大的行政干预和深度介入微观经济活动，严重扭曲了政府与市场关系，严重压抑市场活力。这不仅是经济增长不可持续的重要原因，也是导致寻租腐败的体制机制性根源。从实际情况看，竞争性地方政府驱动的经济增长方式尽管在短期内仍然可以拉动 GDP 较快增长，但会为中长期发展埋下更大的经济隐患和经济社会风险。如何改？我认为大方向就是要尽快形成以公共服务为导向的中央地方财税体制，并在此基础上，形成规范地方政府行为的制度约束。例如：果断废除 GDP 导向的干部选拔机制，尽快建立以公共服务和社会满意度为导向的干部政绩考核、选拔机制；推进以去地方化、去行政化为重点的司法体制改革等。

2. 推进市场监管由行政为主向法治为主的转变

这里，有 3 个问题需要深入讨论：

（1）行政审批与市场监管不分，是不是市场监管改革面临的突出矛盾？从现实看，行政审批与市场监管合为一体的特点比较突出。例如：某些机构既有行政审批权，又有市场监管权。这种"谁审批谁监管"的体制不可避免形成以审批取代监管，或重审批、轻监管的问题。这也是"九龙治水、各管一段"的矛盾问题长期难以解决的重要根源所在。

（2）要不要把行政审批与市场监管严格分开？行政审批是行政机关事前把关的手段，市场监管是对市场主体经营活动进行约束限制的行为，二者在范围、程度和手段上有本质区别。现代市场经济条件下，有效的监管主要是事中、事后的监管，而不是前置性的审批。对于前置性的审批尽可能做到越少越好，对于事中、事后的监管则需大大强化。这就要求把行政审批与市场监管严格分开。

（3）走向法治化是不是市场监管改革的目标选择？事前的行政审批是政府的权力，需要依法界定权力清单；市场监管主要是事后监管，需要建立在法治基础上。这就需要把推进由行政监管为主向法治监管为主的转型，作为市场监管体制改革的基本目标，作为建设法治政府的重大课题。

3. 加大向社会放权的力度，形成维护公平竞争市场秩序的社会合力

现代市场经济，不仅要有公平竞争的市场体系、有效的政府监管和法治基础，还需要行业规范和各类中介组织发挥积极有效的作用，由此才能形成市场经济良序运行的合力。当前，消费安全等问题频发，不仅反映了政府市场监管职能的缺位，也反映了行业自律、行业规范的严重缺失。面对无数个市场主体，要形成公平竞争的市场秩序，既需要政府的有效监管，也需要充分发挥行业协会等社会组织在行业自律中的重要作用。这就需要推动现有行业协会的"政会分开"、去行政化，支持各个行业的民营企业在自愿的基础上联合建立各类行业协会，强化行业自律，以承接政府更大程度下放的行业管理职能。应当说，如何发展公益性的行业组织、社会组织，需要做深入研究。当前，急需的是加快公益性法人的相关立法。

三、市场决定资源配置的国有资本角色：要不要以公益性为重点调整优化国有资本配置？

"积极发展混合所有制经济"是《决定》的一大亮点，它有利于放大国有资本功能，深化国企改革，也有利于各种所有制经济平等竞争、共同发展。当前的主要情况是，各方面普遍重视混合所有制，而对《决定》提出的"国有资本加大对公益性企业的投入，在提供公共服务方面作出更大贡献"，客观讲强调的还不够，也很少见这方面有实质性的改革举措。而这又是市场决定资源配置下深化国有企业改革的重点之一。

1. 明确公益性国企的定位

一般来说，国有资本可以划分为公益性和商业性两大类。也有专家提出还有介乎二者或二者兼有的国企。我的看法是，新阶段要特别强调公益性国企的功能。为什么？

（1）面对公共产品短缺的突出矛盾，国有资本公益性明显不足的问题凸显，国有资本在一般竞争性领域规模过大、范围过宽的格局没有多大改变。目前，大概是 80% 左右，显然过宽。

（2）新阶段社会对国有资本作用发生重大变化。我认为，新阶段老百姓关心的重点主要不在于国有资本规模增大了多少、利润增长了多少，而在于能够在多大程度上让广大社会成员普遍分享国有资本增值创造的社会福利，在多大程度上有利于国计民生。

（3）《决定》更强调国有资本的公益性。前些年，中央强调国有资本布局的四大领域："涉及国家安全的行业、自然垄断的行业、提供重要公共产品和服务的行业、支柱产业和高新基础产业"等，这次《决定》非常明确的提出来，"国有资本投资运营要服务于国家战略目标，更多投向关系国家安全、国民经济命脉的重要行业和关键领域，重点提供公共服务、发展重要前瞻性战略性产业、保护生态环境、支持科技进步、保障国家安全"。我认为，同以往相比，《决定》强调今后要逐步把更多的国有资本投向公益性方面，应当说在强调国有资本公益性上比以往有重大突破。

2. 以公益性为重点调整优化国有资本配置

例如，制定提高公益性国有资本比例的约束性指标，并制定严格的时间表，通过 5 年左右的努力，使一定比例的国有资本从竞争性领域退出，重点投入到教育、医疗、社会保障、基本住房保障等社会公益领域，以解决公共服务投入面临的资金短缺问题。与此同时，强调部分国有资本逐步从一般竞争性领域退出，重点投入到公益性领域。

当前，增长、转型、改革高度融合。在这个特定背景下，未来几年要以处理好政府与市场关系为主线，加快转型改革，并由此形成经济新常态。

第一，13 亿人的内需大市场既是我国的最大机遇，也是最大市场。

经过36年的改革开放，全社会消费需求释放的大趋势正在形成，我国开始进入消费新时代。未来5～10年，我国经济增长的前景，在很大程度上取决于能否充分释放13亿人消费需求的巨大潜力，取决于能否有效实现从投资出口拉动向消费驱动的增长方式转变。

第二，服务业的市场开放关乎改革发展全局。我国进入消费新时代、人口城镇化的新时代，加快推进工业主导向服务业主导的转型是大趋势。当前，服务业供给不能满足社会需求，不是资本短缺形成的有效投资不足，而是服务业市场开放滞后导致的有效投资不足。适应社会需求结构变化，大力发展服务业，关键在于打破行政垄断与行政管制，激发社会资本的活力。

第三，进一步激活社会资本活力是市场化改革的重大任务。"市场决定"的实质是发挥社会资本作为市场主体的作用。当前，服务业发展更有赖于发挥社会资本对市场需求反应灵敏的独特优势，这就需要抓紧出台加快服务业向社会资本开放的实施细则。

第四，推进以全面实施负面清单为重点的政府改革。在发挥"市场的决定性作用"的同时，中央与地方政府职能转变的主要抓手是什么？应当说，各方面很大希望寄托在"负面清单"上。我的建议是：要以负面清单管理界定政府作用边界，倒逼行政审批改革；中央政府应尽快制定和公布负面清单和权力清单，并鼓励支持有条件的地方先行先试。

总的来说：处理好政府与市场关系，不仅将有效化解短期经济增长压力，而且将形成中长期发展的动力；不仅是经济体制改革的主线，而且是深化全面改革的重点；不仅是系统的体制机制创新，而且是一场深刻的思想解放。

没有改革自信，难有改革动力 *

落实十八届三中全会《决定》，务实的改革行动至关重要。问题在于，要形成全面深化改革的社会氛围，仍需进一步解放思想，凝聚改革共识。

一、通过改革形成结构上的新常态、体制上的新常态

未来几年是我国经济新常态形成的关键时期。尽管从经济增长速度来看，已开始进入 7% 左右增长的新常态，但困扰经济可持续发展的结构性、体制性问题远未得到解决。应当看到，经济新常态不仅是增长速度上的新常态，还包括结构上的新常态、体制上的新常态，结构上和体制上的新常态更具有根本性。只有通过改革形成结构上的新常态、体制上的新常态，才能够为未来 5 ～ 10 年形成稳固、可持续的经济新常态打下具有决定意义的基础。

要增强结构性改革的紧迫感，不能因增长速度上新常态的形成而放松结构性改革。通过加快结构性改革形成消费主导的投资消费关系新常态、服务业主导的产业结构新常态、以人口城镇化为主的新型城镇化新常态和创新驱动新常态，牢牢把握打造中国经济升级版的主动权。

---

* 本文载于《北京日报》，2014 年 10 月 13 日。

要跳出短期看长期、跳出速度看结构。改革要着眼于解决长期、结构性问题，敢于用短痛换长痛，实现标本兼治。在宏观政策上要有定力，坚守不刺激的宏观经济政策，不因短期内经济增长扰动而放弃中长期的转型改革目标。尤其需要防止以增长取代转型，以政策调整取代改革，以小修小补的改革取代深层次改革。

二、没有改革自信，很难产生真正的改革动力

改革进入深水区，改革自信至关重要。没有改革自信，很难产生真正的改革动力。一方面要看到，随着反腐工作的逐步深入，既得利益牢不可摧的神话正在被打破，改革力量和不愿意改革力量的对比正在发生深刻变化；另一方面，改革要集中力量在破除国有企业行政垄断、深化行政审批制度改革等久攻不破的改革领域尽快取得实质性突破，带给社会良好的改革信心和预期。

坚定改革自信，要进一步解放思想。“紧紧围绕使市场在资源配置中起决定性作用深化经济体制改革”是《决定》的一大亮点，更是改革理论与实践的历史性突破。它不仅将直接推动经济体制改革的重大突破，也将倒逼政治体制改革、社会体制改革；不仅是改革理论的重大突破，更是改革不断深化、持续的重要标志。“市场决定论”的深刻性和意义不亚于22年前提出的市场经济与社会主义的“兼容论”。

三、突破利益固化格局深化改革，很重要的是形成全面深化改革的势能

改革在任何时期都会受到既得利益和观念上的束缚，重要的是使改革成为不可逆转的大势。为此，需要营造改革舆论氛围，把研究改革、宣传发动改革作为全面深化改革领导小组的一项重要职能。要加大改革基础理论的研究和创新力度，对改革面临的重大疑难问题作出权威性的

解释，针对改革进程中出现的新矛盾新问题，及时回应社会的种种疑问、分歧和争议。要注重通过媒体宣传改革营造良好的社会氛围，充分利用媒体征集改革民意，使媒体成为客观、真实反映改革进程、代表公众利益监督改革的重要平台。

要在凝聚共识中形成改革的社会合力。对未形成方案的具体改革，积极引导各方参与讨论。建议重大改革尽可能实行听证制度，让改革利益相关者能够参与改革进程，进行平等、充分的质证和辩论。对已出台方案的改革，在实施之前做好有明确时间要求的试点工作，充分总结、汲取、提炼基层试点经验推进改革，使改革能够充分反映基层诉求。对正在实施的方案，在实施进程中鼓励各方参与、监督、反馈，使各方合法利益得到有效保障，尤其要避免弱势群体利益受损。

以更大勇气推进全面深化改革攻坚战*

2015 年研究和制定国家“十三五”经济社会发展规划，应该把握大趋势，因势利导，以经济转型升级为主线，以服务业市场全面开放为重点，以结构性改革为突出特点，持续推进全面深化改革的攻坚战。

2015 年将是全面完成“十二五”规划的收官之年，是全面深化改革的攻坚之年，也是全面推进依法治国的开局之年。

我国进入经济新常态。在增长转型、改革高度融合的背景下，2015 年乃至未来更长的时间内，以转型升级适应并引领经济新常态，牢牢把握打造中国经济升级版的主动权，需要以敢于啃硬骨头、敢于涉险滩、敢于过深水区的大无畏气魄，持续推进全面深化改革的攻坚战，破解经济转型升级、创新驱动的难题。

把握增长、转型与改革交织融合的趋势，形成平衡、协调、可持续的增长新常态。当前，我国正处于经济转型升级的历史关节点，转型与改革的时间空间约束全面增强，改革与危机赛跑的特点突出。在宏观政策调整的同时，不为短期的经济干扰所动，跳出短期看中长期，跳出速度看结构，跳出政策看改革，向深化改革要动力，以形成平衡、协调、可持续的增长新常态。经济新常态的基本要求是：把握发展大势，着力调整经济结构，突出创新驱动，狠抓改革攻坚。

1　本文载于《人民政协报》，2015 年 1 月 8 日。

适应并引领经济新常态，有赖于全面深化改革的新突破。2015 年是改革攻坚的关键年，改革开放有望在五个方面取得突破：第一，以行政审批制度改革为重点的政府改革取得重要进展，包括逐步全面推开负面清单、责任清单和权力清单。第二，以要素市场化改革为重点，发挥市场在资源配置中的决定性作用，其中重要的是服 务业市场的开放。第三，以混合所有制为重点的企业改革取得重要突破，国企改革取得重要进展。第四，与积极财政和稳健货币政策相适应的结构性改革，包括财税、金融体制等改革将有新的突破；第五，把握大势，加快形成以双边多边自由贸易为重点的开放型经济新格局。2014 年是我国形成对外开放新格局具有里程碑意义的关键一年。2015 年，与国内经济转型和全面深化改革有机结合，将加快推进双边多边自由贸易进程，加快推进"丝绸之路经济带"和"21 世纪海上丝绸之路"的进程。由此，使得中共十八届三中全会提出的"以周边为基础加快实施自由贸易区战略"逐步落地。随着自由贸易区战略的全面实施，我国正在成为全球双边多边自由贸易的领跑者。

以经济转型升级为主线的"十三五"国家发展规划。2020 年是我国转型升级的历史关节点，是经济转型的最后窗口期，是跨越中等收入陷阱的临界点，也是全面建成小康社会的时间节点。未来 6 年，我国经济转型升级面临三大趋势：即走向服务业大国的大趋势，服务业市场全面开放的大趋势，结构性改革的大趋势。在这样一个大背景、大趋势下，2015 年研究和制定国家"十三五"经济社会发展规划，应该把握大趋势，因势利导，以经济转型升级为主线，以服务业市场全面开放为重点，以结构性改革为突出特点，持续推进全面深化改革的攻坚战。